吉 光 片 羽

——湖南考古出土陶瓷学术研讨会论文集

湖 南 省 文 物 考 古 研 究 院
科技考古与文物保护利用湖南省重点实验室 编
长 沙 博 物 馆

文物出版社

图书在版编目（CIP）数据

吉光片羽：湖南考古出土陶瓷学术研讨会论文集 /
湖南省文物考古研究院, 科技考古与文物保护利用湖南省
重点实验室, 长沙博物馆编. –– 北京：文物出版社, 2023.8
ISBN 978-7-5010-8131-8

Ⅰ. ①吉… Ⅱ. ①湖… ②科… ③长… Ⅲ. ①古代陶
瓷—湖南—文集 Ⅳ. ①K876.34–53

中国国家版本馆CIP数据核字(2023)第125113号

吉 光 片 羽
—— 湖 南 考 古 出 土 陶 瓷 学 术 研 讨 会 论 文 集

编　　者：湖 南 省 文 物 考 古 研 究 院
　　　　　科技考古与文物保护利用湖南省重点实验室
　　　　　长 　沙 　博 　物 　馆

封面设计：秦　彧
责任编辑：秦　彧
责任印制：王　芳

出版发行：文物出版社
社　　址：北京市东城区东直门内北小街2号楼
邮　　编：100007
网　　址：www.wenwu.com
经　　销：新华书店
印　　刷：北京荣宝艺品印刷有限公司
开　　本：889mm×1194mm　1/16
印　　张：13.5
版　　次：2023年8月第1版
印　　次：2023年8月第1次印刷
书　　号：ISBN 978-7-5010-8131-8
定　　价：320.00元

目　录

近百年来六朝瓷器研究述评的回顾与展望/张科 ……………………………………… 1

浙江地区汉代原始瓷窑址

　　——兼谈上渚山窑址在瓷器起源上的地位/郝雪琳、郑建明 …………………… 22

湖南东汉墓出土的蓝釉珠玑/李建毛 ………………………………………………… 39

论岳州窑的装烧工艺/杨宁波 ………………………………………………………… 52

四川地区出土汉六朝瓷器的产地、输入路线及相关问题/易立 …………………… 70

六朝建康城长干里越城遗址出土岳州窑青瓷概述/陈大海、苏舒 ………………… 85

试论唐代的高温釉上彩和双层釉技术/崔剑锋 ……………………………………… 103

长沙窑绿釉、红釉呈色特征及机理分析

　　　　/侯佳钰、张兴国、胡颖芳、周润垦、李合、丁银忠、康葆强、雷勇 …… 113

长沙窑釉彩工艺研究兼论古代釉彩演变

　　　　/王恩元、张兴国、龚玉武、吴婧玮、朱逸冰、邱玮钰 …… 123

安徽省内发现的长沙窑瓷器研究/陈超 ……………………………………………… 135

邛窑十方堂遗址出土五代"类钧瓷"工艺研究/徐雪琨、黄晓枫、崔剑锋 ………… 142

江西萍乡南坑窑与赣湘青白瓷技术的传播/秦大树、李凯 ………………………… 149

简述江西古代陶瓷文明的发展特点

　　——以江西省第三次全国文物普查为中心/张文江、李兆云 ………………… 179

长醴彩瓷与湖南陶瓷考古学术研讨会会议纪要 …………………………………… 194

编后记 …………………………………………………………………………………… 208

近百年来六朝瓷器研究述评的回顾与展望

张科 *

摘要：本文分三个阶段对近百年来六朝瓷器研究情况作了系统梳理和述评，指出目前六朝瓷器研究存在的最大问题即在于，瓷窑发现不少，墓葬出土瓷器更多，然而两者的关联更多地体现在年代判定上，产地分析方面却要少得多。六朝瓷器断源研究仍然任重道远，而这不仅关系到各窑口产品的流布及其反映的商品经济问题，还将影响我们对各窑口瓷业生产面貌及其窑业技术交流的认识。造成这一局面的原因固然是多方面的，但主要应归咎于联系瓷窑与非瓷窑遗迹所出瓷器的关键纽带——窑口归属的缺位。为解决六朝瓷器的窑口归属问题，建议今后的考古工作改进瓷器刊布方式，加强瓷器科技考古，促进传统考古与科技考古的结合。

关键词：六朝瓷器　研究述评　窑口归属　文化因素　陶瓷之别

瓷器是历史时期考古遗存中最为常见的一类，亦是最能体现中华民族尤其是华夏民族文明史的物质载体之一[1]。它萌芽于商代，成熟于东汉晚期，至魏晋南北朝时期获得迅速发展，逐渐取陶器而代之成为日常生活用具的主体[2]。不过，就区域而言，魏晋南北朝的"南、北方制瓷手工业发展很不平衡……制陶手工业，在北方地区仍占主导地位，在南方地区已退居次要地位"[3]。从这一层面来说，以南方地区为大致疆域的吴晋南朝，亦即考古学界惯用的六朝[4]才是瓷器发展史上的重要转变期。然而，迄今尚无专文对六朝瓷器的研究成果作一系统梳理。这与其历史地位是极不相称的，当然也不利于从整体上把握中国陶瓷研究现状。有鉴于此，本文便试为之。

有关六朝瓷器的记载，早在西晋时期就已出现，但却仅见"倾缥瓷以酌酃"[5]的艺术性表达，让人捉摸不透而又遐想不断[6]。北宋至20世纪20年代，六朝墓葬断断续续有所发现[7]，六朝瓷器由此得到更为详细的记载。如《桯史》在记述庆元元年（1195年）发现的西晋永康元年（300年）墓时，提到其随葬品"有小瓮缾，如砚滴，窈其背为蝦蟇形"[8]。此蝦蟇形砚滴，应即今之六朝考古学界习称的蛙形水盂。不过，其时尚处于金石学阶段，鲜见铭文的六朝瓷器自然得不到应有关注，故而类似记载颇为有限。元代以降，瓷器的收藏和鉴别渐成风气，相关论著甚或专著不断涌现，然而涉及六朝者为数寥寥且语焉不详，致使"那时候的瓷，是怎样的一种制作与色釉，多少年来，始终是一个谜"[9]。这一面貌的彻底改变是20世纪30年代之后的事。近百年来六朝瓷器的研究，大致经历了三个阶段：第一阶段为20世纪30年代至80年代初，第二阶段为20世纪80年代初至20世纪末，第三阶段为2001年至今。

---

* 张科：湖南大学岳麓书院。

一　20世纪30年代至80年代初

20 世纪 20 年代，以陈万里为代表的有识之士率先走出书斋，对古代瓷窑遗址开展实地调查与研究。自此，我国古陶瓷研究走出纯粹的清赏雅玩和文献考据范畴，进入以"二重证据法"为指针的新阶段[10]。其关注对象不再局限于唐宋以来的名窑佳器，而是拓展至历代陶瓷，包括向来不为大家注意的破碎残件[11]。在此背景下，六朝瓷器的面貌逐渐明朗。

1936 年，陈万里到绍兴调查古窑址，在漓渚镇小埠获见一批出自两晋纪年墓的瓷器，随即敏锐地意识到，"从前以为九岩（窑）物品，断自晚唐的一种假定，今则可以确切明了而无疑为晋，这一点是何等地重大呀"[12]。稍后，他又专就吴晋时代的浙江陶瓷发论，旗帜鲜明地指出"晋代陶瓷的制作与色釉，自此吾人已经知道了"[13]。至于南朝瓷器，陈先生坦言道"在东晋后的冢墓里，发现有确实年代的圹砖较少，尤其是宋、齐、梁、陈、隋五个时代，因此那时候的越器，还需要等待以后的发掘结果"[14]。1956 年，王志敏从南京地区七座纪年墓出发，对孙吴两晋瓷器作简要论述和比对分析，并以唾壶、油灯和四耳罐为例阐明孙吴两晋瓷器的异同，以盘口壶、鸡首壶为例略述南朝瓷器的形态特征[15]。在此基础上，江苏省文物管理委员会将南京地区出土和采（征）集的六朝青瓷结集成册，公开出版[16]。这是我国第一部六朝瓷器专册图录，其年代判断准确无误、出土环境交待明确，为六朝考古的断代研究树立了标尺，更奠定了六朝瓷器专题研究的坚实基础。立足于器物形态的跨时段比较，冯先铭指出，长沙烂泥冲两座齐代砖室墓混进了部分唐代器物，典型者有 M1 出土的长颈瓷瓶[17]。稍后，冯先生又着眼于装饰纹样的历时性变化，对魏晋至五代的瓷器进行初步梳理，勾勒出孙吴西晋、东晋、南北朝和隋唐五代四个阶段瓷器装饰纹样的大致面貌[18]，从比较学的视角深化了学界对六朝瓷器的认识。林树中将常州南郊戚家村画像砖墓所出瓷器与典型的六朝、晚唐五代瓷器作比较，论证其年代应为初唐，而非简报所说的南朝末年[19]。

六朝瓷器的确认，催生了对六朝瓷窑的辨识和研究。相关报道包括浙江绍兴九岩窑[20]、萧山上董窑[21]、萧山石盖窑[22]、上虞百官窑[23]、温州西山窑[24]、湖州德清窑[25]、余姚鳌唇山窑[26]、鄞县小白市窑[27]，江苏宜兴均山窑[28]，安徽淮南管家咀窑[29]，福建福州怀安窑[30]，湖南湘阴岳州窑[31]，江西丰城县罗湖窑[32]。此外，尚有部分六朝瓷窑未见报道，但在综述性论文[33]中有所提及，如浙江绍兴下蒲西窑、宁波云湖窑、余杭安溪窑、大陆果园窑和丽水吕步坑窑、金华五朱堂窑、临海五孔岙窑，以及四川新津玉皇观窑。其中，温州西山窑的年代和性质引发了一场讨论。邓白认为其产品"在作风上毫无疑义是晋瓷的典型"，并据此判定此窑即生产缥瓷的东瓯窑[34]。浙江省文物管理委员会率先指出，西山窑的产品"具备了浙江各地唐、五代窑址出土瓷器的特征"，故其年代不会早于唐[35]。张翔亦认为，"无论如何西山窑的烧造年代不会早到六朝，因此绝不是所谓西晋'东瓯缥瓷'的产地"，并据永嘉乃至瓯江地区窑址的调查情况指出，"目前我们还是没有在东瓯地区找到晋代青瓷窑址。"因此传说中的晋代东瓯窑值得怀疑[36]。金祖明在温州地区调查发现窑址 37 座，判断其中 3 座属东晋，1 座属南朝，并据东晋窑址的考古发现反驳张翔对东瓯窑的质疑[37]。类似关于瓷窑年代的讨论，涉及六朝者另有四川成都青羊宫窑和邛崃固驿镇窑。汪学礼等联系四川唐宋墓葬所出瓷器，推测成都青羊宫窑的年代在唐宋之间，并指出"若从其花纹的风格看，其上限年代可能还更早一点"[38]。陈万里则认为"这个窑的时代可以上溯到南朝"[39]。徐鹏章在邛崃发现四处古窑址，判定其年代可以上推到隋[40]。陈万里却指出，"固驿镇窑的青釉碎片，时代当在魏晋之间"[41]。

六朝瓷窑的确认，不时刷新着学界关于六朝墓葬所出瓷器之产地的认识。陈万里依据绍兴纪年墓判定九岩窑的年代时，即认为前者所出瓷器来自九岩窑。王志敏依据赵士冈4号墓所出虎子上的"赤乌十四年（251年）会稽上虞□□宜作"铭文指出，1955年南京附近出土的瓷器皆系越窑产品[42]。李蔚然持反对意见，但未说明其他可能[43]。罗宗真亦以上述"会稽上虞"铭虎子立论，认为宜兴周墓墩所出瓷器源自浙江[44]。杨泓却指出，均山窑所出青瓷与南京、宜兴等地西晋、南朝墓葬中的青瓷相同，并据此认为"周处墓和南京地区发现的大量六朝青瓷器中，有一部分可能就是宜兴生产的"[45]。周世荣就岳州窑的有关发现展开论述，指出"过去以为岳州窑始于唐代，因而往往将唐以前的岳州窑式的青瓷器误认为外地产品。通过这次调查与试掘，使我们逐步认识到，有些墓葬中出土的两晋、南朝的青瓷器实际上很多是岳州窑制品。"[46]

六朝墓葬之于瓷器而言，不只是提供了断代依据，也使其埋藏后的"原生情景"得以展现。基于此，部分学者对六朝青瓷虎子的用途作了有益探讨[47]。讨论的焦点在于虎子是便溺器，抑或盛水器、酒（茶）具。

与上述传统考古学研究不同，周仁等利用科技手段，对历代名窑瓷器的胎、釉成分进行检测与分析，其中就包括晋之越窑瓷片[48]。

此外，陈万里[49]、冯先铭[50]对本阶段瓷器考古的主要收获和认识作了综合性论述，六朝瓷器亦有涉及，但所占比重不大。李知宴、朱伯谦从瓷窑分布、产品特点和制瓷工艺的成就，系统阐发三国两晋南北朝的瓷业面貌[51]，体现了一定的宏观综合倾向，可视作本阶段研究成果的集中体现。

总体上看，这一时期研究尚处于初级阶段，相关成果数量少，所涉问题亦不多，一些认识的主观性较强，个别观点在今天看来的确欠妥[52]，区域不平衡性也很突出，这在前揭朱伯谦的论文中体现得最为明显。其对江浙地区瓷业的论述，分越窑、均山窑、瓯窑、婺州窑和德清窑展开，论及湘、鄂、蜀、赣和闽粤地区时却以墓葬所出材料为主，瓷窑只是稍加提及，着墨实在有限。虽如此，本阶段的成就却是开创性的，具体表现在两个方面：一是基本明确了六朝瓷器的时代特征，二是初步掌握了六朝瓷窑的分布状况，并据此对墓葬所出瓷器的产地作了初步探讨。二者从时、空两个维度触及瓷器的基本属性，至今仍是六朝瓷器研究的有效"生长点"。

二　20世纪80年代初至20世纪末

改革开放以来，全国的科学文化事业迎来了新的春天，中国考古学随之进入一个全面发展的新时期[53]。六朝瓷器因此得到更广泛的关注，相关成果丰硕。依据研究主旨的不同，可将这些成果大致分作四类。

1.瓷窑遗址的发现与研究

本阶段对六朝瓷窑开展了调查、复查和发掘工作，发掘除配合基建工程外，还出现了为解决学术问题而主动发起的情况。

见诸报道的六朝瓷窑有浙江武义管湖窑[54]、宁波云湖窑[55]、绍兴九岩窑[56]、陶官山窑、馒头山窑[57]、畚箕山窑、庙屋山窑[58]、慈溪古银锭湖窑[59]、永嘉夏甓山窑[60]、瓯海樟岙村窑[61]、黄岩埠头堂窑[62]、江西丰城罗湖窑[63]、港塘大队窑[64]、龙雾洲窑[65]、洪州窑[66]、铅山苋鸡蓬窑[67]、四川成都青羊宫窑[68]、邛崃十方堂窑、瓦窑山窑[69]、江油青莲窑[70]、湖北鄂城新庙瓦窑[71]、熊泗林窑、南窑咀窑[72]，福建福州怀安窑[73]、晋江磁灶窑[74]、连江已古窑[75]，江苏宜兴南山窑[76]，广西桂林上窑村窑[77]和广东封开长冲顶山窑[78]。未见正式报道而又被提及者亦有不少，其出处多为概述性论文，如《浙江宁波古代瓷窑遗址概述》[79]、《浙江宁波东钱湖窑场调查与研究》[80]、《浙江湖州古窑址调查》[81]、《绍兴越窑概述》[82]、《广东瓷窑遗址考古概要》[83]。

关于六朝瓷窑的研究，大多围绕某一窑口（系）展开，少量为窑口（系）间的比较分析，个别则专就窑址的意义发论。围绕某一窑口展开者，主要是从发展历程、产品特征和装烧工艺着手，间或注目窑口定名与性质、窑址分区与兴衰背景，极少数还触及窑业技术交流和产品断源问题，其所论对象包括婺州窑[84]、越窑[85]、瓯窑[86]、洪州窑[87]、岳州窑[88]、南山（均山）窑[89]、邛窑[90]、青羊宫窑[91]和桂林窑[92]。其中，越窑、瓯窑的研究成果多，所获认识较为系统，婺州窑、邛窑、青羊宫窑和桂林窑的研究则相对薄弱。窑口之间的比较分析，以李梅田、周能的研究为代表，前者从产品风格和烧瓷工艺两个方面，对洪州窑和岳州窑进行比较，认为二者在隋代以前差别比较明显，尤以装饰纹样体现得最为突出，至于隋代以前两窑产品在造型上的相似，也只宜视作当时的时代风格[93]；后者对岳州、洪州和越窑的窑具作了历时性考察和比较分析，得出了若干有价值的认识，为六朝瓷器的窑口鉴定提供了较为可靠的依据[94]。专就窑址意义发论者，仅曾凡所撰一文，他高度重视福建发现的南朝窑址，据此讨论福建六朝墓葬所出瓷器的来源问题，认为其中的大部分系本地产品，它们虽受越窑影响，但在造型风格和胎体成分上皆有鲜明的自身特点[95]。

2.瓷器的分区探讨

此类研究所论瓷器大多限于墓葬所出，部分未对其出土环境加以区别，个别则专注于遗址所出。其选定的区域大部分属现今行政区划，少量可归入自然地理单元。行政区划上，江苏[96]、福建[97]、安徽[98]、江西[99]、湖北[100]、湖南[101]、广东[102]、广西[103]和四川[104]，以及南京[105]、镇江[106]、马鞍山[107]、樟树[108]、清江[109]、鄂城[110]、梧州[111]等省市皆有专文论述；自然地理方面，包括长江中游[112]和北方地区[113]。依据研究途径的不同，可将上述研究分为两种。

第一种研究侧重于以类型学分析为先导的瓷器面貌的历时性考察，兼及其空间分布、产地和相关历史背景分析，占此类成果的绝大多数。除谢明良的系列论文外，余者罕见翔实的跨区域比较。正因如此，这一时期的产地分析尚显粗疏，相关认识较为笼统模糊，分歧自然在所难免。如黄义军就曾指出，"关于长江下游青瓷对中游地区输入问题，尚知之甚少。这种输入在湖北六朝青瓷中占多大比例，是否在西晋以前输入较多而西晋中晚期输入较少，这与当时的政治军事形势及下游和中游青瓷制造业的发展变化存在怎样的内在联系，还有待更进一步的研究探讨"[114]。又如王业友认为，安徽出土的吴晋青瓷可能是由江浙一带运来的，六朝末年青瓷则可能是寿州窑的早期产品[115]。方成军却持不同观点，指出安徽吴晋瓷器可分为风格迥异的两类，一类胎质坚硬细腻……瓷器质量高，应属于浙江越窑产品，另一类胎质疏松……质量逊色，可能来自江西、两湖地区[116]。

第二种研究以瓷器产地为主线展开，凸显了窑口的主导地位，相关成果少，以王书敏和李梅田的论文为代表。前者依据胎、釉和制作工艺，将镇江城市考古所见六朝瓷器分为越窑、瓯窑、德清窑、婺州窑、丰城窑和湘阴窑产品，并对各窑瓷器进行介绍。在此基础上，王先生从数量和质量方面，对这些越窑、瓯窑、德清窑和婺州窑瓷器加以比较分析，认为其结果与"目前浙江境内各窑场考古发现之生产规模、水平以及市场行销情况基本吻合。"[117] 后者将长江中游六朝隋唐青瓷归入岳州窑、长沙窑和洪州窑下讨论，在对三者的产品分别进行类型排比和分期研究，据此归纳总结各自的制瓷历史后，就三大窑口的关系、产品传播、湘赣两江流域之间的文化交流等问题进行分析[118]。

3.某一器类（物）的研究

此类研究相对零散，涉及虎子[119]、魂瓶[120]、鸡首壶[121]和盘口壶[122]等。其中，有关虎子的讨论仍集中于其用途，不过溺器说已成为普遍认识；魂瓶的研究视角相对多元，举凡演变趋势、名称功用、时空分布、所属窑口、兴衰成因等皆有论及，然在名称功用上分歧显著。许忆先、周燕儿和高军等称之为魂瓶，谢明良称谷仓罐，李刚却称佛寺罐，陈定荣则持魂瓶或谷仓罐皆可的态度，故据其形制命名为堆塑瓶；就鸡首壶而言，相关研究虽不多见，但却颇有价值，尤以谢明良之《鸡头壶的变迁——兼谈两广地区两座西晋纪年墓的时代问题》最具代表性。该文在考察鸡首壶的器形演变后，据此修正了两广地区两座西晋纪年墓的时代，并就鸡首壶的用途进行分析，指出"不能排除鸡头亦可作为一种辟邪的装饰，然而似乎可以肯定其于墓圹中并非'备物而不可用'的狭义明器"[123]；至于盘口壶的研究，则聚焦于南京长岗村M5所出釉下彩绘器的装饰，认为其彩绘纹饰和贴塑主要表现了道教思想，它是已知以釉下彩绘美化瓷器的最早典型。此外，另有部分瓷器因其所饰佛像而备受关注，往往被置于佛教南传的主题下加以研究。对此，白彬已有专文论述[124]。

4.瓷器科技考古

此类研究基本上是以窑址为单位逐一展开的，旨在了解各窑产品的物理性能、化学构成和显微结构等，亦有个别学者立足于此，对非瓷窑所出瓷器的产地进行分析。前者的成果除少量附于瓷窑调查简报[125]外，大多数独立成文，所涉窑口（系）包括越窑[126]、瓯窑[127]、湘阴窑[128]和怀安窑[129]。后者以蒋赞初为代表，他在系统考察长江中游东汉六朝青瓷之外貌特征的基础上，结合理化测试结果指出，这批瓷器只有百分之十几具有越窑青瓷的特点，其余的绝大部分均带有自己的地区特征[130]。

此外，徐伯元等从装饰纹样、装饰手法和艺术特色等方面，对六朝青瓷的装饰艺术进行概述[131]。李翎则宏观阐发六朝佛教对传统青瓷艺术的影响，涉及青瓷的生产、造型和装饰三个方面[132]。李辉柄[133]、马文宽[134]的综述性论文，以及罗宗真的《六朝考古》[135]对本阶段研究成果皆有论及，但均着墨有限。真正能较好地反映本阶段所获认识的，是2004年出版的《六朝文物》一书[136]。

　　总体上看，这一时期研究成果急剧增加，研究类别在继承上一阶段的基础上，又有了新的发展，突出表现为瓷器分区探讨的大量涌现并成为本阶段研究的主流。具体地讲，这一时期的研究尚有三个方面的特征：

　　（1）从区域上看，不只是江浙地区，其他省市发现的瓷窑也得到了应有关注，部分成果还触及了窑业技术交流问题，相关认识虽有争议[137]，但却拓宽了六朝瓷窑的研究视角。瓷器的分区探讨更是呈现出"遍地开花"的景象，所涉地域包括六朝疆域内的大多数地区，唯浙江、重庆和六朝遗存鲜有发现的云南、贵州除外，个别学者还对魏晋十六国北朝墓葬中的六朝瓷器予以关注，上一阶段的区域不平衡性基本消失。

　　（2）就类别而言，传统考古学研究占据主导地位，科技手段虽有运用，但基本上还处于数据积累阶段，缺乏明确的问题意识。不过，也有个别学者开始借助理化测试数据判定瓷器窑口，展现了自然科学技术在六朝瓷器研究中的巨大潜力。

　　（3）较之于上一阶段，本阶段的研究在深度和广度上均有所拓展，进步是长足而显著的，但仍存在着些许缺憾，尤以瓷器的分区探讨体现得最为鲜明。此类研究因主要出自地方文物工作者之手而多限于某一省市或地区，彼此联系较佳者很少，大有自说自话，"各自为政"之嫌。其研究途径有二，其中以瓷器产地为主线展开者真正地把握到了此类研究的根本，但却颇为罕见。

三　2001年至今

　　21世纪后，随着改革开放的不断深入、社会经济的高速发展和社会主义文化建设事业新高潮的出现，中国考古学进入一个新的发展阶段[138]。六朝瓷器研究亦然，不过在类别上基本承袭前一阶段。

1.瓷窑遗址的发现与研究

　　本阶段调（复）查发掘的六朝瓷窑不多，见诸报道者有浙江上虞皂李湖窑[139]、凤凰山窑[140]、德清小马山窑[141]、余杭石马抖窑[142]、萧山戴家山窑、石盖窑、上董窑[143]和江西丰城陈家山窑[144]、洪州窑[145]。未见正式报道而又被提及者少量，其出处亦为概述性论文，如《杭州地区古窑址概述》[146]、《上虞越窑窑址调查》[147]、《浙江上虞早期越窑窑址概述》[148]。

　　关于六朝瓷窑的研究，皆围绕某一窑口（系）展开，所论对象包括越窑[149]、德清窑[150]、洪州窑[151]、岳州窑[152]、怀安窑[153]、邛窑[154]和青羊宫窑[155]。其中，洪州窑、岳州窑皆有附带瓷器彩照的论著问世，其产品流布问题亦得到了初步探讨；越窑的研究更多地聚焦于上虞地区，相关成果不仅系统论述了上虞窑的瓷业面貌，还对其瓷业中衰的原因作了深入剖析。杜伟则深入现代瓷器生产作坊，以其见闻复原越窑制瓷工艺；邛窑、青羊宫窑和怀安窑的研究仍不多见，但却突破了既往认识。易立通过类型学分析和比对指出，邛窑的始烧时间约在隋至唐初，并将之置于相应的历史背景，尤其是六朝隋唐时期邛崃的地方政局中加以阐释。方圆远首次将青羊宫窑的制瓷历史分作五期，认为其第一期的年代为两晋至南朝早中期，并对该期瓷器的面貌特征作了详细论述。陈文则就《福州怀安窑址发掘报告》的分期问题展开讨论，指出发掘报告中的南朝遗存可细分为两期，即梁武帝时期和陈朝；德清窑是上一阶段不曾论及的，相关研究亦属鲜见，不过却较为系统，涉及其时空范畴、发展历程、产品特征、装烧工艺、制瓷成就和兴衰成因等。

2. 瓷器的分区探讨

此类研究选定的区域包括江西[156]、福建[157]、广东[158]、广西[159]、镇江[160]、马鞍山[161]、绵阳[162]等省市和三峡[163]、岭南[164]、北方地区[165]等自然地理单元，以及百济[166]、高句丽[167]故地。其研究途径承自上一阶段而又有所增加，据此，可将它们分作三种。其中，第一、二种研究亦即上一阶段所见之第一、二种。

第一种研究较多，其有关瓷器产地的看法虽不及第二、三种全面，部分学者在论述逻辑上甚至将墓葬中的瓷器直接视作其所出地的产品[168]，但也涌现了不少立足于细致比较的确切认识。如赵胤宰附表登记韩国百济故地出土的中国陶瓷时，就将窑系作为其中一项要素，并判断了大部分产品的产地[169]；黄玉洁指出，岭南地区六朝墓葬出土青瓷器中，四耳罐具有鲜明的地域特色，应为本地烧造。当然，也不乏外来者，如果榼、砚、灯、耳杯、盘口壶等，与长江下游地区出土同类器相似，展唇罐及莲瓣纹碗与江西洪州窑出土器物相似[170]；马健认为，集安国内城遗址所出瓷器中，工艺水平较高的直口四系鼓腹罐和折肩四系盘口壶为越窑系产品，而工艺水平较差的鼓腹四系盘口壶与双口六系鼓腹罐则可能产自长江中游窑场[171]。

第二种研究少见，以刘丽文之《镇江出土六朝瓷器研究》为代表。该文依据胎土、釉色和制作工艺，将镇江出土六朝瓷器分为越窑、瓯窑和德清窑产品，并略述其窑口构成的历时性变化，认为镇江东吴墓所出瓷器皆系越窑产品，西晋时期青瓷大都为越窑器，东晋南朝则以瓯瓷为大宗[172]。

第三种研究以瓷器的胎釉和工艺特征为凭划分组别，以组别为基本单位判定其窑口。相关成果不多，包括刘未和刘雨茂等的研究，尤以《绵阳崖墓出土瓷器的初步研究》最具代表性。该文按照胎釉特征、装烧方式及纹样的不同，将绵阳崖墓所出瓷器分成甲、乙两组，并对各组瓷器的年代和窑口进行判定，认为"甲组瓷器的时代最早可到两晋之际，多数集中在隋至唐初，从胎釉及装烧痕迹观察，显然都属于四川本地窑场的制品"，"乙组瓷器的时代序列比较完整，各期遗物分布较为均匀，最早亦可到两晋之交，最晚到南朝后期……主体应来自以湘阴窑和洪州窑为代表的长江中游青瓷产区……可能还有小部分来自长江下游的越窑青瓷产区。"[173]

3. 某一器类（物）的研究

此类研究所涉器类较多，除上一阶段业已关注的虎子、魂瓶、鸡首壶和盘口壶外，另有神兽尊、狮形器和"太官"款青瓷杯等。其中，虎子不再限于用途考辨，类型学分析、产地分析及分区比较皆有涉猎[174]；魂瓶的名称功用仍存分歧，沈芯屿试图对谷仓罐说和魂瓶说加以调和，认为"在中国很可能谷神就是象征收获和复活之神，这才是古人用谷仓做魂瓶的真正含义……谷仓是本土文化的产物，它的文化内涵与佛教没有太直接的关系"[175]，沈一萍却坚持佛寺罐说[176]。不过，对于魂瓶在构造上的层级性及其象征意义，学界基本达成共识，皆认为这种层次反映了天上、人间和地下的三分[177]。全涛则对魂瓶进行综合研究，考察其形态演变和时空分布，讨论其出土环境及产地，剖析其堆塑内容及其反映的佛教传播等问题[178]；关于鸡首壶的研究，主要集中在功用和形态演变上[179]，个别涉及其时空分布及分区、渊源和衰败背景等[180]，然对其系明器抑或实用器的认识尚不统一。盘口壶以类型学分析和年代序列为重心，兼及其空间分布和功能分析[181]；神兽尊的研究，则以窑口、寓意和用途为主线[182]；有关狮形器的讨论，主要围绕其功用展开，大致有烛台[183]、水注[184]、插器[185]和长明灯[186]四说，个别学者还分析了其成型工艺[187]和胡人骑神兽造型反映的历史背景[188]；至于"太官"款青瓷杯，则以贺云翱的《南朝"贡瓷"考——兼论早期"官窑"问题》最具价值。该文依据湖南湘阴窑和南京发现的"太官""供奉""上府"铭瓷器标本，认为"贡瓷"制度最迟开始于南北朝时期，中国烧制"贡瓷"的"官窑"制度可提前至南朝或隋代[189]。

此外，尚有学者按器类对包括六朝瓷器在内的陶瓷器进行考察，所涉类别有俑[190]、灶[191]、盏托[192]、烛台[193]、罍形罐[194]、钱纹罐[195]和方形扁壶[196]等。王志高等则就南京发现的孙吴釉下彩绘瓷器展开系统论述，认为其年代主要为孙吴后期，少量可能沿用至西晋，产地则以浙江窑口的可能性为大。这批彩绘瓷的使用者身份高贵，因此它们可能是为孙吴宫廷特别烧制的高级日用瓷器，其图案以"祥瑞"为主题，应与孙吴时期对"祥瑞"的膜拜和追崇，以及孙吴后期自宫内兴起的奢靡之风有关。至于其衰落，则可归因于西晋灭吴后的崇俭风气[197]。

4.瓷器科技考古

此类研究数量很少，以窑址为单位展开者只有洪州窑[198]一处。周丽丽则以南京出土早期青釉下褐彩器的产地为问题导向，对这批瓷器和越窑、均山窑产品，以及湖南、湖北、安徽所出瓷器的胎釉成分进行检测，并据其微量元素分析指出，"湖南是目前所知最有可能生产南京这批出土物的窑场"[199]。

此外，徐伯元等就六朝时期的陶瓷手工业作宏观论述，虽在认识上创获不多，但却难能可贵地将陶瓷生产和贸易综合起来考察[200]。唐根顺通过对六朝墓葬出土瓷器的通盘考察，勾勒了六朝瓷器发展的大体趋势，指出东汉晚期以来浙江地区制瓷业水平确实居全国之首，但东汉晚期或东吴早期各地普遍出现了具有地域特色的瓷器；东吴以来，长江下游瓷器给其他地区带来的影响和冲击，尤以两湖、江西地区为甚，东晋达到高潮，两广、福建地区则甚为微弱；南朝两湖、江西地区的瓷器又走上相对独立发展的道路。文章还就上述现象的原因和意义展开讨论，认为长江下游地区东吴至东晋时期瓷器优势地位的产生，应与孙吴政权定都此地有关，而汉末六朝早期各地瓷器的普遍出现，以及南朝两湖、江西地方风格瓷器的重新出现则是发人深省的，有助于六朝地方史的研究[201]。韦正采纳唐先生的观点，并结合六朝瓷窑的有关情况对此作了更为翔实的论证[202]。

总体上看，这一时期的研究方兴未艾，研究类别及其构成情况基本上承袭前一阶段，科技考古的成果仍然少见。不过，本阶段研究在所涉区域、研究方法和相关认识上皆有新的发展。

（1）所涉区域上，不止是国内，国外材料尤其是朝鲜半岛的考古发现，也得到了较为广泛的关注。就国内而言，上一阶段忽略的三峡地区亦有论及，湖北、安徽等地所受关注却明显降低。

（2）研究方法上，某一器类的研究普遍采取类型学分析法，并基于此讨论相关问题。瓷器的分区探讨新增以瓷器之外貌特征划分组别的方式，此法不仅强化了瓷器断源研究的论证逻辑，更可作为资料整理者，尤其是对瓷器窑口缺乏清晰认识的整理者披露瓷器的权宜之计。遗憾的是，六朝瓷器的分区探讨仍以前揭第一种途径为主，六朝考古报告（简报）对瓷器的介绍与陶器并无本质区别，均采取文字描述配以线图，再据线图断代的模式，所附彩图亦不多，根本无法全面展现瓷器的产地信息。

（3）相关认识上，既有对传统议题的讨论和深化，又开辟了一些新的主题。前者在邛窑的始烧年代和瓷器的分区探讨等方面均有体现。后者包括洪州窑、岳州窑的产品流布，六朝瓷器发展的大体趋势，南朝"贡瓷"制度和孙吴釉下彩绘瓷的性质及使用等。

四　研究展望

纵观近百年来六朝瓷器研究历程，六朝瓷窑为数不少，墓葬出土瓷器更多然而两者的关联更多地体现在年代判定上，产地分析方面却要少的多。六朝瓷器断源研究仍然任重道远，而这不仅关系到各窑口产品的流布及其反映的商品经济问题，还将影响我们对各窑口瓷业生产面貌及其窑业技术交流的认识。造成这一局面的原因固然是多方面的，但主要应归咎于联系瓷窑与非瓷窑遗迹所出瓷器的关键纽带——窑口归属的缺位。有鉴于此，提出展望如下：

如前所述，第一种途径侧重于以类型学分析为先导的瓷器面貌的历时性考察。其内在理论与旨在构建考古学文化时空框架的陶器研究[203]别无二致，部分学者基于形态对瓷器进行文化因素分析[204]更是强化了这种一致性。然而，不容忽视的是，陶、瓷毕竟是存在差别的，除科技层面外[205]，文化层面亦有体现，最为显著者莫过于绝大多数日用陶器的流通性较弱，基本上为当地自给自足，而日用瓷器则不然，往往具备了大宗商品的属性[206]。相应的，某一区域所出瓷器在制作传统上通常远较陶器复杂，而制作传统正是类型学的理论依据及其划分结果的内在根源[207]，其复杂化无疑会增加类型学分析的难度，进而影响其准确性。作为瓷器的生产单位，窑口恰又很好地反映了瓷器的制作传统，其具体归属的厘清势必有助于瓷器的类型学划分。因此，即便是就类型学分析而言，瓷器的分区探讨也应以窑口归属为第一要务，更何况某一区域所出瓷器在很大程度上可视作商品经济的产物，而窑口构成才能很好地揭示这一本质。总之，瓷器的分区探讨宜采取前揭第二（三）种途径。那么，为何第一种途径反而占据数量上的绝对优势呢？这恐怕应归咎于长期以来的陶瓷并论基调，尤其是瓷器披露方式上的类陶器化倾向吧。

瓷器的商品属性，亦使其文化因素在内涵上有别于陶器。如索德浩将峡江地区汉晋时期的瓷器归为长江中下游文化因素，但又清晰地认识到它们应是从长江中下游地区输入的[208]；而陶器却鲜见整件器物来自外地者，其文化因素多是就器物的局部特征而言，往往被置于文化传播论的视角下加以阐释[209]。两种情况的意义截然不同，前者只是表层次的文化交流，后者却具有模仿生产的意味，属于文化交流的更深层次[210]。何驽等曾对这种区别进行分析，指出"某些外来因素是如何出现于某遗址的问题，关系到文化间复杂的互动关系形式。分析它们的重要切入点是产地的判别"[211]。具体到瓷器上，这一切入点即其窑口归属。因此，就六朝瓷器而言，笔者并不排斥文化因素这一概念的应用，但却必须强调窑口归属的重要价值和突出地位，尤其是要警惕其缺位所引发的偏颇认识。如刘玉健注意到"耒阳白洋渡东晋墓 M20 出土的 A 型四系罐与南京司家山东晋谢氏家族墓出土的直筒罐外形一致"，并将之视作湖南南区墓葬中的东晋建康文化因素[212]。然而，六朝时期的建康并无瓷业生产，湘南地区迄今尚不见六朝瓷窑，类似形态的四系罐在常德津市却有发现，经鉴定为湘阴窑产品[213]。由此可见，耒阳和南京所出四系罐的相似，其实是湘阴窑产品分销这两地的结果，根本反映不了南京与湘南地区的联系，是故绝不能以东晋建康文化因素释之[214]。相反，就窑口归属明确的瓷器展开的研究，即便没有使用文化因素这一概念，但也具备其实质含义和作用。如李铧依据桂林窑产品与湘阴窑产品的相仿推测，"南朝时期，湘阴窑的工匠……到桂林地区创建了新的窑场"[215]。

值得注意的是，栾丰实等认为"文化因素的内涵是庞杂的，几乎可以包括所有的考古遗存及其特征，它既可以是一些具体的遗迹和遗物，也可以是建造这些遗迹和制作这些遗物的技术"[216]，袁永明却结合研究对象的性质对此加以辨析。他在确定殷墟妇好墓第350号玉凤为石家河文化产品后，指出"我们不能由此就说殷墟所体现的晚商文化有石家河文化的因素"[217]。笔者赞同这一观点，晚商文化与石家河文化相距上千年，石家河文化制作的玉凤流通至殷墟妇好墓的背景存在着多种可能，因此很难说是两支文化发生联系的结果，故而不宜使用文化因素一词。实际上，俞伟超对文化因素的定义，也只是"指源自不同考古学文化的那些互相有区别的特征"[218]，并未包括考古遗存本身。作为先秦考古实践的结晶，文化因素分析法以陶器为主要对象，甚至可以说是从陶器研究实践中提炼出来的，而陶器基本上是本地生产的，因此其文化因素自然不太涉及器物本身的来源问题。基于这一认识，我们可对瓷器的窑口归属和文化因素作更明确的区分：前者特指瓷器的产地，后者则专注于其局部特征的渊源。

需要说明的是，由于材料披露方式的原因，目前学界对六朝瓷器的研究尚侧重甚或局限于其形制，而形制的渊源指向在性质上并不明确。它可能是瓷器的产地，也可能只是此一特征（形制）流行的地域，庶几可归为该地的文化因素。为客观应对和反映这种模糊性，不妨依其形制的渊源指向，将所涉瓷器称为××（地名）系瓷器[219]。

作为瓷器的基本属性之一，窑口是联系瓷窑与非瓷窑遗迹所出瓷器的关键纽带，其重要价值不言而喻。现阶段六朝瓷器研究存在的最大问题即在于，瓷窑发现不少，墓葬出土瓷器更多，然而两者的关联更多地体现在年代判定上，产地分析方面却要少得多，系统而明确的分析尤然。六朝瓷器断源研究仍然任重道远，而这不仅关系到各窑口产品的流布及其反映的商品经济问题，还将影响我们对各窑口瓷业生产面貌及其窑业技术交流的认识。有鉴于此，提出展望如下：

（1）改进瓷器刊布方式。既往研究表明，六朝瓷器的外在特征中，胎、釉之于窑口判定颇具参考价值。然而，线图却无法表现该特征。因此，对瓷器的披露，应坚决摒弃类陶器化的思想，除清晰无误的线图外，还应具备高质量且附带标准色卡的数码照片。尤其是对瓷窑遗址所出瓷器，更应尽可能地多用彩照，涵盖其胎釉、纹饰和装烧工艺的所有特征，充分发挥其在瓷器断源研究中的标尺作用。由于时代原因而未能披露彩照的瓷窑，则应以窑口（系）为单位补充后结集出版，《丰城洪州窑址》可视作这一方面的典范。至于非瓷窑遗迹所出瓷器，若能按先分窑口，再叙器形的顺序披露当然最好；如若不能，也宜采取前文提及的方式，先以瓷器的胎釉和工艺特征为凭划分组别，再就各组别的瓷器展开类型学划分。

（2）加强瓷器科技考古。古代陶瓷器的制作一般都是就地取材，而地球上不同地区的土壤和矿物受自然地理条件制约，所含元素的富集与迁移情况不尽相同，如此便形成了各地区特定的元素分布模式。特别是其中的微量元素，因不会对陶瓷性能产生明显影响而多为工匠所忽视，且其存在与否亦非古代先民所能控制，故而保留了黏土的天然地域特征[220]。这一地域特征便为基于成分分析技术判定瓷器产地提供了依据和可能。吴隽等指出，利用古陶瓷的元素组成进行断源分析，其模式上采用从已知探未知的方法，即以窑口明确的样品元素组成特征为依据，对未知样品的产地进行分析判别，而要切实掌握上述特征，首先必须依托足够的数量以建立完备的信息数据库[221]。因此，聚焦六朝瓷窑所出瓷器，对其成分尤其是微量元素进行检测分析就显得尤为重要。然而，除越窑、洪州窑外，其他窑址所出瓷器的微量元素组成尚无人问津，应作为今后工作的重心。需要强调的是，目前用于陶瓷成分检测的方法较多[222]，故在开展大规模的检测分析之前，先要考虑好不同检测方法所得结果的兼容性和通用性问题。

（3）促进传统考古与科技考古的结合。传统考古着眼于瓷器的形制、胎釉、纹饰和装烧工艺等，归根到底是一种外在的、宏观的和经验的方法[223]。既然属于经验范畴，便难免存在认识上的分歧甚或谬误。科技考古恰能以内在的、微观的和量化的检测分析对上述认识加以检验，从而构成瓷器断源研究的"二重证据"。需要指出的是，采取单一的传统或科技方法判别瓷器产地，均需高度依赖瓷窑的标尺作用。然而，按照前述方式系统地披露六朝瓷窑材料恐非一时之功，以各瓷窑为单位建立相应的微量元素数据库更是如此。在此背景下，将传统和科技方法结合起来，不失为值得尝试的途径。如白云翔提出的"基于风格与分布"的产地推定法[224]，就可锁定瓷器产地的大致范围。在此基础上，若能结合该范围内的瓷窑分布情况，有针对性地选取标本进行成分检测和分析对比，便可得到合理可靠的结论，从而达到事半功倍的效果。

本文系 2020 年度湖南省社科基金青年项目"区域比较视野下长江中游六朝墓葬研究"的成果之一。

注释：

[1] 裴光辉：《长沙窑彩瓷·序》，福建美术出版社，2002 年。

[2] 权奎山等：《古代陶瓷》，文物出版社，2008 年，第 3 页。

[3] 权奎山等：《古代陶瓷》，文物出版社，2008 年，第 108 页。

[4] 六朝含义有二，广义上，泛指三国两晋南北朝；狭义而言，特指定都建业（建康）的东吴、东晋、宋、齐、梁、陈六个偏安政权。考古学界惯用的六朝取其狭义并将西晋囊括其中。详见胡阿祥：《六朝政区》，南京大学出版社，2008 年，第 3 页。罗宗真：《六朝考古》，南京大学出版社，1996 年。

[5] （梁）萧统编，（唐）李善注：《文选》卷一八《音乐下·笙赋》，中华书局，2016 年，第 261 页。

[6] 关于"缥瓷"的种种误会和争议，详见诸诣等：《东瓯缥瓷刍议》，《文物春秋》2018 年第 6 期，第 12 ～ 21 页。

[7] 韦正：《长江中下游、闽广六朝墓葬的发现和研究》，《南方文物》2005 年第 4 期，第 72 ～ 75 页。

[8] （宋）岳珂撰，吴企明点校：《桯史》卷一《晋盆杆》，中华书局，1981 年，第 11、12 页。

[9] 陈万里：《吴晋时代的浙江陶瓷》，《瓷器与浙江》，中华书局，1946 年，第 39 ～ 42 页。

[10] 王光尧：《关于陶瓷考古的几个问题——代〈南方文物〉"土与火的艺术"专栏主持辞》，《南方文物》2008

年第 1 期，第 53 ～ 56 页。

[11] 宋伯胤：《对古陶瓷研究的反思》，《考古》1987 年第 9 期，第 842 ～ 847 页。

[12] 陈万里：《山阴道上访古日记》，《瓷器与浙江》，中华书局，1946 年，第 119 ～ 136 页。

[13] 陈万里：《吴晋时代的浙江陶瓷》，《瓷器与浙江》，中华书局，1946 年，第 39 ～ 42 页。

[14] 陈万里：《再谈越器》，《文物》1954 年第 5 期，第 33 ～ 37 页。

[15] 王志敏：《从七个纪年墓葬漫谈 1955 年南京附近出土的孙吴两晋青瓷器》，《文物》1956 年第 11 期，第 8 ～ 14 页。

[16] 江苏省文物管理委员会：《南京出土六朝青瓷》，文物出版社，1957 年。

[17] 冯先铭：《我对"长沙烂泥冲齐代砖室墓清理简报"的一点意见》，《文物》1958 年第 4 期，第 60 页。

[18] 冯先铭：《略谈魏晋至五代瓷器的装饰特征》，《文物》1959 年第 6 期，第 18 ～ 21 页。

[19] 林树中：《常州画像砖墓的年代与画像砖的艺术》，《文物》1979 年第 3 期，第 42 ～ 45、48 页。

[20] 陈万里：《山阴道上访古日记》，《瓷器与浙江》，中华书局，1946 年，第 119 ～ 136 页。

[21] 党华：《浙江萧山县上董越窑窑址发现记》，《文物》1955 年第 3 期，第 66 ～ 73 页。

[22] 沈树芳：《萧山县石盖村发现古窑址》，《文物》1957 年第 4 期，第 84、85 页。

[23] 何天行：《浙江上虞发现晋代瓷器遗址》，《考古》1955 年第 5 期，第 59 页。

[24] 邓白：《东瓯缥瓷纪实》，《文物》1956 年第 11 期，第 1 ～ 7、10 页。

[25] 汪扬：《德清窑调查散记》，《文物》1957 年第 10 期，第 60 ～ 62 页。浙江省文物管理委员会：《德清窑瓷器》，《文物》1959 年第 12 期，第 51、52 页。

[26] 金祖明：《浙江余姚青瓷窑址调查报告》，《考古学报》1959 年第 3 期，第 107 ～ 120 页。

[27] 浙江省文物管理委员会：《浙江鄞县古瓷窑址调查纪要》，《考古》1964 年第 4 期，第 182 ～ 187 页。

[28] 江苏省文物管理委员会：《宜兴发现六朝青瓷窑址》，《文物》1959 年第 7 期，第 73、74 页。蒋玄佁：《访均山青瓷古窑》，《文物》1960 年第 2 期，第 38 ～ 40 页。南京博物院：《宜兴县汤渡村古青瓷窑址试掘简报》，《文物》1964 年第 10 期，第 39 ～ 41 页。

[29] 胡谦盈：《寿州瓷窑址调查记略》，《文物》1961 年第 12 期，第 60 ～ 66 页。

[30] 王铁藩：《福州发现本省最早的窑址》，《文物》1962 年第 9 期，第 61 页。

[31] 周世荣：《从湘阴古窑址的发掘看岳州窑的发展变化》，《文物》1978 年第 1 期，第 69 ～ 81 页。

[32] 江西省博物馆：《我省首次发现六朝青瓷窑址》，《南方文物》1978 年第 1 期，第 2、3 页。

[33] 冯先铭：《新中国陶瓷考古的主要收获》，《文物》1965 年第 9 期，第 26 ～ 56 页。冯先铭：《三十年来我国陶瓷考古的收获》，《故宫博物院院刊》1980 年第 1 期，第 3 ～ 27、50 页。

[34] 邓白：《东瓯缥瓷纪实》，《文物》1956 年第 11 期，第 1 ～ 7、10 页。

[35] 浙江省文物管理委员会：《浙江瑞安桐溪与芦蒲古墓清理》，《考古》1960 年第 10 期，第 30 ～ 36、46 页。

[36] 张翔：《温州西山窑的时代及其与东瓯窑的关系》，《考古》1962 年第 10 期，第 531 ～ 534 页。

[37] 金祖明：《温州地区古窑址调查纪略》，《文物》1965 年第 11 期，第 21 ～ 34 页。

[38] 汪学礼等：《青羊宫古窑址试掘简报》，《文物》1956 年第 6 期，第 53 ～ 57 页。

[39] 陈万里：《建国以来对于古代窑址的调查》，《文物》1959 年第 10 期，第 44 ～ 49 页。

[40] 徐鹏章：《川西古代瓷器调查记》，《文物》1958 年第 2 期，第 38 ～ 42、50 页。

[41] 陈万里：《建国以来对于古代窑址的调查》，《文物》1959 年第 10 期，第 44 ～ 49 页。

[42] 王志敏：《从七个纪年墓葬漫谈 1955 年南京附近出土的孙吴两晋青瓷器》，《文物》1956 年第 11 期，第 8 ～ 14 页。

[43] 李蔚然：《南京六朝墓葬》，《文物》1959 年第 4 期，第 21 ～ 25 页。

[44] 罗宗真：《江苏宜兴晋墓发掘报告——兼论出土的青瓷器》，《考古学报》1957 年第 4 期，第 83 ～ 106 页。

[45] 中国科学院考古研究所编：《新中国的考古收获》，文物出版社，1961 年，第 94 页。

[46] 周世荣：《从湘阴古窑址的发掘看岳州窑的发展变化》，《文物》1978 年第 1 期，第 69 ～ 81 页。

[47] 倪振达：《关于"青瓷虎子"问题》，《考古》1956 年第 5 期，第 58 ～ 60 页。曾凡：《关于"青瓷虎子"用途的新发现》，《考古》1957 年第 2 期，第 92、93 页。孙桂恩：《谈谈青瓷虎子的两种用途》，《考古》1957 年第 6 期，第 52 ～ 54 页。

[48] 周仁等：《中国历代名窑陶瓷工艺的初步科学总结》，《考古学报》1960 年第 1 期，第 89 ～ 104 页。

[49] 陈万里：《中国历代烧制瓷器的成就与特点》，《文物》1963 年第 6 期，第 26 ～ 41 页。

[50] 冯先铭：《新中国陶瓷考古的主要收获》，《文物》1965 年第 9 期，第 26 ～ 56 页。冯先铭：《三十年来我国陶瓷考古的收获》，《故宫博物院院刊》1980 年第 1 期，第 3 ～ 27、50 页。

[51] 李知宴：《三国两晋南北朝制瓷业的成就》，《文物》1979 年第 2 期，第 49 ～ 54 页。朱伯谦：《三国两晋南北朝的陶瓷》，《中国陶瓷史》，文物出版社，1982 年，第 136 ～ 179 页。

[52] 如冯先铭将长沙烂泥冲 M1 的青瓷长颈瓶定为唐代，韦正却视之为长江中游地区南朝晚期的地方特色瓷器。参见韦正：《六朝墓葬的考古学研究》，北京大学出版社，2011 年，第 174 页。

[53] 中国社会科学院考古研究所编：《中国考古学·秦汉卷》，中国社会科学出版社，2010 年，第 8 页。

[54] 贾昌：《浙江武义县管湖三国婺州窑》，《考古》1983 年第 6 期，第 567、568 页。

[55] 林士民：《浙江宁波云湖窑调查》，文物编辑委员会编：《中国古代窑址调查发掘报告集》，文物出版社，1984 年，第 9 ～ 14 页。

[56] 周燕儿：《浙江绍兴九岩越窑》，《南方文物》2000 年第 2 期，第 40 ～ 45 页。

[57] 周燕儿等：《绍兴两处六朝青瓷窑址的调查》，《东南文化》1991 年第 Z1 期，第 206 ～ 210 页。

[58] 周燕儿：《浙江绍兴畚箕山、庙屋山古窑址》，《南方文物》1993 年第 2 期，第 26 ～ 29、83 页。

[59] 慈溪市文物管理委员会办公室：《慈溪东晋窑址的调查》，《东南文化》1993 年第 3 期，第 145 ～ 153 页。

[60] 金柏东等：《永嘉夏甓山东晋缥瓷窑址调查》，《东南文化》1994 年第 Z1 期，第 37 ～ 41 页。

[61] 王同军：《浙江瓯海县发现南朝窑址》，《考古》1992 年第 12 期，第 1121、1144 页。

[62] 黄岩市博物馆：《黄岩埠堂头南朝瓷窑址》，《中国考古学年鉴·1991》，文物出版社，1992 年，第 185、186 页。

[63] 江西省历史博物馆等：《江西丰城罗湖窑发掘简报》，文物编辑委员会编：《中国古代窑址调查发掘报告集》，文物出版社，1984 年，第 73 ～ 93 页。

[64] 万德强：《丰城县新发现青瓷窑址》，《南方文物》1983 年第 4 期，第 22 页。

[65] 万良田等：《江西丰城龙雾洲瓷窑调查》，《考古》1993 年第 10 期，第 909 ～ 915、952 页。

[66] 江西省文物考古研究所等：《江西丰城洪州窑遗址调查报告》，《南方文物》1995 年第 2 期，第 1 ～ 29 页。注：本次调查窑址 29 处，涉及包括罗湖村在内的 9 个村落，故不再以村落命名，而以范畴更大的"洪州窑"统领之。

[67] 王立斌：《江西铅山县发现几处古瓷窑址》，《考古》1986 年第 11 期，第 1047、1048 页。

[68] 翁善良：《成都青羊宫窑址调查》，《景德镇陶瓷》1984 年第 S1 期，第 139 ～ 144 页。四川省文管会等：《成都青羊宫窑址发掘简报》，四川古陶瓷研究编辑组：《四川古陶瓷研究（二）》，四川省社会科学院出版社，1984 年，第 113 ～ 154 页。

[69] 黄微曦：《邛窑调查纪实》，《景德镇陶瓷》1984 年第 S1 期，第 157 ～ 160 页。四川省文物考古研究所等：《四川邛崃固驿瓦窑山古瓷窑址发掘简报》，《南方民族考古（第三辑）》，四川科学技术出版社，1991 年，第 341 ～ 368 页。

[70] 黄石林：《四川江油市青莲古瓷窑址调查》，《考古》1990 年第 12 期，1090 ～ 1094 页。

[71] 鄂城县博物馆：《湖北鄂城县新庙瓦窑嘴窑址调查》，《考古》1983 年第 3 期，第 277、278 页。

[72] 鄂州市博物馆：《湖北鄂州市五处古窑址的调查》，《江汉考古》1995 年第 2 期，第 30 ～ 35 页。

[73] 福建省博物馆等：《福州怀安窑址发掘报告》，《福建文博》1996 年第 1 期，第 3 ～ 33 页。

[74] 陈鹏等：《福建晋江磁灶古窑址》，《考古》1982 年第 5 期，第 490 ～ 498 页。

[75] 栗建安等：《连江县的几处古瓷窑址》，《福建文博》1994 年第 2 期，第 22 ～ 30 页。

[76] 肖梦龙：《宜兴小窑墩晋、唐窑址的调查报告》，《中国陶瓷》1982 年第 7 期，第 25 ～ 32 页。宜兴陶瓷公司《陶瓷史》编写组：《江苏宜兴南山六朝青瓷窑址的调查》，《中国古代窑址调查发掘报告集》，文物出版社，1984 年，第 45 ～ 50 页。

[77] 桂林博物馆：《广西桂州窑遗址》，《考古学报》1994 年第 4 期，第 499 ～ 526 页。

[78] 广东省文物考古研究所：《封开县长冲顶山南朝窑址》，《中国考古学年鉴·1991》，文物出版社，1992 年，第 260 页。

[79] 林士民：《浙江宁波古代瓷窑遗址概述》，《中国古陶瓷研究（第二辑）》，紫禁城出版社，1988 年，第 14 ～ 20 页。

[80] 林士民：《浙江宁波东钱湖窑场调查与研究》，《中国古陶瓷研究（第三辑）》，紫禁城出版社，1990 年，第 47 ～ 53 页。

[81] 任大根等：《浙江湖州古窑址调查》，《中国古陶瓷研究（第三辑）》，紫禁城出版社，1990 年，第 63 ～ 71 页。

[82] 沈作霖：《绍兴越窑概述》，《南方文物》1993 年第 4 期，第 59 ～ 63 页。

[83] 曾广亿：《广东瓷窑遗址考古概要》，《南方文物》1991 年第 4 期，第 105 ～ 108 页。

[84] 贡昌：《从浙江省武义县墓葬出土物谈婺州窑早期青瓷》，《文物》1981 年第 2 期，第 51 ～ 55 页。

[85] 李军：《论早期越窑青瓷》，《东南文化》1999 年第 4 期，第 88 ～ 96 页。李军：《论越窑青瓷的装烧工艺》，《东南文化》2000 年第 3 期，第 105 ～ 110 页。陆菊仙：《东汉晚期——西晋越窑青瓷器铭文之我见》，《东南文化》1992 年第 6 期，第 254、255 页。王佐才：《刍议"上虞窑"》，《东南文化》1989 年第 6 期，第 138 ～ 140 页。李刚：《上虞窑兴衰初探》，《南方文物》1989 年第 3 期，第 34 ～ 38 页。林士民：《青瓷与越窑》，上海古籍出版社，1999 年。

[86] 陈锡仁：《"东瓯缥瓷"驳证》，《中国古陶瓷研究（第二辑）》，紫禁城出版社，1988 年，第 21 ～ 26 页。金柏东：《瓯窑探略》，《中国古陶瓷研究（第三辑）》，紫禁城出版社，1990 年，第 12 ～ 18 页。金柏东：《瓯窑褐彩青瓷探析》，《古陶瓷科学技术 3——国际讨论会论文集（ISAC'95）》，上海科学技术文献出版社，第 391 ～ 395 页，1997 年。蔡钢铁：《六朝瓯窑瓷器》，《中国古陶瓷研究（第三辑）》，紫禁城出版社，1990 年，第 18 ～ 28 页。王同军：《东瓯窑三题》，《南方文物》1991 年第 4 期，第 27、35、36 页。王同军：《东瓯窑瓷器烧成工艺的初步探讨》，《东南文化》1992 年第 5 期，第 223 ～ 226 页。

[87] 余家栋：《试析洪州窑》，《中国古代窑址调查发掘报告集》，文物出版社，1984 年，第 94 ～ 101 页。

李梅田：《洪州窑青瓷装饰艺术初探》，《江汉考古》1996 年第 2 期，第 84 ～ 88、93 页。权奎山：《论洪州窑的装烧工艺》，《考古学研究（四）》，科学出版社，2000 年，第 300 ～ 320 页。权奎山：《从洪州窑遗址出土资料看匣钵的起源》，《说陶论瓷——权奎山陶瓷考古论文集》，文物出版社，2014 年，第 172 ～ 176 页。

[88] 周世荣：《岳州窑源流初探》，《江汉考古》1986 年第 1 期，第 71 ～ 79 页。周世荣：《江南地区青竹寺窑、湘阴窑的青瓷和褐斑装饰》，《东南文化》1994 年第 Z1 期，第 32 ～ 36 页。周晓赤：《湘阴窑青瓷发展浅说》，《考古耕耘录——湖南中青年考古学者论文选集》，岳麓书社，1999 年，第 358 ～ 361 页。

[89] 蒋赞初：《关于宜兴陶瓷发展史中的几个问题》，《中国古代窑址调查发掘报告集》，文物出版社，1984 年，第 64 ～ 69 页。肖梦龙：《试谈江苏宜兴六朝青瓷生产》，《古陶瓷科学技术 3——国际讨论会论文集（ISAC'95）》，上海科学技术文献出版社，1997 年，第 371 ～ 375 页。

[90] 陈丽琼：《邛窑新探》，中国科学院上海硅酸盐研究所编：《中国古陶瓷研究（第一辑）》，科学出版社，1987 年，第 349 ～ 353 页。

[91] 翁善良：《试论近年来青羊宫窑址的发现》，《成都文物》1988 年第 4 期，第 13 ～ 18 页。

[92] 李铧：《广西桂林窑的早期窑址及其匣钵装烧工艺》，《文物》1991 年第 12 期，第 83 ～ 86 页。

[93] 李梅田等：《洪州窑与岳州窑关系浅探》，《江汉考古》1999 年第 1 期，第 26、82、83 页。

[94] 周能：《浅谈岳州、洪州、越州窑窑具的主要特点》，《江汉考古》1999 年第 3 期，第 74 ～ 78 页。

[95] 曾凡：《福建南朝窑址发现的意义》，《考古》1989 年第 4 期，第 363 ～ 367 页。

[96] 罗宗真：《江苏东吴青瓷工艺的成就》，《中国考古学会第三次年会论文集（1981）》，文物出版社，1984 年，第 128 ～ 134 页。谢明良：《江苏六朝墓出土陶瓷组合特征及其有关问题》，《六朝陶瓷论集》，生活·读书·新知三联书店，2019 年，第 27 ～ 162 页。

[97] 卢茂村：《试论福建两晋与南朝之青瓷》，《南方文物》1992 年第 4 期，第 45、69 ～ 71 页。谢明良：《福建六朝墓出土陶瓷初步探讨》，《六朝陶瓷论集》，生活·读书·新知三联书店，2019 年，第 163 ～ 206 页。林存琪：《福建六朝青瓷略谈》，《福建文博》1993 年第 1、2 期，第 70 ～ 80 页。

[98] 王业友：《略谈安徽出土的六朝青瓷》，《中国考古学会第三次年会论文集（1981）》，文物出版社，1984 年，第 148 ～ 154 页。方成军：《略论安徽吴、晋墓葬出土的青瓷》，《文物研究（第十一辑）》，黄山书社，1998 年，第 216 ～ 223 页。

[99] 吴志红等：《江西南朝青瓷略谈》，《南方文物》1983 年第 3 期，第 19、45 ～ 49 页。谢明良：《江西六朝墓出土陶瓷综合探讨》，《六朝陶瓷论集》，生活·读书·新知三联书店，2019 年，第 207 ～ 259 页。范凤妹：《江西出土的六朝青瓷》，《南方文物》1991 年第 4 期，第 88 ～ 90、113 页。

[100] 黄义军：《略论湖北地区六朝青瓷的造型和装饰》，《江汉考古》1994 年第 4 期，第 87 ～ 90 页。

[101] 高至喜：《略论湖南出土的青瓷》，《中国考古学会第三次年会论文集（1981）》，文物出版社，1984 年，第 155 ～ 164 页。

[102] 邓宏文：《广东六朝墓葬出土瓷器研究》，《华夏考古》2000 年第 3 期，第 77 ～ 87 页。

[103] 黄启善：《试论广西东汉至隋唐墓中出土的青瓷器》，《广西文物》1985 年第 2 期，第 1 ～ 12 页。覃义生：《广西出土的六朝青瓷》，《考古》1989 年第 4 期，第 330、357 ～ 362 页。

[104] 何志国：《四川六朝瓷器初论》，《考古》1992 年第 7 期，第 646 ～ 654 页。

[105] 李蔚然：《试述南京地区六朝墓葬青瓷来源及其有关问题》，《中国考古学会第三次年会论文集（1981）》，

文物出版社，1984年，第135～139页。魏正瑾等：《南京出土六朝青瓷探讨》，《考古》1983年第4期，第347～353页。刘建国：《东晋青瓷的分期与特色》，《文物》1989年第1期，第82～89页。

[106] 王书敏：《镇江城市考古出土六朝瓷器散论——兼谈生活用瓷与丧葬用瓷》，《南方文物》1995年第4期，第71～77页。

[107] 周雪梅：《马鞍山市出土青瓷略探》，《文物研究（第十一辑）》，黄山书社，1998年，第211～215页。

[108] 李昆：《樟树南朝墓出土青瓷器述论》，《南方文物》1999年第4期，第74～77页。

[109] 黄颐寿：《清江出土的南朝青瓷》，《南方文物》1983年第4期，第80～82页。

[110] 贺中香：《略论鄂城两晋青瓷》，《景德镇陶瓷》1984年第S1期，第101～104页。

[111] 黄贵贤等：《浅谈广西梧州市出土的六朝青瓷》，《中国国家博物馆馆刊》1998年第2期，第106～109页。

[112] 蒋赞初：《长江中游六朝墓葬的分期和断代——附论出土瓷器》，《中国考古学会第三次年会论文集（1981）》，文物出版社，1984年，第140～147页。李梅田：《长江中游地区六朝隋唐青瓷分期研究》，《华夏考古》2000年第4期，第83～99页。

[113] 谢明良：《魏晋十六国北朝墓出土陶瓷试探》，《六朝陶瓷论集》，生活·读书·新知三联书店，2019年，第260～304页。

[114] 黄义军：《略论湖北地区六朝青瓷的造型和装饰》，《江汉考古》1994年第4期，第87～90页。

[115] 王业友：《略谈安徽出土的六朝青瓷》，《中国考古学会第三次年会论文集（1981）》，文物出版社，1984年，第148～154页。

[116] 方成军：《略论安徽吴、晋墓葬出土的青瓷》，《文物研究（第十一辑）》，黄山书社，1998年，第216～223页。

[117] 王书敏：《镇江城市考古出土六朝瓷器散论——兼谈生活用瓷与丧葬用瓷》，《南方文物》1995年第4期，第71～77页。

[118] 李梅田：《长江中游地区六朝隋唐青瓷分期研究》，《华夏考古》2000年第4期，第83～99页。

[119] 郑岩：《也谈虎子的用途》，《中国文物报》1994年9月18日第3版。李铧等：《"虎子"的用途及相关文化》，《文物春秋》1999年第2期，第20～24页。王业友：《也谈虎子》，《中国文物报》1994年10月23日第3版。黄展岳：《关于伏虎形器和"虎子"的问题》，《文物》1999年第5期，第55～60页。

[120] 陈定荣：《堆塑瓶论》，《南方文物》1986年第2期，第91～101页。谢明良：《六朝谷仓罐综论》，《故宫文物月刊》1992年第1期，第44～63页。周燕儿等：《绍兴县出土越窑魂瓶初探》，《东南文化》1992年第5期，第175～179、250页。高军等：《对越窑青瓷魂瓶的思考》，《南方文物》1994年第4期，第70、107～112页。李刚：《陶瓷窂堵波研究》，《文博》1997年第5期，第50～55、66页。

[121] 朱兰霞：《鸡头壶的产生、发展及其应用》，《江苏省考古学会第四、五次年会论文选》，1986年，第112～114页。谢明良：《鸡头壶的变迁——兼谈两广地区两座西晋纪年墓的时代问题》，《六朝陶瓷论文集》，台湾大学出版中心，2006年，第325～358页。

[122] 易家胜：《南京出土的六朝早期青瓷釉下彩盘口壶》，《文物》1988年第6期，第72～75页。

[123] 谢明良：《鸡头壶的变迁——兼谈两广地区两座西晋纪年墓的时代问题》，《六朝陶瓷论文集》，台湾大学出版中心，2006年，第325～358页。

[124] 白彬：《近年来魏晋南北朝墓葬佛道遗存的发现与研究》，《艺术史研究（第九辑）》，2007年，第

473 ～ 514 页。

[125] 属此一类型者有丰城龙雾洲窑和宜兴均山窑，详见万良田等：《江西丰城龙雾洲瓷窑调查》，《考古》1993年第 10 期，第 909 ～ 915、952 页。宜兴陶瓷公司《陶瓷史》编写组：《江苏宜兴南山六朝青瓷窑址的调查》，《中国古代窑址调查发掘报告集》，文物出版社，1984 年，第 45 ～ 50 页。

[126] 李家治等：《上林湖历代越瓷胎、釉及其工艺的研究》，《古陶瓷科学技术 1——国际讨论会论文集（ISAC'89）》，上海科学技术文献出版社，1992 年，第 336 ～ 344 页。李虎侯等：《越窑瓷中的微量元素》，《考古》1995 年第 7 期，第 643 ～ 654 页。

[127] 陈尧成等：《瓯窑褐彩青瓷的初步研究》，《南方文物》1991 年第 4 期，第 37 ～ 40 页。陈尧成等：《瓯窑褐彩青瓷及其装饰工艺探讨》，《上海硅酸盐》1994 年第 3 期，第 163 ～ 168 页。

[128] 陈士萍等：《晋—唐湘阴窑的研究》，《上海硅酸盐》1993 年第 4 期，第 235 ～ 240 页。

[129] 陈显求等：《公元六世纪出现的分相陶瓷——梁、唐怀安窑陶瓷学的研究》，《硅酸盐学报》1986 年第 2 期，第 147 ～ 152 页。

[130] 蒋赞初：《长江中游地区东汉六朝青瓷概论》，《江汉考古》1986 年第 3 期，第 71 ～ 75 页。

[131] 徐伯元等：《六朝青瓷装饰艺术概论》，《中国古陶瓷研究（第四辑）》，紫禁城出版社，1997 年，第 164 ～ 171 页。

[132] 李翎：《六朝佛教对传统青瓷艺术的影响》，《佛学研究》1998 年第 7 期，第 205 ～ 211 页。

[133] 李辉炳：《中国瓷器研究现状与展望》，《南方文物》1997 年第 2 期，第 60 ～ 64 页。

[134] 马文宽：《中国古陶瓷考古与研究五十年》，《考古》1999 年第 9 期，第 83 ～ 89 页。

[135] 罗宗真：《六朝考古》，南京大学出版社，1994 年，第 34 ～ 53 页。

[136] 罗宗真等：《六朝文物》，南京大学出版社，2004 年，第 155 ～ 188 页。

[137] 如李铧依据桂林窑产品大多与湘阴窑相仿推测，"南朝时期，湘阴窑的工匠溯湘江而上……到桂林地区创立了新的窑场"，杨宁波却将这一现象的发生时间推迟至隋代。详见杨宁波：《论东亚伞状支烧具的技术体系及始源地问题——兼谈岳州窑和桂林窑的关系》，《湖南考古辑刊（第 11 集）》，科学出版社，2015 年，第 235 ～ 247 页。

[138] 中国社会科学院考古研究所编：《中国考古学·秦汉卷》，中国社会科学出版社，2010 年，第 12 页。

[139] 章金焕：《浙江上虞皂李湖古窑址调查》，《南方文物》2002 年第 1 期，第 19 ～ 24、63 页。

[140] 章金焕：《浙江上虞凤凰山青瓷窑群调查》，《南方文物》2006 年第 4 期，第 34 ～ 38 页。

[141] 周建忠：《德清小马山窑址清理简报》，《东方博物》2008 年第 1 期，第 47 ～ 59 页。

[142] 浙江省文物考古研究所：《余杭石马斗东晋窑址发掘简报》，《东方博物》2008 年第 1 期，第 60 ～ 75 页。

[143] 王屹峰等：《浙江萧山永兴河流域六朝青瓷窑址》，《东方博物》2004 年第 4 期，第 93 ～ 99 页。

[144] 张文江等：《江西丰城陈家山洪州窑遗址考古发掘的主要收获》，《中国古陶瓷研究（第十二辑）》，紫禁城出版社，2006 年，第 350 ～ 375 页。

[145] 北京大学中国考古学研究中心等：《丰城洪州窑址》，文物出版社，2018 年。

[146] 姚桂芳：《杭州地区古窑址概述》，《杭州文博》2007 年第 2 期，第 58 ～ 63 页。

[147] 杜伟：《上虞越窑窑址调查》，《东方博物》2007 年第 3 期，第 6 ～ 15 页。

[148] 高宝萍：《浙江上虞早期越窑窑址概述》，《南方文物》2018 年第 2 期，第 87 ～ 94 页。

[149] 林士民等：《从纪年器看"早期越窑"青瓷的分期与特点》，《中国古陶瓷研究（第十二辑）》，紫禁城

出版社，2006 年，第 141 ～ 153 页。章金焕：《试述西晋时期上虞越瓷生产》，《中国古陶瓷研究（第十二辑）》，紫禁城出版社，2006 年，第 154 ～ 168 页。章金焕：《瓷之源——上虞越窑》，浙江大学出版社，2007 年。马志坚：《论晋室南渡对上虞窑业的影响》，《东方博物》2008 年第 4 期，第 102 ～ 108 页。郑嘉励等：《三国西晋时期越窑青瓷的生产工艺及相关问题——以上虞尼姑婆山窑址为例》，《东方博物馆》2010 年第 2 期，第 6 ～ 17 页。杜伟：《论越窑的装饰技法——越窑制瓷工艺研究之一》，《东方博物》2012 年第 4 期，第 5 ～ 15 页。杜伟：《论越瓷的成型技法——越窑制瓷工艺研究之二》，《东方博物》2013 年第 2 期，第 28 ～ 39 页。杜伟：《从几件出土标本谈起——越窑制瓷工艺研究之三》，《东方博物》2015 年第 1 期，第 56 ～ 64 页。杜伟：《羽翼纹考辨——越窑制瓷工艺研究之四》，《东方博物》2016 年第 1 期，第 19 ～ 23 页。

[150] 郑建明：《德清窑略论》，《文物》2011 年第 7 期，第 50 ～ 60 页。

[151] 张文江：《洪州窑》，文汇出版社，2002 年。权奎山：《洪州窑瓷器流布初探》，《中国国家博物馆馆刊》2008 年第 3 期，第 4 ～ 10 页。张文江：《汉唐青瓷名窑——江西丰城洪州窑》，《南方文物》2008 年第 1 期，第 117、150 ～ 155 页。赖振敏：《洪州窑青瓷研究》，《四川文物》2019 年第 6 期，第 69 ～ 76 页。

[152] 周世荣：《汉唐湘阴窑青瓷》，《中国古陶瓷研究（第九辑）》，紫禁城出版社，2003 年，第 1 ～ 15 页。刘永池：《浅谈湘阴窑》，《中国古陶瓷研究（第九辑）》，紫禁城出版社，2003 年，第 16 ～ 29 页。周世荣等：《岳州窑》，湖南美术出版社，2011 年。李梅田：《岳州瓷与岳州窑研究》，《故宫博物院院刊》2019 年第 9 期，第 64 ～ 77 页。

[153] 陈文：《福州怀安窑址新探》，厦门市博物馆等编：《福建陶瓷与海上丝绸之路：中国古陶瓷学会福建会员大会暨研讨会论文集》，东北师范大学出版社，2016 年，第 250 ～ 262 页。

[154] 易立：《邛窑始烧年代考论》，《边疆考古研究（第 23 辑）》，2018 年，第 235 ～ 250 页。

[155] 刘雨茂：《青羊宫窑初探》，成都文物考古研究所：《成都考古研究（一）》，科学出版社，2009 年，第 528 ～ 535 页。方圆远：《成都青羊宫窑初步研究》，重庆师范大学 2013 年硕士学位论文。

[156] 段少京：《南朝纪年墓出土青瓷研究》，《南方文物》2003 年第 4 期，第 77 ～ 82、100 页。

[157] 何振良：《福建晋江出土的南朝隋唐青瓷》，《中国古陶瓷研究（第八辑）》，紫禁城出版社，2002 年，第 47 ～ 56 页。刘逸歆：《福建六朝墓葬出土青瓷研究》，《东南文化》2008 年第 3 期，第 77 ～ 85 页。

[158] 宋良璧：《广东出土晋到唐青瓷的研究》，《中国古陶瓷研究（第十二辑）》，紫禁城出版社，2006 年，第 376 ～ 384 页。黄静：《对广东出土六朝青瓷的探讨》，《中国古陶瓷研究（第十二辑）》，紫禁城出版社，2006 年，第 385 ～ 391 页。

[159] 于凤芝：《广西出土东汉至南朝青瓷器综述》，《中国古陶瓷研究（第十二辑）》，紫禁城出版社，2006 年，第 408 ～ 418 页。

[160] 刘丽文：《镇江出土六朝瓷器研究》，《中国古陶瓷研究（第十二辑）》，紫禁城出版社，2006 年，第 43 ～ 48 页。

[161] 王俊等：《马鞍山市出土三国两晋青瓷初步研究》，《中国古陶瓷研究（第十二辑）》，紫禁城出版社，2006 年，第 36 ～ 42 页。

[162] 刘雨茂等：《绵阳崖墓出土瓷器的初步研究》，《考古》2017 年第 1 期，第 83 ～ 94 页。

[163] 朱顺龙等：《三峡地区瓷器组成因素及其特征研究》，《华夏考古》2007 年第 1 期，第 143 ～ 152 页。

[164] 黄玉洁：《岭南地区六朝墓葬出土青瓷器研究》，中山大学 2009 年硕士学位论文。

[165] 耿朔：《北方地区出土西晋瓷器初探》，《故宫博物院院刊》2015 年第 3 期，第 34 ～ 50 页。刘未：《北朝

墓葬出土瓷器的编年》，《庆祝魏存成先生七十岁论文集》，科学出版社，2015 年，第 224 ~ 253 页。

[166] 赵胤宰：《略论韩国百济故地出土的中国陶瓷》，《故宫博物院院刊》2006 年第 2 期，第 88 ~ 113 页。刘毅：《百济武宁王陵出土的南朝青瓷》，《中国古陶瓷研究（第十二辑）》，紫禁城出版社，2006 年，第 539 ~ 546 页。成正鏞等：《中国六朝与韩国百济的交流——以陶瓷器为中心》，《东南文化》2005 年第 1 期，第 24 ~ 30 页。

[167] 马健：《再论集安国内城遗址出土青瓷器的时代与窑口》，《考古与文物》2010 年第 3 期，第 87 ~ 91 页。赵俊杰：《公元 4 ~ 5 世纪乐浪、带方二郡故地与中国江南地区的关系——从平壤新出土的青瓷狮形器谈起》，《中国考古学会第十六次年会论文集（2013）》，文物出版社，2016 年，362 ~ 370 页。王飞峰：《高句丽遗迹出土青瓷器研究》，《华夏考古》2017 年第 2 期，第 102 ~ 109 页。

[168] 黄静：《对广东出土六朝青瓷的探讨》，《中国古陶瓷研究（第十二辑）》，紫禁城出版社，2006 年，第 385 ~ 391 页。于凤芝：《广西出土东汉至南朝青瓷器综述》，《中国古陶瓷研究（第十二辑）》，紫禁城出版社，2006 年，第 408 ~ 418 页。

[169] 赵胤宰：《略论韩国百济故地出土的中国陶瓷》，《故宫博物院院刊》2006 年第 2 期，第 88 ~ 113 页。

[170] 黄玉洁：《岭南地区六朝墓葬出土青瓷器研究》，中山大学 2009 年硕士学位论文，第 45、49、57 页。

[171] 马健：《再论集安国内城遗址出土青瓷器的时代与窑口》，《考古与文物》2010 年第 3 期，第 87 ~ 91 页。

[172] 刘丽文：《镇江出土六朝瓷器研究》，《中国古陶瓷研究（第十二辑）》，紫禁城出版社，2006 年，第 43 ~ 48 页。

[173] 刘雨茂等：《绵阳崖墓出土瓷器的初步研究》，《考古》2017 年第 1 期，第 83 ~ 94 页。

[174] 王迎春：《六朝时期南方地区青瓷虎子探析》，江西师范大学 2012 年硕士学位论文。

[175] 沈芯屿：《魂兮归来谷物盈仓——论吴晋越窑谷仓文化功能及其消失》，《东南文化》2008 年第 5 期，第 74 ~ 80 页。

[176] 沈一萍：《三国西晋青瓷堆塑罐的属性概述》，《东方博物》2009 年第 1 期，第 64 ~ 69 页。

[177] 仝涛：《魂瓶所反映的宇宙观念》，《南方文物》2003 年第 1 期，第 30 ~ 33、74 页。周玫：《吴晋青瓷谷仓罐的艺术特色》，《中国古陶瓷研究（第十二辑）》，紫禁城出版社，2006 年，第 102 ~ 106 页。寻婧龙：《吴晋时期堆塑罐功能探析》，《东南文化》2010 年第 4 期，第 84 ~ 89 页。

[178] 仝涛：《长江下游地区汉晋五联罐和魂瓶的考古学综合研究》，四川大学 2006 年博士学位论文。

[179] 张亚林等：《谈鸡首壶的造型功能演变》，《中国陶瓷工业》2006 年第 6 期，第 21 ~ 23 页。涂师平：《从祭祀文化到吉祥文化的演变——越窑提梁人物鸡首壶鉴赏》，《宁波通讯》2009 年第 11 期，第 35 页。孙媛：《鸡首壶功能再探——以鸡首与壶身是否相通为出发点》，《东方博物》2015 年第 1 期，第 65 ~ 72 页。张亚林等：《鸡首壶演变的四阶段分析》，《装饰》2015 年第 11 期，第 128、129 页。

[180] 赵德云：《从鸡头壶到龙柄壶的发展——兼析外来文化因素在这一过程中的作用》，《考古与文物》2007 年第 1 期，第 95 ~ 102 页。许哲：《魏晋南北朝及隋时期鸡首壶研究》，吉林大学 2013 年硕士学位论文。

[181] 王睿：《三国两晋南北朝时期盘口壶的形制与功能》，《中国国家博物馆馆刊》2017 年第 8 期，第 76 ~ 84 页。

[182] 葛彦：《江苏宜兴周墓墩出土西晋青瓷神兽尊考》，《东南文化》2017 年第 1 期，第 96 ~ 101 页。

[183] 中国硅酸盐学会编：《中国陶瓷史》，文物出版社，1982 年，第 160 页。

[184] 陈杰等：《两晋带背筒狮形器的用途及定名问题》，《四川文物》2008 年第 3 期，第 74 ~ 78 页。

[185] 牟宝蕾：《关于西晋青瓷狮形器的思考》，《东方博物》2018 年第 4 期，第 31 ~ 39 页。

[186] 田恺：《西晋狮形带孔青瓷器的功用》，《装饰》2003 年第 5 期，第 41、42 页。

[187] 李博扬：《论汉六朝青瓷工艺演变的动因之一——以狮形器为例》，《东方博物》2014 年第 1 期，第 46～55 页。

[188] 王煜：《晋青瓷胡人骑神兽烛台及相关问题》，《东南文化》2015 年第 6 期，第 85～91 页。

[189] 贺云翱：《南朝"贡瓷"考——兼论早期"官窑"问题》，《东南文化》2012 年第 1 期，第 91～98 页。

[190] 周雪梅：《马鞍山出土的六朝镇墓俑》，《文物研究（第十三辑）》，黄山书社，2001 年，第 224～226 页。韦正：《六朝早期俑的地域特征和相关问题》，《南方民族考古》第 7 辑，2011 年，第 255～278 页。

[191] 肖娜：《长江下游吴晋墓葬模型明器灶的研究——兼及其他明器》，南京师范大学 2010 年硕士学位论文。

[192] 吴小平：《论唐代以前的盏托》，《华夏考古》2013 年第 2 期，第 105～109、118 页。

[193] 苏晓威：《东汉至南北朝时期陶瓷烛台的类型学分析》，《中国国家博物馆馆刊》2016 年第 5 期，第 6～20 页。

[194] 吴桂兵：《南方地区汉晋罍形罐研究》，《华夏考古》2011 年第 1 期，第 91～98 页。

[195] 贺云翱等：《东亚地区出土早期钱纹陶瓷器的研究》，《考古与文物》2008 年第 2 期，第 84～95 页。

[196] 贾宁：《论汉晋时期一类方形扁壶》，《东方博物（第 50 辑）》，2014 年，第 56～63 页。

[197] 王志高等：《南京发现的孙吴釉下彩绘瓷器及其相关问题》，《文物》2005 年第 5 期，第 39～52 页。

[198] 冯向前等：《洪州窑瓷片化学成分的中子活化分析研究》，《丰城洪州窑址》，文物出版社，2018 年，第 268～312 页。王建平等：《洪州窑瓷片化学成分的中子活化和波长色散 X 荧光分析研究》，《丰城洪州窑址》，文物出版社，2018 年，第 313～330 页。

[199] 周丽丽：《关于南京出土早期青釉下褐彩器几个问题的思考》，《中国古陶器研究（第十二辑）》，紫禁城出版社，2006 年，第 49～68 页。

[200] 徐伯元等：《略论六朝时期的陶瓷手工业》，《中国古陶瓷研究（第十二）辑》，紫禁城出版社，2006 年，第 74～82 页。

[201] 唐根顺：《刍议六朝瓷器发展之大势》，《东南文化》2003 年第 11 期，第 72～74 页。

[202] 韦正：《六朝墓葬的考古学研究》，北京大学出版社，2011 年，第 158～177 页。中国社会科学院考古研究所编：《中国考古学·三国两晋南北朝卷》，中国社会科学出版社，2018 年，第 296～309 页。

[203] 王小娟：《中国古代陶器研究理论与方法的变迁》，https://www.docin.com/p-1328897439.html。

[204] 黄筱雯：《广东地区六朝墓葬研究》，南京大学 2008 年硕士学位论文，第 58 页。付龙腾：《安徽马鞍山地区吴墓的文化因素辨析》，《东南文化》2013 年第 1 期，第 41～50 页。吴小平等：《长江中游汉墓出土瓷器研究》，《考古学报》2016 年第 1 期，第 25～48 页。刘玉健：《湖南地区六朝墓葬研究》，湖南师范大学 2017 年硕士学位论文，第 60～67 页。

[205] 李家治主编：《中国科学技术史·陶瓷卷》，科学出版社，1998 年，第 1～16 页。

[206] 马涛：《基于传统考古学方法的瓷质遗物研究局限与对策》，《中国陶瓷》2019 年第 10 期，第 62～67、72 页。

[207] 俞伟超：《关于"考古类型学"的问题》，《考古学是什么》，中国社会科学出版社，1996 年，第 54～107 页。

[208] 索德浩：《峡江地区汉晋墓葬文化因素分析》，巴蜀书社，2012 年，第 76、84 页。

[209] 何弩：《考古学文化因素分析法与文化因素传播模式论》，《考古与文物》1990 年第 6 期，第 1～9 页。

[210] 熊海堂：《东亚窑业技术发展与交流史研究》，南京大学出版社，1995 年，第 10 页。

[211] 何弩等：《湖北荆南寺遗址陶器中子活化技术与文化因素综合分析》，《考古》1999 年第 10 期，第 83～96 页。

[212] 刘玉健：《湖南地区六朝墓葬研究》，湖南师范大学 2017 年硕士学位论文，第 65 页。

[213] 彭芳：《津市出土六朝青瓷器试析》，《湖南省博物馆馆刊（第 4 辑）》，2007 年，第 325 ～ 333 页。

[214] 文化因素分析法的作用之一，即是研究区域之间的联系，详见栾丰实等：《考古学理论·方法·技术》，文物出版社，2002 年，第 85 页。

[215] 李铧：《广西桂林窑的早期窑址及其匣钵装烧工艺》，《文物》1991 年第 12 期，第 83 ～ 86 页。

[216] 栾丰实等：《考古学理论·方法·技术》，文物出版社，2002 年，第 88 页。

[217] 袁永明：《考古学文化因素分析方法辨正》，《中国文物报》2001 年 9 月 14 日第 7 版。

[218] 俞伟超：《楚文化的研究与文化因素的分析》，《考古学是什么》，中国社会科学出版社，1996 年，第 119 ～ 132 页。

[219] 吴小平在无法确定汉代铜器产地的情况下，据其流行地域称之为 XX（地名）系铜器，本文借鉴之。详见吴小平：《汉代青铜容器的考古学研究》，岳麓书社，2005 年，第 22 页。

[220] 李虎侯：《中国古瓷中的微量元素》，《考古学报》1986 年第 1 期，第 115 ～ 130 页。

[221] 吴隽等：《中国古陶瓷的断源断代》，《硅酸盐学报》2007 年第 S1 期，第 39 ～ 43 页。

[222] 吴隽等：《陶瓷科技考古》，高等教育出版社，2012 年，第 219 ～ 239 页。

[223] 何弩等：《湖北荆南寺遗址陶器中子活化技术与文化因素综合分析》，《考古》1999 年第 10 期，第 83 ～ 96 页。

[224] 白云翔：《论基于风格与分布的考古遗物产地推定法》，《考古》2016 年第 9 期，第 77 ～ 90 页。

浙江地区汉代原始瓷窑址

——兼谈上渚山窑址在瓷器起源上的地位

郝雪琳、郑建明 *

摘要：东汉时期浙江地区窑业面貌复杂，是原始瓷向成熟瓷器转变的关键时期。本文从经过正式发掘的几处东汉窑址材料出发，从窑炉结构、窑具和装烧方式、产品面貌等角度对成熟瓷器出现前夕的窑业状况进行了梳理归纳，进而对德清上渚山窑址的内涵和价值进行了解读。

关键词：东汉　浙江地区　原始瓷窑址　上渚山窑址　成熟瓷器起源

东汉是原始瓷向成熟瓷器过渡的关键时期，理清该阶段的窑业面貌，有助于把握瓷器发展的阶段特征。浙江地区目前经过正式发掘的东汉时期窑炉可分为烧造成熟瓷器的窑炉和烧造成熟瓷器以外的窑炉，前者在地域上集中在上虞地区，主要有帐子山、禁山、大园坪、小陆岙等窑址，后者主要是一些零散发现。徐军先生曾对浙江东汉时期的窑炉进行了梳理，并与三国时期的帐子山窑炉进行了比较[1]。然而受材料所限，徐文的依据主要是以白羊垅窑址为例。本文在其基础上，通过对白羊垅窑址之后新发掘的几处东汉时期的窑址进行补充，试图推进对浙江地区汉代窑业和成熟瓷器起源的进一步探索。

一　浙江地区的汉代原始瓷窑址

（一）窑址

1. 龙游白羊垅窑址[2]

白羊垅窑址位于浙江省龙游县龙游镇横路祝村，是一处以烧造硬陶为主、兼烧少量原始瓷的窑址。

2004年进行发掘，揭露斜坡式龙窑1条，出土陶瓷器、窑具等标本（图一）。龙窑斜长约14.8、宽约2米，窑床平均坡度18°（前段12°、中段21°、尾段3°），窑头方向300°。窑床顶部无存，底部保存较为完整，由通火口、火膛、窑床、窑尾等构成。火膛呈梯形，口部长3、宽0.6～1、残深0.35米，侧壁后半段依岩壁而建，前半段用砖砌成，窑汗厚度约5厘米。残留窑床侧壁为土坯壁，窑汗约2厘米，窑壁基本连续，未发现窑门。窑底厚约10厘米，窑床中段保存较多的支垫具，以及少量大型罐、罍残片等。窑尾残留有排烟坑和烟道4个，排烟坑处使用

---

* 郝雪琳、郑建明：复旦大学文博系。

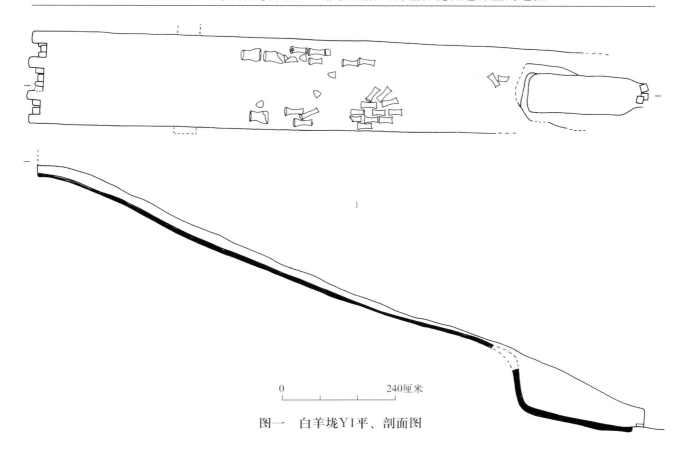

图一　白羊垅Y1平、剖面图

砖块进行封堵。废品堆积主要位于窑床后段南部，推测通过窑尾排烟坑进出窑。

产品以硬陶为主（图二、三），胎色灰或灰黄，胎质普遍较粗糙。施釉者数量较少，钵类器物外壁施釉至下腹部，罍类等器物腹部有釉斑，釉质相差较大，既有类似于低温铅釉的状态，也偶见釉质接近成熟青釉的状态。器形以罐类为主，兼烧少量的壶、锺、双唇罐、罍、盆、器盖、钵等。其中直腹筒形罐和长腹罍具有明显的地方特色，主要发现于金衢盆地，其他地区少见。窑具有筒形支烧具、两足垫座、垫饼，质地多为夹砂陶，筒形支烧具有大小粗细之分。

2. 德清上渚山窑址[3]

上渚山窑址位于浙江省湖州市德清县下渚湖街道宝塔山村上渚山自然村，是一处以烧造原始瓷为主、兼烧硬陶的窑址。

2018 年进行了抢救性发掘，揭露出窑炉 2 处、废弃火膛 1 处，出土了大量陶瓷器、窑具及个别制瓷工具。两条窑炉大致平行，结构也大体相同，为直接开挖于基岩上的半地穴式龙窑，窑炉依山而建，利用自然山坡呈头低尾高的斜坡状，顺山势呈东西走向。其中 Y2 保存较好，斜长 16.68、宽约 2.38 ～ 2.66 米，平均坡度 14°（前段 14°、中段已被破坏，尾段 4°），窑头方向 60°。窑顶坍塌，由火膛、窑床、窑尾三部分构成（图四、五）。火膛前窄后宽、下窄上宽，坑壁斜直并向下内收，底部为窄长方形，截面呈倒梯形，火膛前为火门和通风口，北侧有由块石组成的外撇形护坡。火膛斜长 2.66 米，前封门宽 0.53、后壁宽 2.20 米，深 0.56 ～ 0.84 米。火膛壁及底较平整，烧结面保存完整，呈青黑色。窑床前部窑尾较缓，中部较陡。窑壁为竹骨泥墙，窑

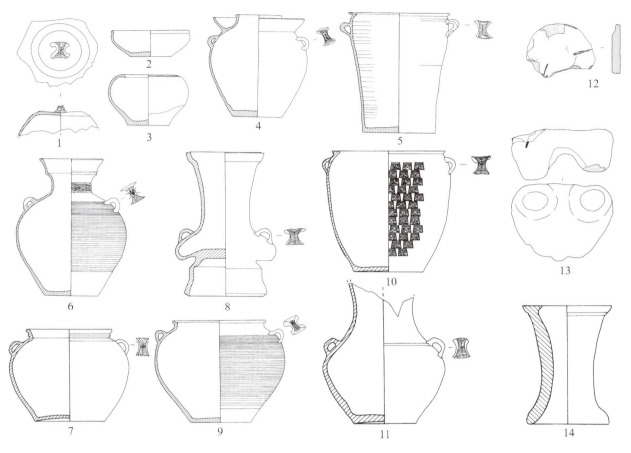

图二　白羊垅窑址出土器物

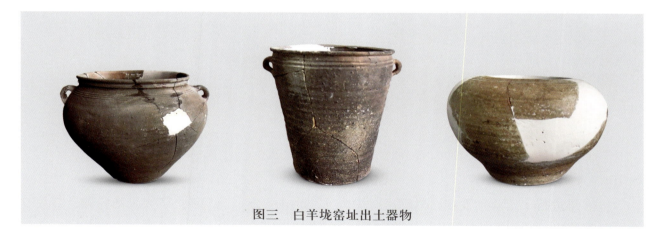

图三　白羊垅窑址出土器物

壁残块内侧可见竹篾痕，残存窑壁上保留有厚约 5 厘米的青黑色窑汗。窑底铺细砂，厚约 55 厘米。窑尾长方形排烟坑可见 3 个烟道，出土有筒形支烧具和垫饼。窑床南侧有排水沟一条。火膛后壁、窑床侧壁局部、窑底砂均可见 3 个烧结面，表明该龙窑至少经过了三次修整。废品堆积位于火膛附近，以原始瓷为主，还有较多硬陶，罍、双唇罐等器物多通体拍印纹饰。

原始瓷分落灰釉和刷釉两种，前者仅朝上部位施釉；后者下腹部亦施釉，有明显的施釉线。器形基本无差，以壶、锺、罐为主，还有少量罍、双唇罐等（图六、七）。胎质坚硬，胎色多为

图四　上渚山Y2

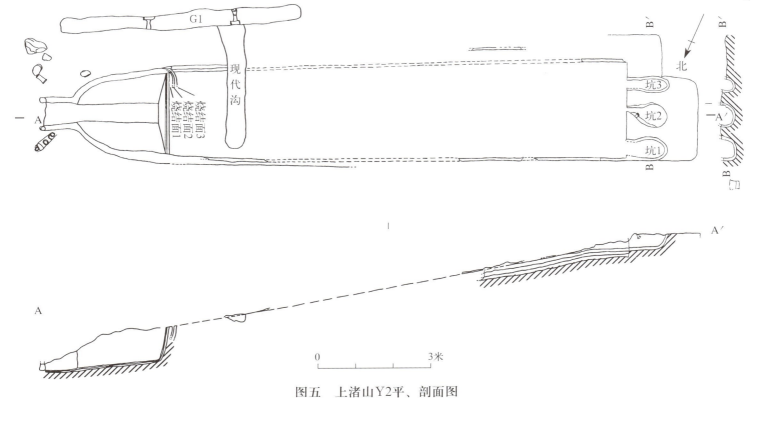

图五　上渚山Y2平、剖面图

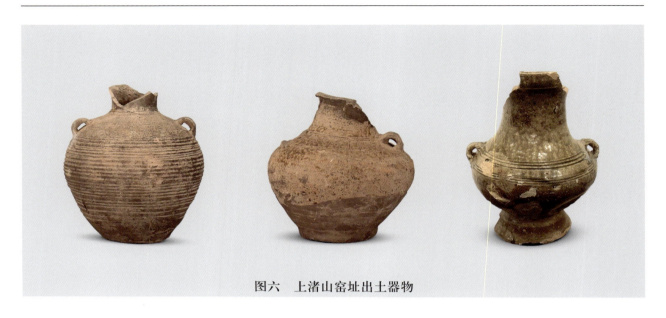

图六　上渚山窑址出土器物

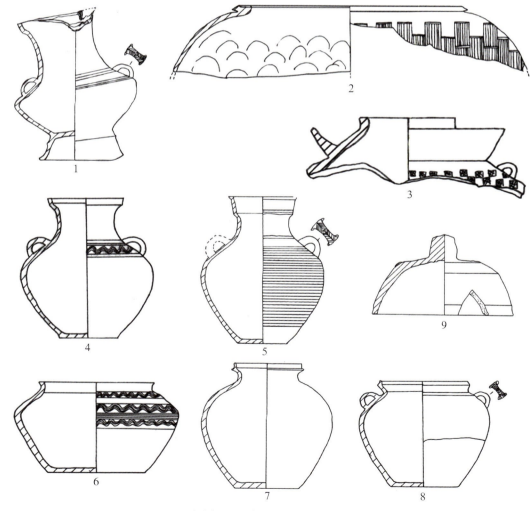

图七　上渚山窑址出土器物

浅灰色，含少量杂质。因胎土含铁量较高，无釉露胎的部分多呈红褐色。釉色多为青黄或青褐色，还有极少量接近成熟青瓷的釉色。印纹硬陶主要为罍和大型双唇罐，硬陶主要为弦纹罐、盘口弦纹壶等。窑具以粗细不等、长短不一的筒形支烧具为主，还有少量两足垫座、台型垫座、垫饼以及个别五足支钉间隔具（图八～一〇）。筒形支烧具中存在较多刻划文字或符号现象，内容有如"張師為""戌月氏人""六月十"等。

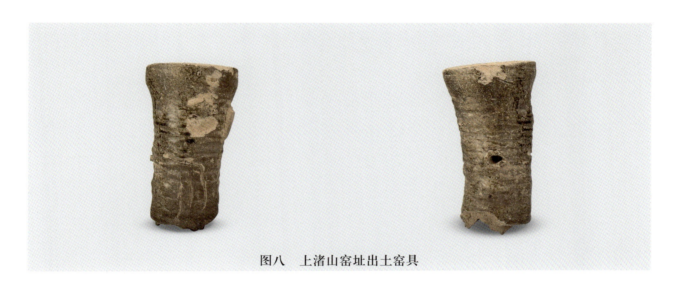

图八　上渚山窑址出土窑具

图九　上渚山窑址出土窑具

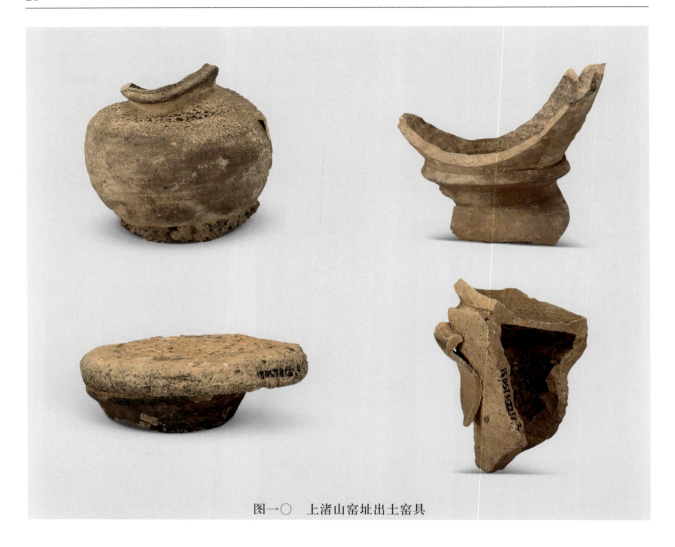

图一〇　上渚山窑址出土窑具

3.宁波平凤岭汉代窑址[4]

平凤岭窑址位于宁波北仑区小港街道王家溪口村南侧，为一处陶瓷合烧窑址，以烧制陶器为主，兼烧原始瓷器。

2019年进行了抢救性考古发掘，清理斜坡式龙窑1条（图一一），出土数件陶瓷器及数量丰富的窑具。窑炉开挖于山坡基岩，窑首已无存，窑床、窑墙、窑尾挡火墙、烟道等结构保存较好。窑床残存斜长11.85、内宽3.1～3.8米。窑头坡度25°、中部坡度31°～34°，窑尾处有一平台。窑床底部有0.2米厚的红烧土，上有器物残片和摆放较为整齐的窑具。窑壁为土坯泥墙，残高0.1～0.4、厚约0.2米。窑尾有一道废弃窑具和土坯垒砌而成的挡火墙，残高0.5、宽约0.4～0.55米。窑尾共发现4个烟道，均略低于窑床面，宽约0.2～0.33米，其内填塞窑具或红烧土块。

出土遗物中窑具占绝大多数，种类有两足垫座、垫饼和筒形支具等（图一二）。器物仅见红陶罐和原始瓷罍两种，均为碎片（图一三），应为窑址垮塌压毁或出窑时遗弃的残次品。其中原始瓷罍为灰陶胎外施浅绿色釉，釉层较薄，腹部有戳印的菱形纹。

图一一　平凤岭Y1

图一二　平风岭窑址出土窑具

图一三　平风岭窑址出土器物

4.奉化长汀山窑址[5]

长汀山窑址位于浙江省奉化市江口区山头朱村西南约 700 米处的长汀山南面山坡上。

2009 年进行了抢救性考古勘探和发掘，揭露窑炉 8 座，其中包括东汉中晚期窑炉 5 处（Y1 ～ Y5）。Y1 系依山坡而建的斜坡式龙窑，头东尾西，窑向 275°，坡度 20°（图一四）。窑炉东西两端均遭破坏，残存火膛、窑床、窑门等结构，残斜长 16.3 米。火膛呈长圆三角形，长 2.5 米。窑床残长 13.8、前宽 2.75、后宽 2.1 米。窑壁为土坯泥墙，残高 0.25 米。窑床北壁处设 3

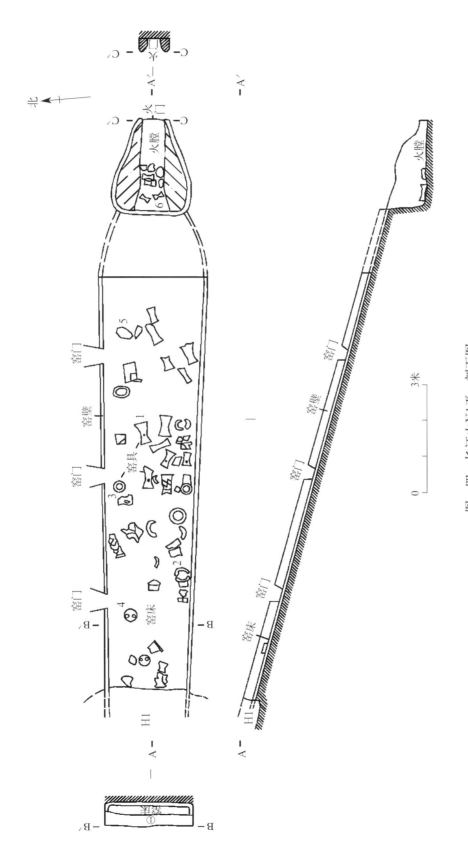

图一四　长汀山Y1平、剖面图

1.束腰喇叭形垫具　2.盆形窑具　3.覆钵形窑具　4.两足间隔器　5.垫饼　6.小型喇叭形束腰垫具

个窑门，均遭破坏，仅保留底部，向外呈"八"字形。窑具主要出土于窑床和火膛，其中束腰喇叭形垫具较多，主要位于前半部。少量的覆钵形窑具、盆形窑具和两足垫座等位于后半部。以上窑具多散置于窑底烧土面上，个别插置于生土中，可能为固定不动的窑具（图一五）。

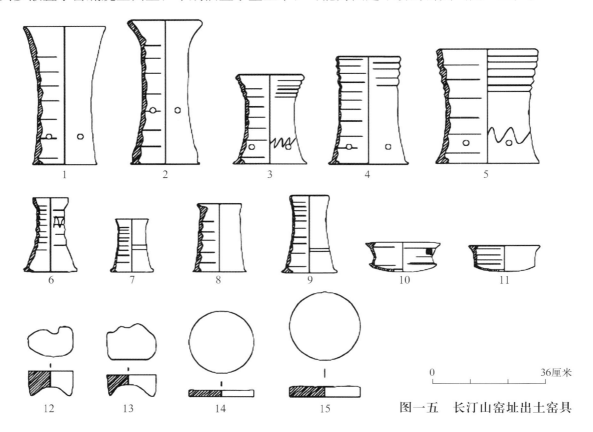

图一五　长汀山窑址出土窑具

　　产品主要出土于 Y1 西端的灰坑中（打破 Y1），均为陶器，可辨器形有缸、罐、罍等，均为灰褐色或黑灰色胎。同时，Y1 附近发现了 4 处形制特殊的窑炉，平面大体呈等三角扇形，窑内空间较小，长均在 3 米以下，主要由窑室、烟道、火门等构成。发掘者推测其可能是专门烧制木炭用的炭窑。

　　此外，明确提出发现汉代窑炉的窑址还有宁波栎斜老虎岩窑址[6]。其发现的两条窑炉残长均在 20 米以上，窑壁以土坯砖错缝平砌，窑炉一侧发现有 2 处窑门（图一六），窑室两侧每隔 5 ~ 6 米发现有青色火烧堆积（发掘者推测其为投柴孔痕迹）。出土器物主要是瓮、缸、盆、坛、罐等大型盛贮器（图一七），胎质粗松，含杂质和气孔，器物基本无釉，口沿处偶见零星的灰釉[7]。窑具有筒形支烧具，台型垫座和锯齿形支座，均用耐火泥制成。部分窑具上有"杜□""费□""东""廿""V"等文字或符号。然而，从以往的考古发现看，汉代的窑炉一般长不过 20 米，砖砌窑壁约在唐代才出现，锯齿状窑具目前最早见于禁山窑址三国时期的堆积中。因此，从窑炉结构和窑具特征等角度分析，有理由推断老虎岩窑址的时代要远晚于汉代。

　　（二）窑炉结构
　　在窑炉结构上，几处窑址大体相同。均为直接开挖于基岩上的半地穴式斜坡龙窑，顺山体走

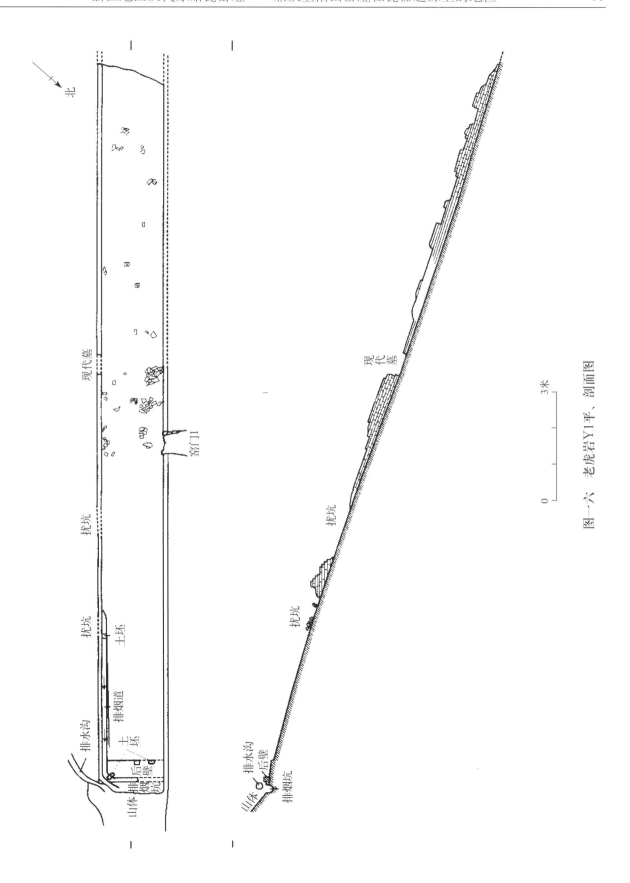

图一六　老虎岩Y1平、剖面图

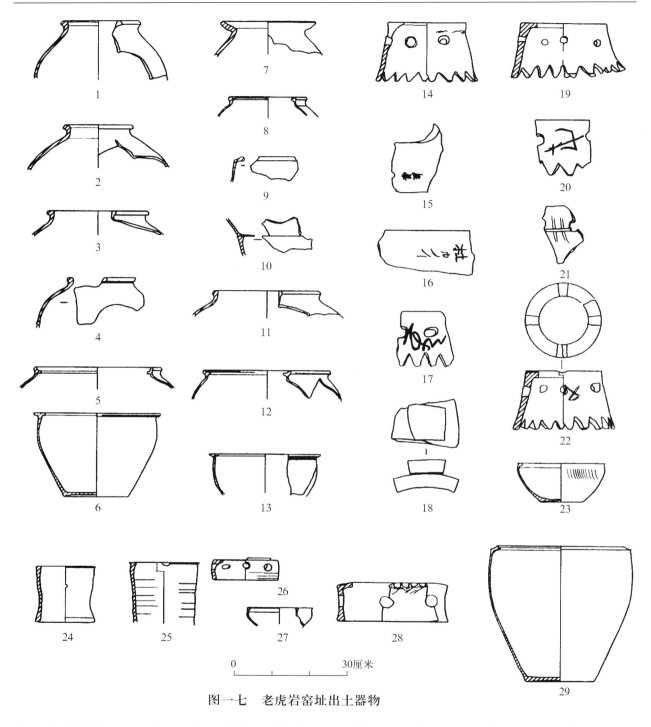

图一七　老虎岩窑址出土器物

势，头低尾高，由火膛、窑床、窑尾三部分构成。火膛低于窑床，平面呈梯形或长方形，膛腔大且深，不设炉箅，直接填装木柴等燃料。窑床长在 10 米以上，宽在 2 米以上。窑床坡度呈三段式，一般是前段和尾部坡度较缓，中段较陡，通过坡度变化来缩小窑内不同部位窑温的差别。窑壁由土坯砌成，多为竹骨泥墙，窑底铺细砂。窑尾排烟坑设烟道。火膛和烟道多用石块、窑具或土坯砖封堵。基本不设窑门和投柴孔，多利用窑前或窑尾进出窑，燃料则仅通过火膛燃烧，故而火膛大且深，产品常见生烧现象。部分窑炉一侧设排水沟（图四）。

关于汉代有无窑门和挡火墙的问题，由于平风岭窑炉窑尾的挡火墙和长汀口窑炉的窑门等相关信息刊布有限，且缺乏同时期更多窑炉的证据，笔者暂持保留意见。至于长汀口龙窑附近的几处三角扇形窑，则可能是砖窑而非"专门烧制木炭用的炭窑"。

（三）窑具与装烧方式

各窑址出土的窑具种类大体相同，以筒形支烧具为主，还有部分两足垫座，台形（覆盂形）垫座，圆形或楔形垫饼及个别五足支钉间隔具等。特别是筒形支烧具，高矮粗细不一，还存在较多的刻字或刻划符号现象，为探索汉代窑业的生产模式提供了线索。

从窑址出土的产品和窑具看，均为明火裸烧。从原始瓷口部及内底的釉迹情况看，一般为正烧。绝大部分器物为单件烧，还有少量叠烧。器物在窑炉中的摆放位置以及与窑具的搭配主要存在以下几种情况：

（1）不使用窑具，直接放置在窑床上裸烧。这类器物底部粘有窑沙，多存在因过烧严重而变形的问题。

（2）放置在两足垫具等矮窑具上进行裸烧。

由于窑床为斜坡状，故前两种方式烧造的器物多位于坡度较为平缓的窑床前段，同时也便于火焰向后流动。

（3）放置在筒形支烧具上裸烧，既有不使用间隔具直接放置在筒形支烧具上的情况，也有在窑具和器物之间使用垫饼等窑具的情况。

垫饼的作用是为了拓展筒形支烧具的可利用性，即通过改变垫饼的数量来调节器物在窑炉中的高度，以达到最佳窑位。筒形支烧具的表面多有厚而明亮的"釉层"，有的甚至呈青褐色或乳浊状窑变，这些釉层厚薄不均，流动性大，颜色较深，表明其是因多次重复使用而在烧造中自然形成的窑汗，并非人工施加的釉（图二、三）。

窑具排列根据火焰流动的曲线来设计，一般是在窑床上铺耐火土、砂、窑渣等，把烧具埋于底砂使之固定，然后在支烧具的顶部安置坯件，把器坯顶放到理想的烧成高度。支烧具的应用主要是以选择窑位为主，既以提高产品质量为目的，又为降低废品的出现率而努力。[8] 低矮的窑具如两足垫座、台型垫座等主要位于窑床前部，避免阻挡火流，较高的筒形支烧具则主要置于窑炉后半段，体现了窑工对窑内空间的认识和控火技术的进步。

（四）产品面貌

在产品面貌上几处窑址存在较大差别，按产品种类大体上可分为以烧造原始瓷为主的上渚山窑址和上渚山窑址以外的以生产硬陶为主的窑址两类。

上渚山窑址以烧造原始瓷为主，兼烧硬陶，器形有锺、壶、罍、双唇罐、罐等。胎质较坚致，胎色多为浅灰色，也有部分因生烧呈橘红色。原始瓷的施釉方式分两种：一种是落灰釉，仅器物朝上部位如口沿、肩部、内底有釉，釉层不均匀，流釉、凝釉现象较严重，此种施釉方式多见于罐、罍、双唇罐等器物；另一种为刷釉，施釉面积扩大至下腹部，锺的圈足往往也进行刷釉，釉层较薄，多数较均匀，可见明显的施釉线，部分器物局部施釉较草率，但出现了个别接近成熟青瓷的釉质。两种带釉产品的胎、釉及造型基本相同。

白羊垅窑址以烧造硬陶为主，带釉器物仅为其中的一小部分。胎质多粗松，胎色灰黄。釉质相差较大，偶见釉质接近成熟青釉者，但不排除低温铅釉的可能。平凤岭窑址提到器物仅发现红陶罐和原始瓷罍，但从其现场图片看来，其所谓的"原始瓷罍"并无明显的釉层，而是接近稀薄零星的灰釉釉迹。

器形上，以上渚山窑址和白羊垅窑址出土的器物最为丰富，其他几处窑址的器物数量较少且器形单一。上渚山窑址中出土器物的形制基本与同时期浙江墓葬中出土的主流器物相同。而白羊垅窑址的直腹罐和长腹罍，则具有较强的地方特色（图二、三）。

二　上渚山窑址在成熟青瓷起源上的重要地位

1.为研究东汉时期的窑炉结构、装烧方式、产品特征提供了重要材料

东汉是原始瓷向成熟瓷器过渡的关键时期，无论是产品类型、施釉方式还是窑炉、窑具及装烧工艺都体现了一定的过渡性特点。在这样的背景下，上渚山窑址的发掘无疑丰富了汉代陶瓷考古的内涵。保存完整的窑炉，种类丰富的支烧具、垫烧具、间隔具等窑具，少见的叠烧标本，为研究东汉早中期的窑炉结构和装烧方式提供了宝贵材料。同时，大量出现于筒形支烧具上的刻划文字和符号，也为了解当时的生产组织和经营活动等情况提供了线索。此外，上渚山窑址出土的器物种类丰富，并且大多可以和当地同时期墓葬出土的陶瓷器相对应，为该类器物的产地和消费地建立了联系。

2.彰显了东苕溪流域在汉代瓷器发展中的地位

浙江地区制瓷历史悠久，先秦原始瓷生产的中心集中在东苕溪流域，汉末六朝时期随着始宁县的设立[9]，上虞地区的瓷业崛起，以其为代表的曹娥江流域成为成熟青瓷的核心产区。目前浙江发现的汉代窑址以东汉后期居多，其中以上虞曹娥江流域窑址规模最大、产品质量最高。需要注意的是，介于先秦和六朝之间的秦汉时期（主要是西汉）的窑业面貌尚不清晰。

德清地区已发现的汉代窑址主要分布在二都镇下渚湖的西岸，有青山坞、上渚山、荷花塘、黄角山、张家山等[10]。与上虞相比，德清尚未发现成熟青瓷完全成熟时期的小仙坛类型的窑址，因此窑业整体时代稍早。到了东汉晚期，自夏商以来本地区强大的窑业完成了由东苕溪流域向曹娥江流域的转移。然而，上渚山窑址作为一个全新的窑业类型，与荷花塘窑址、青山坞窑址基本可以建立起德清地区的成熟瓷器起源过程。相当的窑业规模、完整的瓷器起源与发展序列，彰显了东苕溪流域在汉代瓷器发展中仍占据着重要一席。此外，上渚山窑址与白羊垅窑址的时代相近，产品面貌却迥然有别，体现了两地技术的差异。金衢一带在汉代的开发落后于太湖地区，陶瓷生产面貌的差异如实地反映了两地经济文化发展水平的差异。

3.在建立成熟青瓷起源过程中具有重要意义

秦至西汉时期，浙江的窑业面貌较为一致，以烧造原始瓷为主。东汉时期，窑业面貌变得十分复杂，原始瓷开始转型并逐步向成熟瓷器过渡。约在东汉中期前后，成熟青瓷诞生。从原始瓷到成熟青瓷经历了一个"由印纹陶和原始瓷同窑兼烧，逐步发展成单纯地原始瓷生产，并在原始瓷窑址中烧制出部分成熟瓷器,最后变成完全的青瓷窑场的演变过程"[11]。林士民先生将宁波地区的东汉时期的窑址划分成了鸡步山、谷童岙和玉缸山早、中、晚三个类型[12];郑建明先生将上虞地区东汉时期的窑址划分成了馒头山、珠湖、小陆岙、小仙坛、禁山、帐子山等六个类型[13],分别总结了宁波和上虞两地东汉时期的窑业面貌,但二者均是根据调查材料进行的梳理归纳,而上渚山窑址则从考古发掘层面解决了产品面貌的转变问题。上渚山是浙江地区目前经过正式发掘的唯一一处以烧造汉代原始瓷为主的窑址,产品以原始瓷为主、兼烧硬陶,并且存在落灰釉和刷釉两种施釉方式,其面貌介于以烧造硬陶为主的白羊垅窑址和以烧造青瓷为主的小仙坛窑址之间,其发掘填补了"印纹硬陶为主—原始瓷为主—成熟瓷器为主"这一过程中"原始瓷为主"的缺环,丰富了成熟青瓷起源的发展过程。

附表1　本文涉及窑炉相关信息一览表

窑址	窑炉（长条形斜坡式龙窑）					窑具		产品	
	特殊形制	方向（度）	坡度（度）	斜长（米）	室宽（米）	火膛（米）	种类	刻划文字或符号	类型	器形
白羊垅		300	前12中21尾3	14.8	2	长3宽0.6~1残深0.35	筒形支烧具、两足垫座、垫饼		硬陶为主、兼烧原始瓷	直腹筒形罐、长腹罍、壶、锺、双唇罐、罍、盆、器盖、钵等
白羊垅	图一						图二			
上渚山	排水沟	60	前14中毁尾4	16.68	2.38~2.66	长2.66宽0.53~2.20深0.56~0.84	筒形支烧具、两足垫座、台型垫座、垫饼、五足支钉间隔具	張師為、戌月氏人、六月十	原始瓷为主、兼烧硬陶	壶、锺、罐、罍、双唇罐等
上渚山	图五						图七、九			
平风岭	挡火墙?		前25中31~34尾平	残11.85	3.1~3.8	无存	筒形支具、两足垫座、垫饼		陶、原始瓷	罐、罍
平风岭	图一一						图一二、一三			
长汀山	3窑门?	275	20	残16.3	2.1~2.75	无数据	束腰喇叭形支烧具、台型垫座、两足垫座		硬陶	缸、罐、罍
长汀山	图一四						图一五			
老虎岩	2窑门排水沟	245	前16中18后20	残27.5	2.16~2.26	无存	筒形支烧具、台形垫座、锯齿形支座	杜□、费□、东、廿、V	硬陶、零星灰釉	瓮、缸、盆、坛、罐
老虎岩	图一六						图一七			

注释：

[1] 徐军：《浙江东汉龙窑初探》，《故宫博物院院刊》2008 年第 4 期。

[2] 浙江省文物考古研究所：《浙江龙游白羊垅东汉窑址发掘简报》，《东南文化》2014 年第 3 期。

[3] 浙江省文物考古研究所、德清县博物馆：《浙江德清东汉上渚山窑址发掘简报》，《东南文化》2020 年第 4 期。

[4] 卜汉文：《宁波北仑区平风岭汉代窑址》，《中国考古学年鉴·2020》，中国社会科学出版社，2021 年，第 288 页。《汉代龙窑长什么样？宁波北仑发现陶瓷合烧窑址》，《浙江日报》2019 年 10 月 24 日。https://baijiahao.baidu.com/s?id=1648267570864063986&wfr=spider&for=pc.

[5] 浙江宁波市文物考古研究所、浙江奉化市文物保护管理所：《浙江奉化江口长汀山窑址发掘简报》，《南方文物》2012 年第 3 期。

[6] 浙江宁波市文物考古研究所、浙江宁波鄞州区文管办：《浙江宁波鄞州栎斜老虎岩窑址发掘简报》，《南方文物》2011 年第 1 期。

[7] 简报中提到部分器物的"口沿内外或器身上部施酱色釉，釉层薄而不均，存在聚釉或流釉现象"，但未见相关照片。笔者向宁波文物考古研究所的罗鹏先生进行了请教，从其发来的彩照观察，初步判断其所谓的"釉"可能是自然形成的落灰釉。

[8] 熊海堂：《中国古代的窑具与装烧技术研究 前编》，《东南文化》1991 年第 6 期。

[9] 杜伟：《东汉上虞瓷业生产状况及与"始宁县"之关系》，《东方博物》2008 年第 1 期。

[10] 朱建明：《浙江德清汉代窑址调查》，《中国古陶瓷研究会 1996 年年会论文集》，轻工业出版社，1982 年。

[11] 中国硅酸盐学会：《中国陶瓷史》，文物出版社，1982 年。

[12] 林士民：《浙江宁波汉代窑址的勘察》，《考古》1986 年第 9 期。

[13] 郑建明：《21 世纪以来秦汉至南北朝时期瓷窑址考古新进展》，《文物天地》2018 年第 5 期。

湖南东汉墓出土的蓝釉珠玑

李建毛*

摘要： 湖南两汉时期墓葬中出土数量较多的水晶、紫晶、玻璃、金等不同质地的珠饰，其中一种为施蓝釉珠玑，原定名为瓷珠，经观察及检测，此类珠玑并未瓷化，胎质较为疏松，实为费昂斯珠（faience），且与其他质地珠饰一样，是从南方海上输入的舶来品，而费昂斯珠主要从广州进入湖南，这一运输线路的形成，应与东汉郑弘上奏开零陵桂阳峤道有关。

关键词： 蓝釉珠玑　费昂斯珠　舶来品　桂阳峤道

蓝釉珠玑是湖南东汉时期墓葬中出土的一种特殊佩饰，绝大多数未见诸报道，出土时间多为20世纪后半叶前段，湖南省博物馆账本上原称白瓷珠、绿釉瓷珠。实际上，这些珠饰的胎尚未瓷化，釉呈蓝或蓝绿色，胎呈白色。其形状主要有圆形、具棱形、系领形，按古文献圆为珠、不圆为玑之称法，本文概称之为蓝釉珠玑。兹对湖南蓝釉珠玑出土情况进行梳理，并对相关问题作些粗浅探讨，求证于方家。

一　出土情况

从湖南省博物馆和地市博物馆、考古所的收藏和报道情况看，出土情况大致如下：

（1）1954年，长沙市伍家岭杨家公山出土蓝釉珠两颗，珠玑各一。蓝釉珠两端平，中有小孔以穿绳带，腹径1.1、高0.9厘米。上下饰多条纵向凹棱和四条横向凹棱，形成菠萝状纹饰。胎呈土黄，外施一层较厚的白色化妆土，罩深蓝色釉（图一）。蓝釉玑为具棱形，直径0.7厘米，胎白且细腻，釉多剥落，中有小孔（图二）。

（2）1955年7月，长沙丝茅冲丝营EM009墓出土两颗蓝釉珠，一珠一玑。珠呈圆形（图三），玑（图四）为具棱形，形状分别与杨家公山出土的两颗相同。圆形珠高0.9、腹径1.1厘米，施蓝绿釉，釉多剥落。具棱形玑的釉已全部剥落，仅可看出施过蓝釉的痕迹，胎呈白色。

以上两条材料在《长沙汉墓发现瓷质饰物》[1]一文中有所介绍。

（3）1952年，长沙蓉园魏家冲M854出土蓝釉玑一颗，同出有玛瑙珠8颗，玻璃珠2颗（图五）。

（4）1954年，长沙扫把塘M2出土蓝釉珠一颗，同出玻璃珠1颗、琥珀珠1颗，水晶珠3颗。

（5）1959年，长沙五一路工学园M9出土蓝釉珠一颗，同出有玛瑙珠41颗，玻璃珠1颗。

---

* 李建毛：湖南师范大学。

图一　长沙市伍家岭杨家公山出土

图二　长沙市伍家岭杨家公山出土

1

2

图三　长沙丝茅冲丝营EM009墓出土

图四　长沙丝茅冲丝营EM009墓出土

图五　长沙蓉园魏家冲M854出土

图六　长沙市自来水学校出土

图七　长沙市自来水学校出土

（6）长沙市自来水学校出土蓝釉珠玑各一颗（图六、七），高1、腹径1.2厘米，瓜棱圆形，通体施蓝釉，釉色蓝中泛蓝，胎色较白。

（7）1954年，常德市西郊白马湖出土3颗具棱形玑，直径分别为0.9、0.8、0.6厘米，胎白，蓝釉多剥落。同墓出土陶壶、双耳盉、盏、屋，铜镜，以及琥珀、水晶和琉璃珠等。

（8）1955年9月，耒阳野鹅塘工地BM016墓中出土具棱形玑一颗（图八），蓝釉尚存，胎质洁白，然火候不高。同墓出土陶炉、坛、盒、灶、屋、廪、猪圈，铜鐎壶及饰珠一堆。

（9）1955年，湖南省文管会在耒阳南郊花石坳清理了14座汉墓，出土珠子21颗，其中玛瑙12颗，10颗圆球形，1颗枣骨形；"浅蓝色水晶似的六角珠大小共两颗"，6号墓出有"粉蓝色'陶珠、5颗'，质纯白，外表敷有粉蓝色的釉，不透明"[2]。

（10）1956年，长沙杨家湾汉墓出土蓝釉珠2颗，已于1959年从湖南省博物馆调至中国历史博物馆（中国国家博物馆前身）。

（11）1963年零陵潇水湾M1出土蓝色釉珠一颗[3]。蓝釉珠（图九）高0.9、腹径1.1厘米，饰以9条纵向、3条横向凹棱。胎白，釉多剥落。

图八　耒阳野鹅塘工地BM016出土

图九　零陵潇水湾M1出土

图一〇　长沙杨家山M288出土

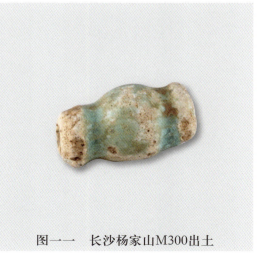

图一一　长沙杨家山M300出土

（12）1977 年，长沙杨家山 M288 出土蓝釉玑 1 颗（图一〇），同出喇叭形玛瑙耳珰一颗。

（13）1978 年，长沙杨家山 M300 出土陶珠 1 颗（图一一）。

（14）1986 年，张家界永定区大庸桥 DDM8 出土蓝釉珠（图一二）一颗，高 0.85 厘米，残存半边，从断面可见胎质疏松。具棱形蓝釉玑一颗（图一三），高 0.5、宽 0.6 厘米。藏张家界永定区博物馆。

（15）1986 年，张家界永定区岩塔 DSHM11 出土南瓜形蓝釉珠一颗（图一四）。

（16）2001 年，长沙书院路创远置业有限公司工地 M2 出土蓝釉珠一颗（图一五）。长沙市文物与考古研究所藏。

（17）湖南省博物馆文物管理委员会移交省博物馆蓝釉胡人一件（图一六），高 3、肩宽 1.3 厘米。

（18）衡阳博物馆另收藏蓝釉珠 7 颗（图一七），分别出自 1984 年耒阳火力发电厂 M54、42、46、50 四座墓中。M54 出土两颗均为蓝釉玑，呈具棱形，分别为高 0.9、直径 1、孔径 0.2 厘米；高 0.83、直径 1.2、孔径 0.2 厘米。M42 两颗也为玑，其中一颗呈半透明状。分别为高 0.65、直径 0.41、孔径 0.2 厘米；高 0.69、直径 0.85、孔径 0.14 厘米。M46 出土一颗具棱状蓝釉玑，高 0.32、直径 0.37、孔径 0.2 厘米。M50 出土两颗蓝釉玑，均为具棱状，高 0.69、直径 0.76、孔径 0.2 厘米；高 0.53、直径 0.8、孔径 0.2 厘米。

图一二　张家界永定区大庸桥DDM8出土（正面、背面）

图一三　张家界永定区
大庸桥DDM8出土

图一四　张家界永定区
岩塔DSHM11出土

图一五　长沙书院路创远
置业有限公司工地M2出土

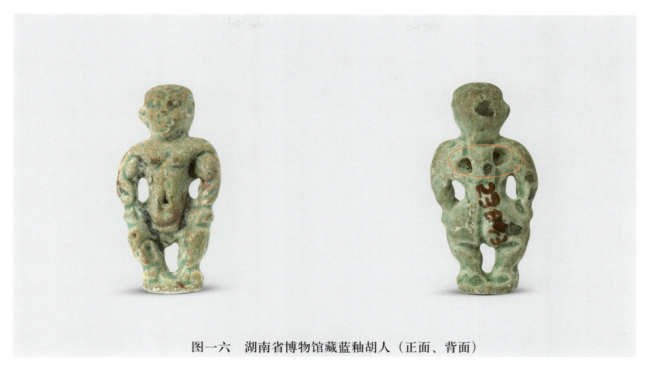

图一六　湖南省博物馆藏蓝釉胡人（正面、背面）

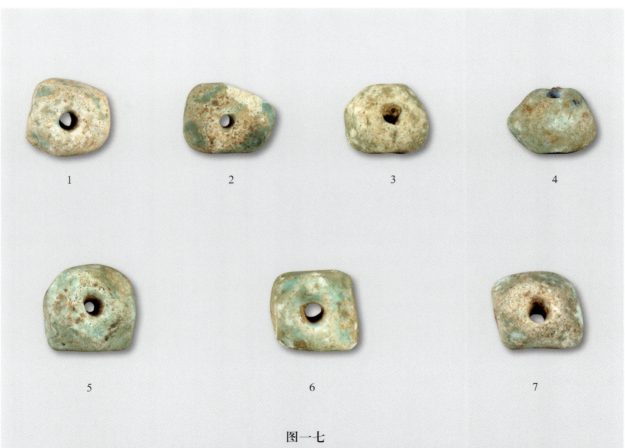

图一七

1.耒阳火力发电厂M54出土　2.耒阳火力发电厂M54出土　3.耒阳火力发电厂M42出土　4.耒阳火力发电厂M42出土
5.耒阳东江变电站M46出土　6.耒阳火力发电厂M50出土　7.耒阳火力发电厂M50出土

此外，应还有一些或当玻璃器（琉璃器）发表，如1978年湖南省博物馆在资兴发掘的107座东汉墓中，出土有玉、水晶、骨、绿松石、贝、玛瑙、琥珀、琉璃等各类质地珠饰，其中琉璃珠125枚，"有一二三件为球形、扁圆形、长筒形、扁壶形，中间穿孔，有深蓝、浅蓝等鲜艳颜色"[4]，其中或有蓝釉珠玑，因这批发掘品尚未整理，未能核实。

二　相关问题讨论

这些蓝釉珠玑很早便有报道，高至喜、吴铭生先生曾在《文物参考资料》1956年第2期以《长沙汉墓发现瓷质饰物》为题有过报道，之后又见有零星出土，在《三十年来湖南文物考古工作》一文中再次提到，"长沙东汉墓还出土有白釉瓷碗（簋）和白釉缶以及白瓷珠，也把我国的白瓷生产大大提前了"[5]，硅酸盐版《中国陶瓷史》引用这一材料时，谨慎地将瓷珠删除。这些珠饰并未引起学术界的关注和讨论，仅见《湖南出土珠饰研究》[6]收录部分资料。由胎釉特征看，这些蓝釉珠远远没有达到瓷化高度，现在已是重新审视的时候了。

（一）胎釉特征

蓝釉珠的胎质呈白色，胎泥淘洗精细，有的釉剥落后，长期埋入地下，其上有形成黄色土锈。为进一步弄清蓝釉珠的成分，2002年3月我们送了3粒蓝釉珠到上海博物馆进行无损检测，胎釉成分如下两表。胎主要成分如表1：

表1　　　　　　　　　　（单位：%）

藏品编号	Na_2O	MgO	Al_2O_3	SiO_2	K_2O	CaO	TiO_2	MnO	Fe_2O_3
2853	0.61	0.49	8.66	86.34	0.84	0.65	0.36	0.09	1.46
3444	0.78	0.54	7.19	88.75	0.66	0.65	0.20	0.06	0.89
9895	0.76	0.48	5.84	90.51	0.74	0.32	0.25	0.10	0.57

从胎的成分看，这部分饰品与湖南东汉白瓷、青瓷以及铅釉陶的原料并不相同。胎中铝的含量在5%～9%之间，与湖南地区汉代青瓷的高铝含量（多在20%以上，最高超过28%）并不相同。同时含铁量很低，送检的珠中，除一颗含量为1.46之外，其余均在1%以下，有的可与后世白瓷胎媲美，可见胎质较为洁白（有件破损成两半的也可看出）。这种胎质与湖南东汉铅釉陶的胎也完全不同。有的火候较高，胎已烧结，有的较低，用肉眼观察，便可看到胎质疏松。

釉色分两种，多数为蓝色，少数为水绿色，色泽很艳，极具装饰感。釉成分如表2：

表2　　　　　　　　　　（单位：%）

编号	Na_2O	MgO	Al_2O_3	SiO_2	K_2O	CaO	TiO_2	MnO	Fe_2O_3	P_2O_5	CuO
3444	1.97	1.30	5.16	79.63	2.24	0.75	0.15	0.07	0.65	0.09	7.49
9895	1.40	0.49	5.05	83.21	0.29	0.27	0.07	0.02	0.27	0.09	8.42

　　从釉的成分看，硅含量很高，在 80% 左右，铅含量分别为 0.49%、0.40%，据上海硅酸盐研究所检测，东汉绿釉陶 SiO_2 为 33.88%，Al_2O_3 为 6.20%，Fe_2O_3 为 2.31%，PbO 为 46.89%。而银釉陶中 SiO_2 为 31.32%，Al_2O_3 为 1.9%，Fe_2O_3 为 2.02%，PbO 为 60.31%[7]。与同时期铅釉陶相比，这批珠饰同样存在很大差异，首先含铅量很低，不属于铅釉陶系统。其次含硅量远超铅釉，同时镁、钠、钾的含量较高，起到助熔的作用。含钙量仅 0.75%。从以上检测来看，蓝釉珠跟国内烧造的各种陶瓷的胎釉成分都不相同，既不属于低温的铅釉系统，也非高温的钙釉系统，却与西亚地区的陶器成分比较接近。从釉的呈色和胎釉成分来看，这些蓝釉珠与广西合浦寮尾 M13b 出土的一件波斯陶壶[8]很接近。据陶壶的检测，"陶片釉面中的微量元素里几乎不含铅，釉面的助熔剂为氧化钠"[9]，显然为外来陶器。这件陶壶的造型与伊拉克塞琉西亚遗址出土的壶造型十分接近（图一八）。两颗蓝釉珠釉中氧化铜含量分别为 7.49%、8.42%，可知釉的着色剂是铜。

　　从蓝釉珠的胎釉成分可见，这些珠饰为非国内生产的舶来品，属于流行于西亚、印度地区的仿珠宝饰品的釉砂（国外考古界称为 faience，中文翻译为"费昂斯"）[10]。这种费昂斯珠是介于玻璃与陶瓷之间的一种物质，成分上与玻璃接近，但因烧成温度较低，胎质疏松，不具备透明特点，施釉的工艺又接近于陶瓷，并采用当时陶器流行的以铜为釉的着色剂。费昂斯珠主要用于装饰品，首饰佩件或器物的装饰部分，"仿制绿松石珠饰可能是制造这些釉砂饰品的原因"[11]。

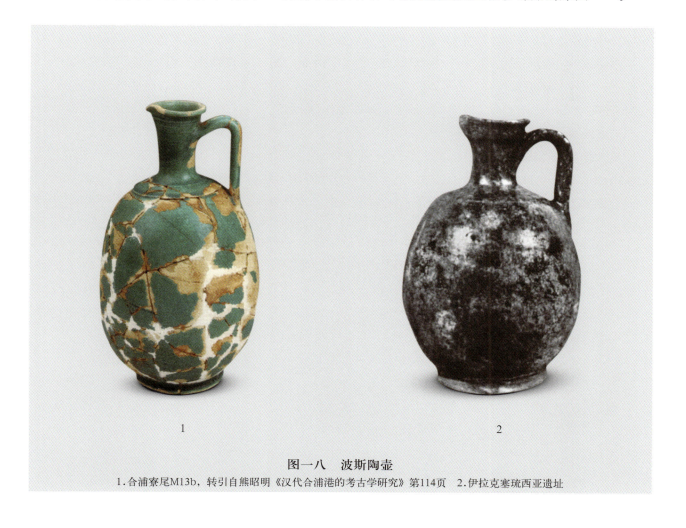

1　　　　　　　　　　　　　　　　　　　　2

图一八　波斯陶壶
1.合浦寮尾M13b，转引自熊昭明《汉代合浦港的考古学研究》第114页　2.伊拉克塞琉西亚遗址

（二）造型及来源

有确切墓葬出土的蓝釉珠玑，均出自东汉土坑墓或砖室墓中，（1）、（2）蓝釉珠玑所在的砖室墓，"墓顶是券门式，用刀砖砌结，墓壁平砌，有几何纹砖，墓顶砖铺成人字形，这些都是东汉墓的一般特征，其随葬物也是东汉墓内常见的"[12]。末阳花石坳墓葬形制略有特殊，该墓为土坑竖穴，长405、宽257厘米，南端有阶梯式墓道，自墓道至随葬品，其周围有大量木炭。随葬品有坛、陶水井、陶灶、陶猪圈、铁环首刀、铁火钳、金戒指、铜镜等，其器物和造型都属东汉典型器。所出蓝釉珠的墓葬中，随葬品较为丰富，证明只有经济状况较好的墓主才能享用，且往往与玛瑙珠、琥珀珠、绿松石珠、水晶珠等同出，出土时有的蓝釉珠玑仍与其他质地的饰珠用丝绳串在一起，可见同视为珍宝，并与其他质地珠饰混合使用。根据墓葬形制及出土器物的排比分析，这些蓝釉珠玑为东汉后期。

湖南出土蓝釉珠玑可分为四种造型：

1. 菠萝形

数量最多。呈圆形，两端平切，腹部横刻三条或四条较深弦纹，竖刻九条弦纹，形成如菠萝状纹样，将珠面分割成多个小面，可能是仿珠宝具棱面的效果，在光线的影响下，形成多个折射面。两端有一对穿小孔，用以穿绳串珠。类似造型珠在中国新疆及俄罗斯也有出土（图一九）[13]。按文献可称之为珠。

2. 具棱形

数量仅次于菠萝形。造型如同宝石切割成多个棱面，施釉后在强光下可形成多样折射面，闪闪发亮。有一对穿孔，用以穿绳串珠。类似造型在汉代水晶、紫晶、玻璃等材质珠中较为常见，广西合浦、广州、湖南地区等地均有出土。按文献可称之为玑。

3. 系领型

长沙杨家山 M300 出土的一颗长管形蓝釉珠即这种造型。圆管形，近两端处微收。珠宝界称之为扁椭球形系领状珠或截尖双尖缩珠[14]。中有一穿绳孔。这在汉代肉红石髓、玛瑙、水晶等质珠中也有相同造型，广西合浦、广州等地有大量出土，如永州零陵区潇湘路和尚岭出土的一颗造型相同的红玉髓质系领状珠（图二〇）。

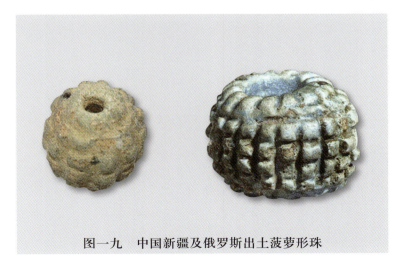

图一九　中国新疆及俄罗斯出土菠萝形珠

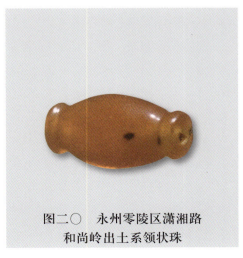

图二〇　永州零陵区潇湘路
和尚岭出土系领状珠

4.西域胡人型

全身裸体，肌肉硕健，高鼻深目。背有一对穿牛鼻式系，以穿绳用。其出土情况虽不明确，但与另一蓝釉珠串在一起，当是同一来源。其用途当与蓝釉珠相同。从外表特征可见，显然是外来人种，以裸体表现肌肉健美，这在古希腊罗马为常见的艺术手法，受其影响，在南亚次大陆西北形成的犍陀罗艺术，也有类似表现。裸体与中土文化却格格不入，此胡人显然是舶来品。其造型与美国波士顿艺术馆藏的一件古埃及蓝釉裸体胡人相似（图二一）两汉时佛教东渐，佛像也随之出现，《史记·匈奴列传》："汉使骠骑将军霍去病将万骑出陇西，过焉支出千余里，击匈奴，得胡首虏万八千余级，破得休屠王祭天金人。"《索隐》引"崔浩云：胡祭以金人为主，今浮屠金人是也"。游牧民族逐水草而居，祭天金人是其随身携带的佛像。东汉佛像已出现于画像石、铜镜等物上。这些是从西北陆上丝绸之路传入的佛像。同时，海上丝绸之路也是佛教传入的通道之一，蓝釉胡人头上有肉髻，其造型与汉画像、铜镜及早期青瓷上的佛像相似，是否也是早期佛像？早期佛教中的佛与道教中的神极为相似，其本领神通广大，无所不能。"佛身长一丈六尺，黄金色，项中佩日月光，变化无方，无所不入，故能化通万物而济众生"[15]。"佛之言觉也。恍惚变化，分散身体，或存或亡，能大能小，能隐能彰，蹈火不烧，履刃不伤，在污不染，在祸无殃，欲行则飞，坐则扬光。故号为佛也"[16]。佛既然如此神通，作为随身携带物保佑主人出入平安，消灾祛病，是十分自然的。如果不是佛像，当也是神灵之一种，佩戴于身，作辟邪护身之用。

两汉时期岭南墓葬中出土大量珠饰，质地多样，有玻璃、玛瑙、绿松石、石榴子石、紫晶、水晶、肉红石髓、黄金等，其中以广西合浦和广州出土数量最多，从原料产地、工艺及成分分析，这些均为舶来品，蓝釉珠多与其他质地珠饰一同出土，混合使用，且从胎釉成分看，也属产自域外的舶来品，应与其他质地珠饰一起输入。而合浦、广州恰是汉代海上通道的登陆口岸或出发地。从时代看，广西合浦珠饰多出自西汉中晚期墓中[17]，但不见蓝釉珠玑。而广州东汉后期（建武年后）墓葬出土费昂斯珠玑89颗，其中42颗蓝绿釉，41颗白釉，4颗因风化釉已不存[18]。湖南出土费昂斯珠只是蓝釉，并不见绿釉，早年报道的1955年长沙潘家坪M6出土瓜棱形白瓷珠，实为玉质。从造型看，湖南出土数量最多的菠萝形珠及具棱面玑在广州同样较为常见，广州出土珠玑不见系领型和胡人型，但其他质地中仍有系领型。其时代、成分与广州也大致相同，可见湖南出土蓝釉珠玑由广州输入。

将不同质地、不同造型的珠饰串在一起作为项圈、手圈的做法起源于古埃及，后传至中土。这些瓷珠的造型多仿进口舶来的玻璃、玛瑙、水晶等名贵珠饰，并与其串在一起进行穿戴。球形珠，仿瓜果形等造型珠在西方起源很早，"公元前一千年中已经流行于地中海沿岸、南亚大陆以及广袤的中亚地区，铁器时代遗存中也有所见"[19]。具棱面蓝釉玑的造型也与海路传入的具棱面水晶、玻璃珠一致，后者在合浦北插江盐堆、第二麻纺厂等汉墓有出土（图二二），1990年合浦黄泥岗1号新莽时期墓中出土一大串紫水晶六棱珠。同类器形在东南亚、南亚地区都有出土（图二三），如泰国南部春蓬府三乔山遗址发现未抛光、未打孔的半成品珠饰，印度也发现过类似半成品，广州曾发现无色铅钡玻璃加工的六棱珠。具棱蓝釉玑应也属宝石、水晶的仿制品。1978年长沙杨家山M300出土的系领形珠，两端有环状收缩，其造型实仿玛瑙、水晶等材质系领状珠

图二一　波士顿艺术馆藏

（collar bead），后者在湖南长沙、永州及广西合浦等地汉墓都有出土，这些都是来自南亚、东南亚的舶来品（图二四），同类器在印度各铁器时代遗址有大量发现。"东南亚特别是克拉地峡地区曾经是重要的手工业生产基地，包括系领状珠在内的各式珠饰都曾在此生产加工并向东西方贸易"[20]。与蓝釉珠玑同出的玻璃、水晶、玛瑙、黄金等珠饰，从制作工艺、产地、成分检测分析，多为进口之物，如深蓝色的玻璃珠"经检测为钾玻璃"，"它们有很大一部分是直接从国外输入的"，多面金银珠饰以及"与之同出土的还有来自境外的玛瑙、水晶"珠饰，皆为从海路传入的舶来奢侈品[21]。类似玻璃、水晶、玛瑙、金银珠饰在汉代广西合浦、广州等地发现很多，当是从海路传入，在广西合浦、广州等地登陆后再深入内陆，蓝釉珠玑应是与其他质地珠饰一同带入。有趣的是，一座墓多半是出土一颗蓝釉珠，如果出土两颗，则一珠一玑，可见其追求尽量差异化，多种

1　　　　　　　　　　2　　　　　　　　3

图二二　广西合浦北插江盐堆1号墓出土
（1、2、3引自《珠光琉影——合浦出土汉代珠饰》第88页）

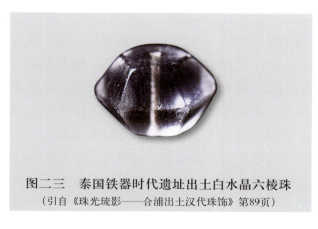

图二三　泰国铁器时代遗址出土白水晶六棱珠
（引自《珠光琉影——合浦出土汉代珠饰》第89页）

1　　　　　　　　2

图二四
1.缅甸南部　2.东南亚克拉地峡附近（引自《珠光琉影——合浦出土汉代珠饰》第139页）

质地的珠玑串连一起，在光线的照射下，便有五光十色之感，这当是使用者所欲追求的效果。

（三）输入线路

中国古代舶来品自口岸登陆后，输往内地的交通线路主要有三条主道：湘粤道及湘桂道、赣粤道、福建海道。海道路途遥远且风险大，赣粤道作为主要通道是在张九龄开凿大庾岭特别是北宋都城东移开封之后，故北宋余靖《韶州新修望京楼记》："唐、汉之西都也，由湘、衡而得骑田，故武水最要；今天子都大梁，浮江、淮面得大庾，故真水最便。"余靖所述非常明确，都城的变迁，导致南北通道东移。汉唐时期因都城定于西安或洛阳，由海上输入商品或贡货进入都城，多取道于湖南，而朝廷用兵岭南，也多由湖南而下。两汉时期南北线路也有小幅度东移的变化：西汉时期，主要通道为湘桂线；东汉时期则变为湘粤线。湘桂线很早便已形成，鄂君启节铭文载楚官商船便通过湘、离（漓）到达五岭地区，最远处则到洭阳等五岭关口 [22]。秦时发兵岭南，屠睢率五十万大军分五路南下，之后又开新道，即"秦所通越道"，《史记·南越尉佗列传》："南海尉任嚣病且死，召龙川令赵佗语曰：'恐盗兵侵地至此。吾欲兴兵绝新路'索隐：'按苏林云：秦所通越道。'其道有四：自湘江上游潇水溯江而上，经严关、秦城，凿灵渠入漓江，沿西江而达番禺等地，或南下至广西合浦。也可溯潇水越九疑塞而南，达广西贺江抵西江。此外，湘粤之间还有可不经广西的直达通道，由湘水入其支流耒水达郴州，翻越骑田岭，抵阳山关，沿湟水（连江）向东至番禺。建武年间，桂阳郡太守"（卫）飒乃凿山通道五百余里，列亭传，置邮驿。"由于此道过于崎岖，西汉只是作为辅道使用。

东汉前期，官方货物运输多取道于福州海路，后大司农郑弘上奏朝廷请求改行零陵桂阳峤道，即湘粤线。《后汉书·郑弘传》："建初八年（83年），（弘）代郑众为大司农。旧交趾七郡贡献转运，皆从东冶（今福州），泛海而至，风波艰阻，沉溺相系。弘奏开零陵桂阳峤道，于是夷通，至今遂为常路。"对于这段话学界有不同解读。首先，零陵桂阳峤道秦汉便已存在，并非郑弘所奏才开凿，只是此前因非官道，部分路段应有所损毁，因郑弘所奏，得以恢复官道地位，道路也会得到相应的维护与整修。其次，零陵桂阳峤道主要有两条：一是以水路为主的零陵道，此道在马援南征时进行了整治，"后汉伏波将军援开湘水为渠六十里，穿度城，今城南流乾，是因秦旧渎耳。" [23] 二是桂阳峤道，史家早已有解释。阮元《广东通志》卷一百八十一《前事路》，在注释"郑弘奏开峤道"一事时，引胡三省《通鉴注释》说："谨案：……交趾七郡，胡三省《通鉴注》：南海、苍梧、郁林、合浦、交趾、九真、日南七郡。又云，据武帝遣路博德伐南越，出桂阳，下湟水，则旧有是路，宏（弘）特开之使夷通。"这条道由广州起程，沿北江经韶关，再循北江支流武水达宜章，越骑田岭而至郴州。按屈大均《广东新语》卷二："当时东岭未开（即大庾岭），入粤者多由此二道。即使南安（大庾岭道）有守，而精骑间道从郴、桂直趋，可以径薄韶阳，横断南北也。"和帝时"旧南海献龙眼、荔枝，十里一置，五里一堠，奔腾阻险，死者继路，时临武长汝南唐羌，县接南海，乃上书陈状" [24]，省罢水果珍馐之贡。说明郑弘奏后，官物的运输确已改由桂阳峤道。此道里程短，但非常艰险，据《周府君功勋碑》："高岸为谷，深谷为陵，盖莫若斯，天轨所经，恶得已（哉）"。往下"若奔车失辔，狂牛无縻，（阙）勿亢忽胪，（睦或陆）不相知"；往上"则群辈相随，檀梌提（携），唱号慷慨，沈深不前"。其间要不断进行水、陆路的转换，牛车、纤夫等都得用上。为此桂阳郡太守周憬组织开凿了乐昌泷，在很大程度上降低了往来风险，使"小溪乃平直，大道允通，利抱布贸丝，交易而至。"[25]据碑文所载，此道便是舶来品输入湖南的主要通道，"郡（桂阳）又与南海接比，商旅所臻，自瀑亭至于曲江，一由此水，……其成败也，非徒丧宝玩，陨珍奇，汗珠贝，流象犀也"。宝玩、珠贝、象牙犀角等珍奇，便包括湖南东汉墓出土的金珠、水晶、紫晶、玻璃等珠饰，蓝釉珠饰便是"珠贝"的一种。

　　综上所述，从湖南出土西汉时期的各类珠饰，多是从广西合浦登陆的舶来品，进入湖南线路为零陵道，由漓水通过灵渠，进入湘江上游的潇水，再顺江而下经衡阳至长沙。东汉建初八年后，广州成为舶来品的主要登陆口岸，进入湖南主要走桂阳峤道，蓝釉珠玑便是其中一种，湖南出土蓝釉珠饰与广州出土的釉色、形制、时代也具相同性，从多数珠饰的出土地点，也可勾勒出其输入线路。

注释：

[1] 高至喜、吴铭生：《长沙汉墓发现瓷质饰物》，《文物》1956 年第 2 期。

[2] 湖南省文物管理委员会：《耒阳花石坳的汉魏墓葬》，《考古通讯》1956 年第 2 期。

[3] 周世荣：《湖南零陵出土的东汉砖墓》，《考古》1964 年第 9 期。

[4] 傅举有：《湖南资兴东汉墓》，《考古学报》1984 年第 1 期。

[5] 高至喜、周世荣、何介钧等：《三十年来湖南文物考古工作》，《文物考古工作三十年（1949～1979）》，文物出版社，1981 年，第 317 页。

[6] 湖南省博物馆编，喻燕姣主编：《湖南出土珠饰研究》，湖南人民出版社，2018 年，第 218～227 页。

[7] 张福康、张志刚：《中国历代低温色釉的研究》，《硅酸盐学报》1980（01）。

[8] 熊昭明：《汉代合浦港的考古学研究》，文物出版社，2018 年，第 114 页。

[9] 熊昭明：《汉代合浦港的考古学研究》，文物出版社，2018 年，第 114 页。

[10] 李青会等：《中国早期釉砂和玻璃制品的化学成分和工艺特点探讨》，《广西民族大学学报（自然科学版）》2009 年第 4 期。

[11] 李青会等：《中国早期釉砂和玻璃制品的化学成分和工艺特点探讨》，《广西民族大学学报（自然科学版）》2009 年第 4 期。

[12] 高至喜、吴铭生：《长沙汉墓发现瓷质饰物》，《文物》1956 年第 2 期。

[13] 邝桂荣主编：《广州出土汉代珠饰》，科学出版社，2020 年，第 141 页。

[14] 叶吉旺、李青会、刘琦：《珠光琉影——合浦出土汉代珠饰》，广西美术出版社，2019 年，第 137 页。

[15]（晋）袁宏撰，周天游校注：《后汉纪校注》，天津古籍出版社，1987 年，第 276 页。

[16] 石峻等编：《中国佛教思想资料选编》第一卷，中华书局，2014 年，第 3～4 页。

[17] 熊昭明：《汉代合浦港的考古学研究》，文物出版社，2018 年，第 67 页。

[18] 邝桂荣主编：《广州出土汉代珠饰》，科学出版社，2020 年，第 301 页。

[19] 叶吉旺、李青会、刘琦：《珠光琉影——合浦出土汉代珠饰》，广西美术出版社，2019 年，第 155 页。

[20] 叶吉旺、李青会、刘琦：《珠光琉影——合浦出土汉代珠饰》，广西美术出版社，2019 年，第 137 页。

[21] 喻燕姣：《湖南出土珠饰研究》，湖南人民出版社，2018 年，第 8 ～ 11 页。

[22] 王元林：《秦汉时期南岭交通的开发与南北交流》，《中国历史地理论丛》第 23 卷第 4 辑，2008 年。

[23]（北宋）李昉、李穆、徐铉等奉敕编纂：《太平御览》卷六十五《地部·江南诸水》，中华书局，1960 年，第 311 页。

[24]（南朝）范晔：《后汉书》卷四《和帝纪》，中华书局，1865 年，2010 年，第 194 页。

[25] 引自宋会群：《〈神汉桂阳太守周府君功勋之纪铭〉碑辑校和研究》，《韶关学院学报（社会科学版）》第 27 卷第 8 期，2008 年。

论岳州窑的装烧工艺

杨宁波*

摘要： 岳州窑从东汉中晚期开始，一直延续到唐代早期，其装烧工艺也随着时间的推移不断的革新。岳州窑在东汉中晚期至孙吴时期多采用芒口叠烧，不用支烧具，这种装烧方法与长江下游的越窑有所不同。进入东晋南朝前期，包括岳州窑在内的长江中游地区青瓷窑场采用了越窑的齿状支钉间隔方法，同时发明了在陶瓷史上具有里程碑性质的匣钵。南朝后期，岳州窑放弃了齿状支钉，转而采用露胎叠烧或者匣钵装烧的方法，新出现的伞状支烧具独具特色。筒形匣钵和伞状支烧具在隋唐时期传播至南北方的众多窑场，催化了中国北方青瓷的产生，也使早期青瓷的版图不再局限于南方。

关键词： 岳州窑　装烧工艺

岳州窑是陆羽《茶经》提到的唐代七大名窑之一，其窑址散布于湘阴县樟树镇白梅村、青湖村的青竹寺、文星镇的于家咀、洋沙湖、湘阴县城、岭北镇蛇口子、长沙望城石门矶等（图一）。

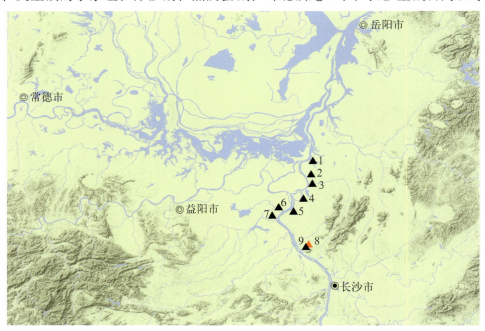

图一　岳州窑相关窑址分布图

1.蛇口子窑址（隋）　2.马王坳窑址（东晋至隋）　3.于家咀窑址（东晋）　4.青竹寺窑址（东汉至三国）　5.白梅窑址（东汉至西晋）　6.窑头山窑址（东汉至三国）　7.铁角嘴窑址（唐）　8.长沙窑（唐至五代）　9.石门矶窑址（东汉至三国）

*　杨宁波：中国人民大学历史学院、湖南省文物考古研究院、科技考古与文物保护利用湖南省重点实验室。

主要分布在湘江两岸的低矮山丘和坡地上。东汉至隋唐时期的窑业遗存发展演变的序列清晰完整，技术体系一脉相承，其制瓷工艺和产品的输出为中国青瓷在北方的出现和中国青瓷工艺的发展做出了突出贡献。

一　分期与装烧工艺

狭义的岳州窑从东汉中晚期开始，一直延续到唐代初期，其装烧工艺也随着时间的推移不断的革新，根据考古调查和发掘资料，目前可以将岳州窑的装烧工艺分为七期，分别是：第一期，东汉中晚期至孙吴前期；第二期，孙吴后期至西晋早中期；第三期，西晋晚期至东晋前期；第四期，东晋后期至南朝刘宋；第五期，南朝齐至隋；第六期，唐代初期。中晚唐时期兴起的长沙窑在装烧工艺等方面完全继承了岳州窑，可视为广义的"岳州窑"长沙窑阶段，本文暂不涉及。

1. 第一期

第一期为东汉中晚期至孙吴前期，是岳州窑的初创期。从东汉中晚期开始，岳州窑成功烧制出了成熟青瓷，其产品釉色与浙江越窑有别，多青绿釉，少量呈酱釉。1988年湘阴青竹寺窑址发掘时曾发现一片印纹硬陶上刻有"汉安二年"文字[1]，汉安为东汉顺帝年号，汉安二年为143年，不过这件纪年硬陶片的关键文字残缺不全，需要更多的旁证材料（图二）。安徽亳县曹操宗族墓地建宁三年（170年）元宝坑一号墓和延熹七年（164年）墓园村一号墓[2]均出土青瓷器，其中墓园村一号墓的青瓷四系罐，肩置四横系，釉下细方格纹，与岳州窑瓷器的特征相同。2017年湘阴青竹寺窑的发掘过程中，我们在TG1内原生地层采集了炭样并送北美Beta实验室进行碳-14测年，两个样品的测年数据为0 ~ 130 cal AD（94.2%概率）、66 ~ 222 cal AD（95.4%概率），基本处于东汉时期。

结合这些证据，我们推测岳州窑的始烧年代应当在2世纪中叶前后，即东汉中期，代表性的

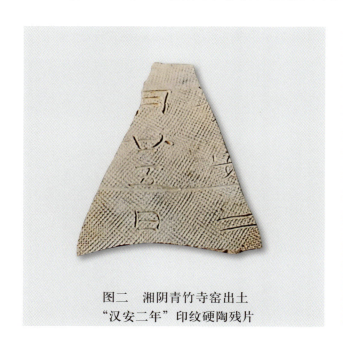

图二　湘阴青竹寺窑出土
"汉安二年"印纹硬陶残片

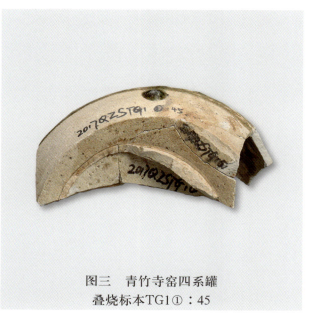

图三　青竹寺窑四系罐
叠烧标本TG1①：45

窑址有湘阴青竹寺窑和白梅窑早期阶段，其中青竹寺窑可能是岳州窑最早的窑场，时代为东汉中晚期，而白梅窑时代为东汉晚期至西晋前期。

　　青竹寺窑不见支烧具，部分四系罐底部粘大颗粒石英砂，是直接置于窑床上的证据，四系罐相互叠摞是主要的方式，部分罐口沿刮釉便是出于这样的目的（图三）。釜外底露胎，且多见圆形叠烧痕，不见粘砂，部分釜内底有大颗粒落渣，说明硬陶釜或青瓷釜均不是直接放在窑床上，而是置于器物柱的最上端，或是放在青瓷罐的口沿上，或是两件釜叠置，再放在罐的口沿上（图四）。青竹寺窑的碗和钵口沿几乎不见刮釉，碗或钵的内底还常见大块窑渣，外底有圆形叠烧痕（图五、六），说明碗和钵与釜一样是置于器物柱的最顶端。

　　在整理鄂州六朝墓时，蒋赞初等先生就敏锐地注意到孙吴时期碗盏类青瓷器的口沿多数都经过刮釉，且这类器物内底未发现支烧痕迹，并由此怀疑当时是否已有了覆烧或叠烧工艺，其中一座吴墓（M2063）出土的双口罐内口上粘有仰烧瓷盏[3]，武昌任家湾吴黄武六年（227年）墓[4]出土有口沿刮釉的青瓷碗。长沙走马楼 J22 是始于东汉中晚期，废弃于孙吴赤乌年间的一口井，

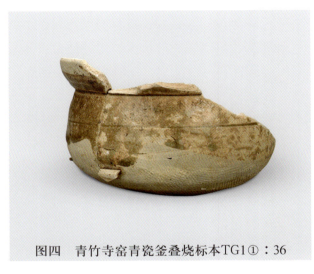

图四　青竹寺窑青瓷釜叠烧标本TG1①：36

图五　青竹寺窑出土青瓷碗DJ1：1

图六　青竹寺窑出土青瓷碗
底部叠烧痕TG1①：32

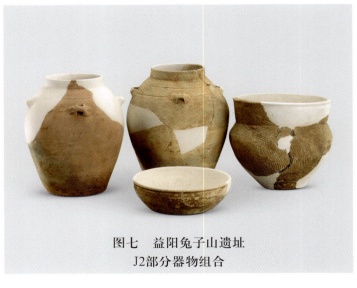

图七　益阳兔子山遗址
J2部分器物组合

井内出土了 9 万余枚三国吴简 [5]，出土的青瓷器特征与湘阴青竹寺窑、望城石门矾窑 [6] 的产品相同，应为这几个窑场的产品，通过观察，井内出土的四系青瓷罐口沿经过刮釉处理。益阳兔子山遗址的 J2 是一口主要使用于孙吴时期的古井，J2 内出土了少量芒口青瓷四系罐、芒口碗等，其中碗的口沿刮釉特征明显（图七、八）。

青竹寺 Y1 窑床上及废弃堆积中均出土了一定数量的玉璧形垫圈或圆形垫饼，有两种材质，一种为灰白色瓷胎质，胎体细腻，另一种为硬陶质，两类窑具均有明显的圆形叠烧痕迹，被叠压的部分胎面匀净，露出的胎面上有杂斑，多数垫圈或垫饼的两面均有叠烧痕，表明是作为间隔具来使用的（图九、一○）。釜底为圜底放在垫圈或垫饼上无法保持稳定和平衡，不可能使用间隔具，此类间隔具主要是用来间隔罐与碗，因为青瓷罐的口沿分为施釉和刮釉两种情形，施釉的青瓷罐使用素胎间隔具可以防止粘连，很有可能间隔具是青竹寺窑一开始就使用的，后面口沿刮釉就没有必要继续使用了。

这一时期仍处于青瓷和印纹硬陶混烧的过渡阶段，以青瓷占绝大多数，青瓷和印纹硬陶的间隔具形制相同，但材质有别，间隔青瓷的垫圈或垫饼均采用瓷土质，而间隔印纹硬陶的垫圈或垫饼则采用硬陶质，前者做工规整，多手工拉坯，后者制作随意，多手制。这一时期产品种类有罐、碗、釜、洗、碟、双唇坛等，以抬肩四系罐、敛口平底碗、硬陶釜为主，四系罐占有较重

图八　益阳兔子山遗址J2出土芒口青瓷碗

图九　青竹寺窑出土的间隔具TG1①：41

图一○　青竹寺窑出土的间隔具TG1①：39

图一一　青竹寺窑罐釜碗类器物装烧方法复原图

（图一一）。

2. 第二期

第二期为孙吴后期至西晋前期。器形以碗为
主，罐、釜的比例明显下降，且器形整体开始小
型化，出现了盏。岳州窑仍延续了前期的芒口叠烧
方法，采用口沿刮釉的方式叠烧，与此同时在白梅
窑出现了对口扣烧的现象。垫圈或垫饼等间隔具虽
有使用，但很少。对口扣烧装烧法，扩大了装烧
量，同时可以形成一个相对封闭的空间，避免窑灰
对青瓷釉面的污染，进而提高青瓷的质量，其原理
已与后来的匣钵相接近，为两晋时期匣钵的出现奠

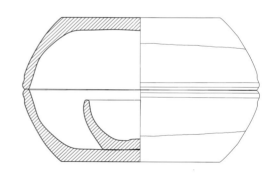

图一二　白梅窑孙吴
西晋时期对口扣烧示意

定了基础[7]。对口扣烧的内部空间还可以叠放小型器物，比如益阳兔子山遗址出土的芒口青瓷碗
（H42：17）内底不规则刮釉，有垫烧痕迹，应当还放置了盏等其他器物，以充分利用空间，同
时也起到了遮挡釉灰的作用，H42出土的青瓷碗（H42：14）芒口，内底刮釉，外壁弦纹下有一
周米字纹，年代大致在孙吴后期（图一二～一六）。洪州窑在东晋时期出现的对口扣烧法，主要
用于烧盏，其具体做法是，将盏口唇部的釉抹去，把两个口径相同的盏对口扣在一起[8]，这种方
法与岳州窑如出一辙，很可能是源于岳州窑技术的传递。

这一时期使用的窑具有玉璧型垫圈、盘形支座、筒形支座（图一七：2、3、5）。玉璧型垫
圈沿用了前一阶段，不过垫圈数量更少，这可能和产品组合中罐比例的减少及碗、盏的增多有一
定的关系。碗和盏均采用了芒口叠烧或对口扣烧。盘形支座和筒形支座是这一时期新出现的支烧

图一三　益阳兔子山遗址出土青瓷碗H42：17

图一四　益阳兔子山遗址出土青瓷碗H42：17内底

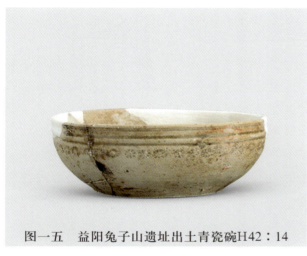

图一五　益阳兔子山遗址出土青瓷碗H42：14

图一六　益阳兔子山遗址出土青瓷碗H42：14内底

具，不过数量也很少。部分器物可能是放置在盘形或筒形支座上焙烧（图一七：1、4、6）。

这一时期的年代下限可以从一些纪年材料中获取线索。安徽长陵黄山太康九年（288年）墓和元康八年（298年）墓[9]出土的青瓷四系罐、碗、盏、盘口壶等外壁都有菱形纹装饰，灰白胎，当为岳州窑产品。浏阳姚家园西晋太康九年墓出土瓷碗五件，碗近口沿处印有网状几何方格纹，施淡黄色釉，芒口，说明至少在太康九年（288年），岳州窑的青瓷产品仍采用芒口叠烧[10]。合肥西晋永康元年（300年）墓[11]出土的青瓷碗口沿外壁上为凸弦纹，下为网状斜方格纹，釉色米黄，脱落严重，脱釉处胎呈灰白色，当为岳州窑青瓷，另一件豆青釉，胎釉结合紧密，仅有细小开片，无脱釉现象，底部露胎处颜色稍灰，有五块暗红色的支烧点，疑为越窑青瓷。同一座墓出土的两个窑场的产品装烧方法不同，脱釉严重的青瓷碗内底未见支烧痕迹，怀疑仍使用口沿刮釉的叠烧方法，而同墓中的越窑青瓷碗则采用齿状支钉叠烧方法。南京将军山西晋太康九年（288年）墓青瓷钵内底有五个支钉痕，外壁有芝麻花纹、菱形纹，可能为越窑青瓷。上虞尼姑婆山三国西晋窑址的发掘表明，三国西晋时期越窑已采用三钉饼形间隔具、锯齿形间隔具来间隔器物[12]。洪州窑于西晋至东晋前期流行使用环形三足支钉间隔具[13]，江西小蓝乡西岗山西晋元康七年（297年）墓出土的青瓷盏内底已有三足支钉叠烧痕。由以上的纪年墓材料可知岳州窑的齿

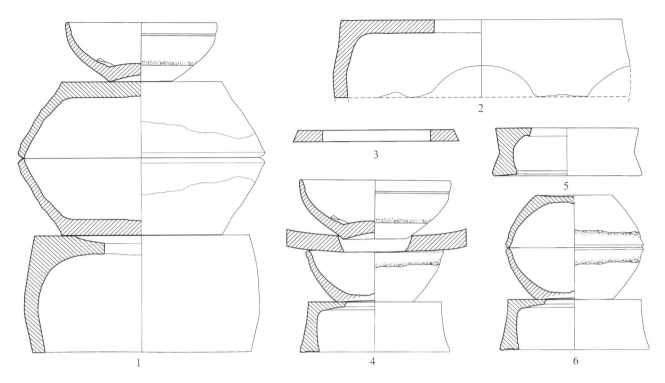

图一七　白梅窑河岭上出土窑具及装烧方式复原

状支钉叠烧技法使用时间略晚于越窑，和洪州窑相当。因此，这一时期的年代下限大致在西晋惠帝元康至永兴年间（291～306年），公元3世纪末。

3. 第三期

第三期为西晋末年至东晋前期，是岳州窑的技术转折期。这一时期芒口叠烧的装烧方法及垫圈、垫饼等间隔具已弃之不用，转而采用了来自于长江下游的支钉间隔法[14]，齿状支钉分为三齿和多齿，三齿采用手制，齿尖细小，多齿采用拉坯成型加修坯，齿尖呈小长方形，三齿主要用于间隔盏，多齿则用途广泛。在益阳兔子山遗址西晋井内、安乡刘弘墓[15]中都出土了内底有多齿支钉痕的青瓷碗（图一八）、盘、盏，兔子山遗址西晋井内出土的盏外壁饰网格纹和米格星纹，极具西晋中晚期时代特征，刘弘于西晋光熙元年（306年）卒于襄阳军中，光熙元年已处于西晋晚期，湖南资兴西晋"永兴三年"（306年）墓[16]，墓中出土的青瓷盏，口沿满釉，灰白胎，釉米黄，釉层局部有剥落，符合岳州窑的特征，内底四个支钉痕，外底有圆形垫烧痕，应当是使用四齿状支钉间隔的例子[17]。

由此可以证明西晋末期的岳州窑已开始采用齿状支钉间隔法叠烧，由于这一时期平底碗、盏等器

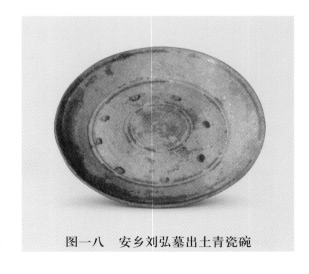

图一八　安乡刘弘墓出土青瓷碗

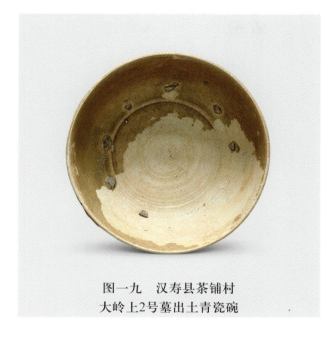

图一九　汉寿县茶铺村
大岭上2号墓出土青瓷碗

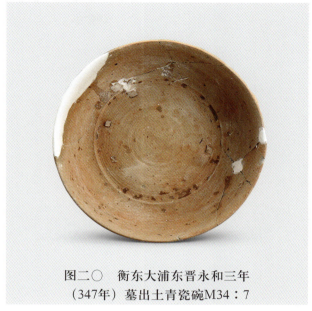

图二○　衡东大浦东晋永和三年
（347年）墓出土青瓷碗M34：7

类数量增多，齿状支钉间隔法可以充分利用窑内空间，大大提高装烧产量，因此齿状支钉间隔法很长的一段时间内都是岳州窑的主要叠烧方法。

江西九江大兴三年墓（320年）出土的青瓷钵为浅灰胎，黄绿釉，釉不及底，脱釉现象严重，内底有直径为八毫米的四点支钉痕迹[18]，特征与洪州窑和岳州窑比较接近。汉寿东晋咸康三年（337年）墓[19]出土的青瓷碗内底有支钉痕（图一九）。安徽马鞍山东晋太元元年（376年）墓[20]出土的青瓷器均灰白色胎，青瓷盂施米黄色釉，略开片，内底留有烧造时的四支钉痕。衡东大浦东晋永和三年（347年）墓[21]出土的青瓷碗，外施釉不及底，口沿满釉，内底有一圈支钉痕，是采用多齿支钉间隔叠烧的标本（图二○）。

4. 第四期

第四期为东晋后期至南朝刘宋时期。器形主要有盘口壶、碗、盏、唾壶、灯等。东晋后期器物的间隔方法仍延续前期，采用齿状支钉间隔。单面或双面三齿状支钉是主要用于间隔青瓷盏的窑具，青瓷盏内底常见三个支钉痕（图二一、二二）。周世荣认为岳州窑东晋时期就已开始使用筒形匣钵装烧[22]。产品的间隔方法主要有以下两种。

第一种：齿状支烧具裸烧法。产量最大的碗内满釉外施半釉者，多采用单面多齿状支钉间隔，在碗的内底常见一圈齿状支钉痕。少数碗内外满釉，内外底均可见一圈齿状支钉痕，可能是采用对扣的齿状支钉间隔，盏采用单面或两面三齿状支钉间隔（图二三～三一）。

第二种：对口扣烧法。延续自前期，使用范围扩大至罐、盘口壶等。青瓷四系罐的口沿多刮釉，且多见有粘连痕迹，其中一件叠烧标本的口沿上仍残留同类器的口沿，证明是采用对口扣烧法。盘口壶亦为裸烧，对口扣烧，或正向摞烧。

江苏南京西善桥刘宋元嘉三年至元嘉十一年（426～434年）钟济之夫妻合葬墓[23]出土的青瓷碗（M19：1）内底有一周支钉痕，黄白胎，青黄釉，釉层部分脱落，青瓷碗（M19：2）口沿有一周褐色点彩，釉层多脱落，应当属于岳州窑的产品。武汉南朝刘宋孝建二年（455年）[24]朱长

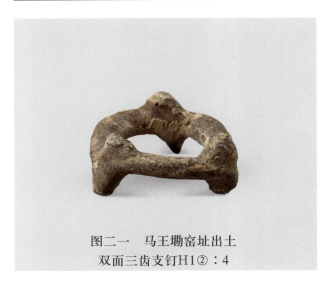

图二一　马王塮窑址出土
双面三齿支钉H1②：4

图二二　马王塮窑址出土
齿状支钉叠烧标本Y1东③：1

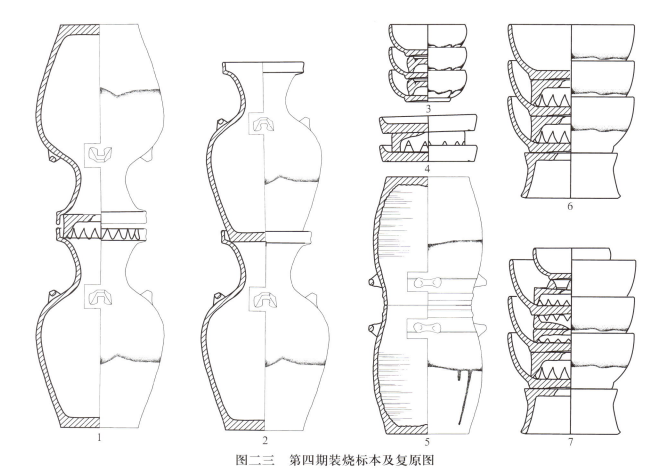

图二三　第四期装烧标本及复原图

　　宁墓出土的青瓷器均灰白胎，内底有齿状支钉痕。湖南宁乡尹家冲南朝刘宋元嘉二十七年（450年）墓[25]出土的青瓷盘内底一周齿状支钉痕（图三二）。南京尧化门南朝梁代陵墓[26]出土的青瓷碗内满釉，内底有三个小支钉。

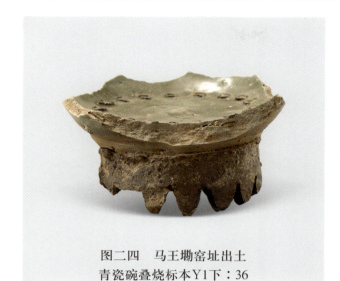

图二四　马王塴窑址出土
青瓷碗叠烧标本Y1下：36

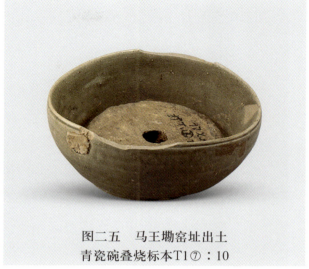

图二五　马王塴窑址出土
青瓷碗叠烧标本T1⑦：10

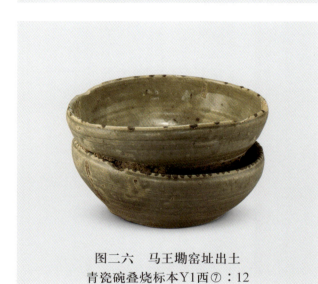

图二六　马王塴窑址出土
青瓷碗叠烧标本Y1西⑦：12

图二七　马王塴窑址出土
平底盘叠烧标本

图二八　马王塴窑址出土
唾盂叠烧标本T1⑤：32

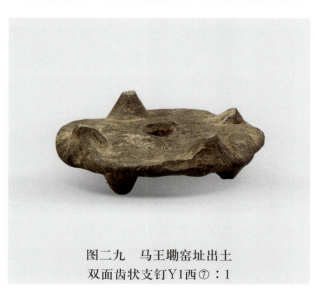

图二九　马王塴窑址出土
双面齿状支钉Y1西⑦：1

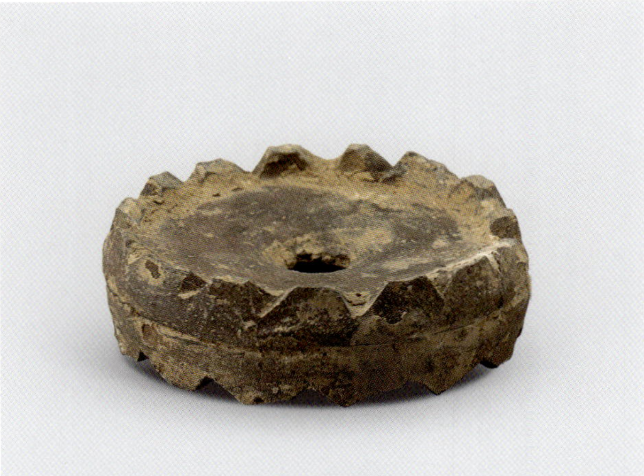

图三〇 马王墈窑址出土
双面齿状支钉H1①：45

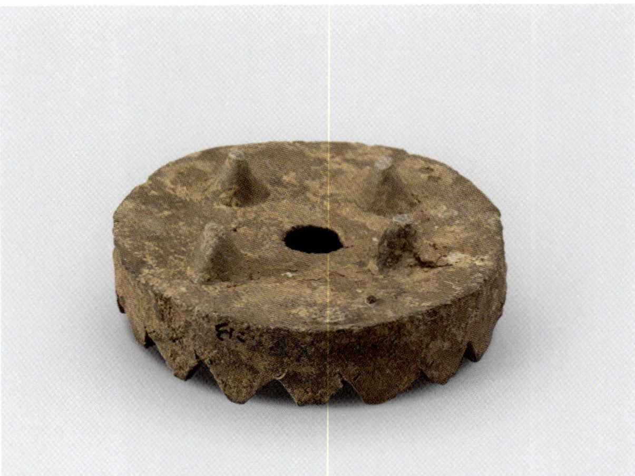

图三一 马王墈窑址出土
双面齿状支钉Y1下：130

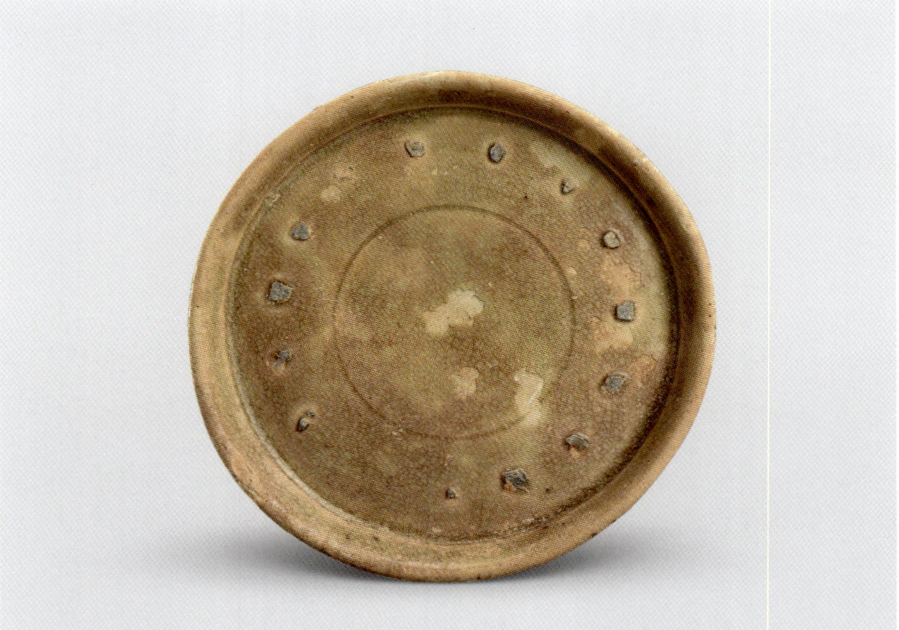

图三二 宁乡刘宋元嘉廿七年墓出土青瓷平底盘M1：5

5.第五期

第五期为南朝齐梁至隋代。南朝后期，器类主要有盘口壶、碗、杯、唾壶、炉、灯、托盏等，盘口壶、瓶等变得修长。盛行莲瓣纹装饰。隋代新出现用于随葬的瓷俑，新出现高足盘。装饰方面盛行印花，包括莲花纹、草叶纹、团花纹，多呈放射状排列。

这一时期岳州窑的装烧方式发生了改革和创新。齿状支钉等间隔具已经基本不用，出现了随手捏制的垫圈和带泥钉的垫圈（图三三～三五）。装烧窑具有筒形匣钵和伞状支烧具两种。碗和杯是产品中的大宗，多搭配起来装烧，搭配组合见有碗与碗、碗与盏、碗与高足盏等。碗、盏分为内满釉和口沿内外施釉两种情况，内圆形露胎的青瓷碗均为直接叠烧，然后放入筒形匣钵内

图三三 马王塅窑址出土
垫圈间隔标本Y1东⑥：73

图三四 马王塅窑址出土
垫圈间隔莲花盘T2④：20外底

图三五 马王塅窑址出土
垫圈间隔莲花盘T2④：20内底

图三六 马王塅窑址出土
青瓷碗叠烧标本T2③：22

图三七 马王塅窑址出土青瓷碗与
高足盏叠烧标本XMY采：31

图三八 马王塅窑址出土青瓷碗与
高足盏叠烧标本XMY采：31俯视

图三九　马王塅窑址出土青瓷碗
匣钵装烧标本XMY采：15内视

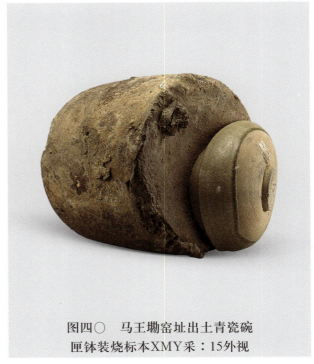

图四〇　马王塅窑址出土青瓷碗
匣钵装烧标本XMY采：15外视

装烧。杯也分为内满釉和口沿内外施釉两种情况，施半釉者多件叠摞后放置于筒形匣钵内或伞状支烧具上，内满釉者多一匣一烧，或放置于器物柱的最顶端（图三六～四〇）。高足盘多一匣一器。带系莲花罐见有置于伞状支烧具顶端（图四一）。多足砚等尺寸较大的器物可能仍采用裸烧（图四二）。

装烧方法至少有以下几种（图四三）：

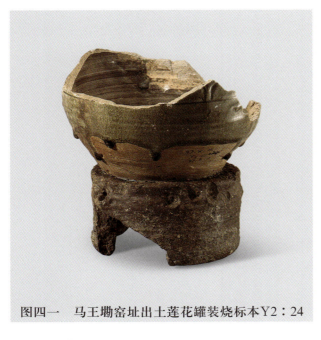

图四一　马王塅窑址出土莲花罐装烧标本Y2：24

图四二　马王塅窑址出土多足砚Y2：70装烧痕迹

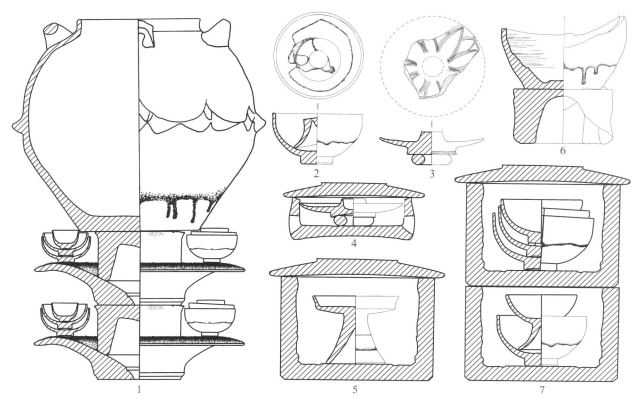

图四三　第五期装烧标本及装烧复原图

第一种：伞状支烧具叠烧法。岳州窑发现的伞状支烧具出土于湘阴马王墈隋代龙窑Y2（图四四），该龙窑窑床底部保存有排列有序的匣钵和伞状支烧具，伞状支烧具由上部的圆柱形支垫和下部的圆饼形支托构成（图四五、四六）[27]。伞状支烧具可以叠摞，圆盘上可以放置一圈碗盏组合，最上层伞状支烧具的圆柱顶部还可以放置莲花罐、盘口壶等大件器物。伞状支烧具的支柱顶端常见黏连的垫圈残块或垫隔石英砂。岳州窑的伞状支烧法还曾传播到了河北邢窑和广西桂林窑[28]。

第二种：筒形匣钵装烧法。马王墈隋代龙窑的窑床上整齐码放了近30排密密麻麻的筒形匣钵，伞状支烧具占的比例极少。多数器物是置于匣钵内装烧。

刘未先生指出，北魏迁洛之后，岳州窑的产品开始迅速涌入北方地区，无论是种类、数量、质量都较洪州窑产品相比占据优势，并在东西魏、北齐周时期独步北方。流入北方地区的岳州窑产品质量高，且基本为满釉产品，从侧面说明匣钵装烧技法在南朝梁时期及之后使用非常普及，且在很大程度上提升了产品的质量。洛阳北魏永熙至普泰二年（532～533年）杨机夫妇墓[29]出土的青瓷碗、盏、碟均内满釉，釉色温润，质量极高，属于岳州窑产品，是以匣钵装烧。

隋代岳州窑产品，不论是器形还是装饰纹样都与南朝后期十分相似。装烧工艺也基本继承了南朝梁陈时期。湘阴隋大业六年墓[30]出土的青瓷器均为岳州窑产品，青瓷杯内壁施青釉，外底露胎，应当是采用匣钵装烧的。大业六年墓出土了十二生肖俑和人物俑，确属岳州窑产品，但目前尚未找到烧制此类产品的窑址。

图四四　湘阴马王墈窑址匣钵与伞状支烧具

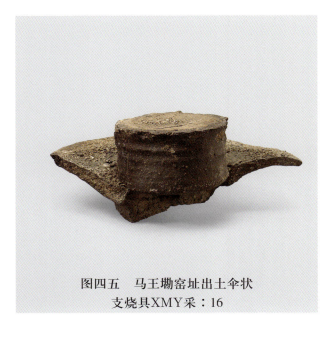

图四五　马王墈窑址出土伞状
支烧具XMY采：16

图四六　马王墈窑址出土伞状
支烧具XMY采：16俯视

6.第六期

第六期为初唐时期，即从高祖武德元年（618 年）到武则天长安四年（704 年）。初唐时期的岳州窑产品中仍烧制大量的十二生肖俑、人物俑等瓷塑[31]，日常生活用品包括盘口壶、双唇坛、碟、碗、高足杯、高足盘、三足炉等。岳阳桃花山初唐墓 M4 与 M12[32]（图四七、四八）、湘阴唐墓[33]、长沙咸嘉湖初唐墓[34]中出土的瓷器可以作为这一时期岳州窑产品的代表。碗、盏、碟等不见间隔痕迹，很可能是采用一匣一器装烧。

图四七　桃花山初唐墓M4出土唐代青瓷舞乐俑

图四八　桃花山初唐墓M12出土的青瓷盏底部

二　结语

作为东汉至唐代长江中游两大青瓷窑场，岳州窑和洪州窑在产品的风格、装烧工艺等方面存在着一致性，两个窑场之间的技术传递十分迅速，匣钵的发明就是鲜明的例子，两者几乎同时期开始使用筒状匣钵装烧技法。不过需要注意的是，岳州窑早在东汉晚期至孙吴时期就开始使用芒口叠烧或扣烧的技术，而洪州窑则要晚至东晋时期，且没有采用芒口的作法。洪州窑和岳州窑都在西晋中晚期采用了越窑的齿状支钉间隔技术，只是岳州窑可能要略迟一点。洪州窑的装烧工艺搭配组合十分多样化，岳州窑则相对比较单一。

纵观岳州窑装烧工艺的发展过程，可以看出，东汉至西晋时期的芒口做法，东晋至南朝初年的齿状间隔具，南朝后期到隋代的伞状支烧具的发明和使用都侧重于利用窑内空间，提高产品产量。而东晋后期开始出现的筒形匣钵既可以起到提升产品质量，同时匣钵堆摞也可以充分利用窑内空间。

注释:

[1] 周世荣等：《湖南湘阴东汉青竹寺窑发掘简报》，《香港考古会刊》第 14 期（1993 ～ 1997），1998 年。

[2] 安徽省亳县博物馆：《亳县曹操宗族墓葬》，《文物》1978 年第 8 期。任晓民：《曹操宗族墓葬》，江苏科学技术出版社，2010 年。

[3] 南京大学历史系考古专业等：《鄂城六朝墓》，科学出版社，2007 年，第 149 页。

[4] 武汉市文物管理委员会：《武昌任家湾六朝初期墓葬清理简报》，《文物参考资料》1955 年第 12 期。

[5] 长沙市文物工作队、长沙市文物考古研究所：《长沙走马楼 J22 发掘简报》，《文物》1999 年第 5 期。

[6] 黄纲正：《石门矶窑址的发掘及有关长沙铜官窑的几个问题》，《中国古陶瓷研究（第四辑）》，紫禁城出版社，1997 年。

[7] 杨宁波、张兴国：《2017 年岳州窑考古发掘收获》，《东方博物》2020 年第 4 期，总第 77 辑。

[8] 权奎山：《论洪州窑的装烧工艺》，《考古学研究·四》，科学出版社，2000 年。

[9] 李艳天、刘平生：《安徽南陵长山西晋纪年墓发掘报告》，《东南文化》2002 年第 5 期。

[10] 周世荣：《从湘阴古窑址的发掘看岳州窑的发展变化》，《文物》1978 年第 1 期。

[11] 合肥市文物管理组：《合肥西晋纪年砖墓》，《考古》1980 年第 6 期。

[12] 郑嘉励、张盈：《三国西晋时期越窑青瓷的生产工艺及相关问题——以上虞尼姑婆山窑址为例》，《东方博物》第三十五辑，浙江大学出版社，2010 年。

[13] 权奎山：《论洪州窑的装烧工艺》，《考古学研究·四》，科学出版社，2000 年。

[14] 此时的越窑则放弃了齿状支钉叠烧，采用泥钉间隔。

[15] 安乡县文物管理所：《湖南安乡西晋刘泓墓》，《文物》1993 年第 11 期。

[16] 湖南省文物考古研究院发掘资料。

[17] 湖南省文物考古研究院发掘资料，待发表。

[18] 吴水存：《东晋纪年墓出土的几件青瓷器》，《江西历史文物》1982 年第 2 期。

[19] 湖南省文物考古研究所：《湖南汉寿大岭上东晋、隋墓考古发掘简报》，《湖南考古辑刊（第14集）》，科

学出版社，2019 年。

[20] 安徽省文物工作队：《安徽马鞍山东晋墓清理》，《考古》1980 年第 6 期。

[21] 湖南省文物考古研究院发掘资料。

[22] 周世荣、周晓赤：《岳州窑》，湖南美术出版社，2011 年，第 16、106 页。

[23] 南京市博物馆、雨花台区文化广播电视局：《南京市雨花台区西善桥南朝刘宋墓》，《考古》2013 年第 4 期。

[24] 湖北省博物馆：《武汉地区四座南朝纪年墓》，《考古》1965 年第 4 期。

[25] 湖南省文物考古研究院等：《湖南宁乡尹家冲刘宋纪年墓发掘简报》，待刊。

[26] 南京博物院：《南京尧化门南朝梁墓发掘简报》，《文物》1981 年第 12 期。

[27] 周世荣、周晓赤：《岳州窑》，湖南美术出版社，2011 年，第 44 页。

[28] 杨宁波：《论东亚伞状支烧具的技术体系及始源地问题——兼谈岳州窑和桂林窑的关系》，《湖南考古辑刊（第 11 集）》，科学出版社，2015 年。

[29] 洛阳博物馆：《洛阳北魏杨机墓出土文物》，《文物》2007 年第 11 期。

[30] 熊传新：《湖南湘阴县隋大业六年墓》，《文物》1981 年第 4 期。

[31] 周世荣：《长沙唐墓出土瓷器研究》，《考古学报》1982 年第 4 期。

[32] 岳阳市文物考古研究所：《湖南岳阳桃花山唐墓》，《文物》2006 年第 11 期。湖南省文物考古研究所、岳阳市文物管理处：《岳阳唐宋墓》，上海古籍出版社，2016 年。

[33] 湖南省博物馆：《湖南湘阴唐墓清理简报》，《文物》1972 年第 11 期。

[34] 湖南省博物馆：《湖南长沙咸嘉湖唐墓发掘报告》，《考古》1980 年第 6 期。

四川地区出土汉六朝瓷器的产地、输入路线及相关问题

易立 *

摘要： 历年来，四川盆地的成都、德阳、什邡、绵阳、三台、江油、广元及三峡重庆库区等地遗址和墓葬中出土了大量的六朝瓷器，根据其胎釉特征可大致分作甲、乙两组。甲组瓷器制作规整，施釉均匀，青釉呈淡青、青绿、青黄等色，釉面可见细小冰裂纹开片，主要产自湘阴窑（岳州窑）、洪州窑等长江中游窑场；乙组瓷器变形率高，胎体厚重，青釉发色较深，仅个别可见冰裂纹开片，主要产自成都青羊宫窑。外地瓷器是随着商业贸易活动进入川渝地区的，具体运输路线是通过长江水道，以三峡一带（巴郡和巴东郡下辖的江州、垫江、枳、临江、朐忍等）的市镇或聚落为中转站，再由嘉陵江、涪江、沱江、岷江等溯流而上。这些外地瓷器至少带来了器形、装烧工艺两方面的影响，成为川渝本土窑场临摹、仿制的对象，并且从根本上推动了后者制瓷业的勃兴。

关键词： 川渝地区　汉六朝瓷器　贸易　输入路线　影响

瓷器是四川地区汉六朝墓葬和遗址内较新颖的遗物类别，关于它们的窑口等问题，过去学术界的主流观点认为是四川本地所烧造[1]。但随着当前考古资料的不断丰富，这一看法已有开展商榷的必要，并且结论的正确与否，还关乎对四川地区制瓷业产生时间和背景的客观评判。本文拟综合考古资料，试对四川地区出土汉六朝瓷器的产地来源、输入路线、后续影响等问题作以梳理和分析，进而提出一些初步看法。不当之处，祈请指正。

一　出土情况与基本面貌特征

历年来四川地区出土的汉六朝瓷器集中于成都、绵阳、德阳、广元、宜宾等地的墓葬和遗址内（详见表1），几乎都为单色青釉，根据胎釉特征的差异，可大致区分为甲、乙两组。

表1　瓷器出土情况统计表

地区	出土地点	时代	出土器物
成都市	成都扬子山墓地[2]	蜀汉至西晋	青瓷碗、罐
	成都桓侯巷墓地[3]	成汉	青瓷罐
	成都禾家村墓地[4]	西晋	青瓷碗
	成都曾家包墓地[5]	东汉末至蜀汉	青瓷碗、盏、罐

* 易立：成都文物考古研究院。

地区	出土地点	时代	出土器物
成都市	新津堡子山墓地[6]	东汉末至蜀汉	青瓷罐
	大邑马王坟墓地[7]	东汉末	青瓷罐
	华阳田家寺墓地[8]	东汉末至成汉	青瓷碗、罐
	新津普兴墓地[9]	西晋	青瓷罐、虎子
	金堂十里村墓地[10]	西晋至东晋	青瓷罐、壶
	青白江肖家窝墓地[11]	西晋	青瓷罐
	青白江花园村墓地[12]	南朝末至隋	青瓷碗
	金堂猫头山墓地[13]	南朝	青瓷碗
	成都天府广场东北侧遗址[14]	东汉末至南朝	青瓷碗、盏、盏托、盘、钵、壶、罐、砚台、器盖
	成都东华门遗址[15]	东汉末至南朝	青瓷碗、盏、壶、罐
	成都西御河沿街遗址[16]	东晋至南朝	青瓷碗、罐、灯台
	成都实业街遗址[17]	东晋至南朝	青瓷碗、盏、罐等
	成都市博物馆工地遗址[18]	南朝	青瓷碗、盂、器盖
	成都下同仁路遗址[19]	东晋至南朝	青瓷碗、罐
绵阳市	绵阳西山墓地[20]	东晋至南朝	青瓷碗、壶、罐、盘、盏托
	绵阳园艺乡墓地[21]	南朝	青瓷碗、盘
	绵阳双碑白虎嘴墓地[22]	东晋	青瓷碗
	绵阳园艺高柏梁墓地[23]	西晋至南朝	青瓷碗、盏、罐、壶
	绵阳塘汛坂桥墓地[24]	东晋	青瓷碗、盏、壶
	绵阳青义西科大墓地[25]	东晋至南朝	青瓷碗、盏
	江油常山村及佛儿崖墓地[26]	西晋至南朝	青瓷碗、盏、罐、壶
	三台永明墓地[27]	东晋至南朝	青瓷碗、罐、壶
	三台蓝家梁子墓地[28]	东晋	青瓷罐
	三台老马及里程墓地[29]	东晋至南朝	青瓷碗、罐、壶、虎子
	三台果园山墓地[30]	南朝至隋	青瓷碗、罐、壶
	三台后底山墓地[31]	南朝至隋	青瓷碗
德阳市	什邡虎头山墓地[32]	成汉	青瓷碗
广元市	昭化宝轮院墓地[33]	西晋至南朝	青瓷碗、盏、罐、壶
	广元鞍子梁墓地[34]	西晋	青瓷壶
宜宾市	屏山桥头沟遗址[35]	东汉?	青瓷罐

（一）甲组

该组约占出土总量的百分之九十以上，器形丰富，可辨碗、盏、盘、盏托、罐、盘口壶、鸡首壶、唾壶、器盖、砚台、灯台等（图一）。瓷器制作规整，变形率低，胎体一般呈灰白色或浅灰色，少数挂有化妆土，施釉较均匀，但大多外壁施釉不及底。青釉呈淡青、青绿、青黄等色。釉面能见到细小的冰裂纹开片，有的胎釉结合程度较差，出现釉面剥落的现象，部分碗的内底残留有圆点状或不规则的齿钉粘痕。器表流行素面，有少量装饰刻划弦纹、莲瓣纹及褐釉点彩的做法。

（二）乙组

该组在出土总量的占比不足百分之十，器形很少，仅见碗、盏、盏托、罐等（图二）。瓷器的变形率较高，胎体较厚重，一般呈灰色或灰黑色，不挂化妆土，施釉均不及底。青釉发色较深，偏黑或偏酱色，釉面厚薄不均，玻璃质感不强，脱釉现象较为常见，仅个别可见冰裂纹的开片，部分碗的内底残留有圆点状或方形的齿钉粘痕。器表以素面居多，少数器表装饰刻划的莲瓣纹。

二　产地来源

关于甲组瓷器的产地来源，过去少有论及，曾有学者指出绵阳西山墓地的瓷器可能系江油青莲窑（又名九岭窑）的产品[36]。青莲窑地处绵阳市区以北、江油市的南端，瓷业遗存主要分布于涪江和磐江流域的浅丘地带，现存九岭和方水两个窑区。根据 20 世纪 80 年代获得的采集物，青莲窑的瓷器以青釉为主，胎体多为灰色或灰白色，器类可辨碗、盘、杯、盏、盘口壶、罐、钵、碟等，器表一般无纹饰，个别有简单的弦纹和釉下彩绘图案。调查者认为窑址的年代上限可达南朝，下限至北宋时期，并且在南朝和隋唐时期还生产过黑釉瓷器[37]。事实上，从调查简报提供的标本线图看，该窑烧造的青瓷器以碗居多，主要流行深弧腹和圆弧腹，底部一般带小饼足，有的碗腹壁中部折出一凸棱，上腹内曲，下腹弧收，底部带低矮宽大的饼足。高足杯有一种为深弧腹，圈足呈喇叭状，中部带节突，明显仿自金银器的造型。此外，钵的残片带釉下彩连珠纹，相同的遗物也见于邛崃大渔村一号窑包，后者年代为隋代至中唐以前[38]。这些情况均表明，青莲窑隋代以前的特征并不明显，将其年代界定在隋至唐代早期似更加合理。考虑到乙组瓷器的年代集中在两晋南朝，故其为青莲窑产品的可能性基本可以排除。

由于没有科学测试的成分数据提供参考，因此要进一步讨论这些瓷器的产地，目前还只能依靠与其他地区同类出土物之间作器形、胎釉方面的比较分析。其中四川盆地东面的三峡地区尽管出土了大量的汉六朝瓷器，但这里本身不具备瓷器生产能力，而是作为外来输入瓷器的消费市场和转运节点，故不能作为推断窑口的直接证据。相比而言，以湖北鄂城六朝墓为代表的长江中游考古材料则显得十分重要。一方面，该地区周边分布有多处规模较大的青瓷窑场，如西南面的湘阴窑、南面的洪州窑、东面的浔阳城窑及往东顺江而下的越窑青瓷产区；另一方面，鄂城与古武昌毗邻，自孙吴以来便是长江中游的经济、文化中心及军事重镇，交通便捷，商业贸易活动繁

图一　甲组瓷器

1.成都曾家包墓地出土青瓷罐　2.新津堡子山墓地出土青瓷罐　3.成都扬子山墓地出土青瓷罐　4、5.成都桓侯巷成汉墓出土青瓷罐　6.成都天府广场东北侧遗址出土青瓷罐　7.绵阳高柏梁墓地出土青瓷罐　8.成都实业街遗址出土青瓷莲瓣纹罐　9.昭化宝轮院墓地出土青瓷罐　10.江油彰明墓地出土青瓷盘口壶　11、12.昭化宝轮院墓地出土青瓷盘口壶　13、14.绵阳高柏梁墓地出土青瓷鸡首壶　15.江油彰明墓地出土青瓷鸡首壶　16.绵阳坂桥墓地出土青瓷碗　17.成都东华门遗址出土青瓷碗　18.成都西御河沿街遗址出土青瓷碗　19.成都天府广场东北侧遗址出土青瓷碗　20.成都天府广场东北侧遗址出土青瓷莲瓣纹碗　21.成都天府广场东北侧遗址出土青瓷碗　22.成都东华门遗址出土青瓷碗　23.成都天府广场东北侧遗址出土青瓷盏　24.成都天府广场东北侧遗址出土青瓷莲瓣纹盘　25.成都天府广场东北侧遗址出土青瓷器盖　26.成都天府广场东北侧遗址出土青瓷莲瓣纹器盖　27.成都西御河沿街遗址出土青瓷灯台

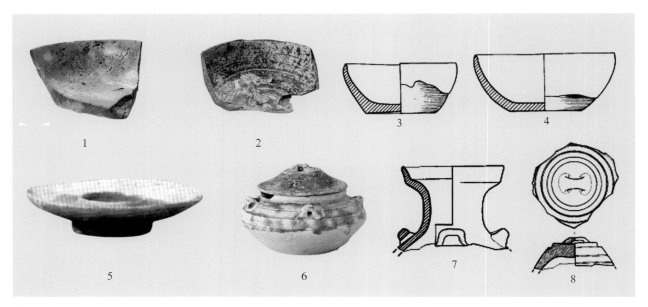

图二　乙组瓷器

1、2.成都东华门遗址出土青瓷碗　　3、4.成都天府广场东北侧遗址出土青瓷碗　　5.成都十二桥遗址出土青瓷莲瓣纹盏托
6.绵阳高柏梁墓地出土青瓷盖罐　　7.成都天府广场东北侧遗址出土青瓷盘口壶　　8.成都天府广场东北侧遗址出土青瓷器盖

荣，各地的瓷器产品有条件汇集于此，形成一个庞大的市场。根据《鄂城六朝墓》发掘报告的研究，鄂城出土的六朝青瓷中只有10%左右来自长江下游产区，而其余的90%左右可能均系附近窑场的制品。在将这批青瓷标本的理化测试结果与已知的长江中游各窑场材料进行对比后，发掘者认为最为相似者为江西九江的浔阳城窑，次为湘阴窑和洪州窑，其中烧结程度较高、胎釉结合良好者可能来自湘阴窑，质量一般且胎釉结合稍差的可能多数来自浔阳城窑和洪州窑[39]。鄂城出土青瓷的窑口组合状况清晰地反映出一个基本事实，即长江中游的制瓷业在六朝时期逐步发展壮大，特别进入南朝以后，以浙江为中心的长江下游瓷器的分布范围明显萎缩，瓷器质量相对下降，种类趋于单调，而之前深受下游地区影响的江西和长江中游一带大量出现具有地方特色的新器形[40]。以洪州窑为例，进入东晋以后随着匣钵的广泛使用，瓷器的产量和质量均大幅度提高[41]，同时由于装饰技法和表现形式的多样性，自身形成了鲜明的特色，加之窑址地处赣江中游，水路通畅，因而其产品得以向周边大范围的销售、流布[42]。现有资料表明，南京、武昌可能分别是东晋南朝和隋至唐中期的较大的洪州窑瓷器集散地[43]。

　　甲组瓷器的胎色大多偏白或浅灰色，釉色青中带黄或翠绿色，釉面玻璃质感较强，与鄂城六朝青瓷的总体面貌十分接近。尤其值得注意的是园艺高柏梁M6出土的青瓷盘口壶，其颈部较细长，腹部矮胖，颈部带竹节状凸棱，肩部附加系耳，与绵阳西山、广元宝轮院、三台永明等地南朝崖墓出土的青瓷盘口壶形制大体相同。这类遗物的分布范围除往东可进一步延伸至三峡地区外[44]，另还集中出土于湖北荆门[45]、大冶[46]、孝昌[47]、黄冈[48]及安徽淮南[49]等地的南朝墓葬（图三，11～16），可以肯定是出自长江中游青瓷窑场的产品。相同的情况也存在于园艺高柏梁M2出土的长卵形腹四系罐上，这类青瓷器是三峡地区东晋南朝墓葬中发现频率很高的随葬品，但分布范围并不止于此，湖南资兴旧市M377[50]、耒阳白洋渡M7[51]、湖北鄂州塘角头M9[52]、鄂

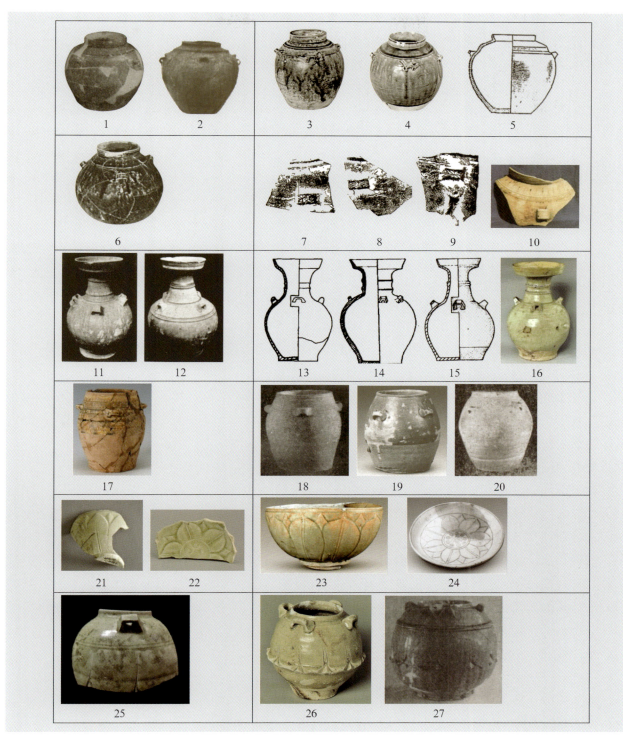

图三　四川地区甲组瓷器与长江中游同类瓷器对比图

1.成都曾家包墓地出土青瓷罐　2.新津堡子山墓地出土青瓷罐　3~5.湘阴青竹寺窑出土青瓷罐　6.成都扬子山墓出土青瓷罐　7~10.
湘阴青竹寺窑出土青瓷罐　11、12.昭化宝轮院墓地出土青瓷盘口壶　13.荆门斗笠岗南朝墓出土青瓷盘口壶　14.大冶金龟山南朝墓出土青
瓷盘口壶　15.孝昌古坟岗南朝墓出土青瓷盘口壶　16.湘阴城关窑出土青瓷盘口壶　17.绵阳高柏梁墓地出土青瓷罐　18.资兴旧市晋墓出
土青瓷罐　19.耒阳白洋渡晋墓出土青瓷罐　20.九江黄土岭晋墓出土青瓷罐　21.成都天府广场东北侧遗址出土青瓷莲瓣纹碗　22.成都天
府广场东北侧遗址出土青瓷莲瓣纹盏托　23.丰城洪州窑出土青瓷莲瓣纹碗　24.丰城洪州窑出土青瓷莲瓣纹盏托　25.成都实业街遗址
出土青瓷莲瓣纹罐　26.湘阴城关窑出土青瓷莲瓣纹罐　27.资兴厚玉南朝墓出土青瓷莲瓣纹罐

城 M2037[53] 和江西九江黄土岭东晋墓 [54] 等都曾出土类似遗物（图三，17～20）。其次，甲组瓷器的许多器形和纹饰，在湘阴窑和洪州窑的标本上都能找到对应，如成都扬子山晋墓青瓷罐系部模印的交叉十字纹与湘阴青竹寺窑出土的青瓷罐残片 [55] 相同（图三，6～10）；成都曾家包、新津堡子山汉墓出土的青瓷卵形带系罐腹部拍印方格纹，与湘阴青竹寺窑出土的青瓷罐 [56] 相同（图三，1～5）；成都东华门、天府广场东北侧等地出土的青瓷碗、盏托带剔刻的莲瓣装饰，与洪州窑龙凤李子岗地点出土的青瓷莲瓣纹碗和盏（T2②：110、T1②：160 等）[57] 相同（图三，21～24）；成都天府广场东北侧、昭化宝轮院等地出土的青瓷碗内底带密集的一周支钉痕，与湘阴马王墈窑出土的青瓷碗 [58] 特征一致；成都实业街遗址出土的青瓷罐肩部置方桥系，腹部剔刻莲瓣纹，类似遗物在湘阴城关窑 [59] 及资兴厚玉 M449[60] 等南朝墓也有所发现（图三，25～27）。此外，前述绵阳、三台、广元等地所见颈部带竹节状凸棱的青瓷盘口壶亦与湘阴城关窑出土的盘口壶残片 [61] 雷同（图三，16）。

综上，如果将四川盆地、三峡、长江中游三个地区出土的汉六朝瓷器联系起来，结合湘阴窑和洪州窑的考古发现，我们有理由认为甲组瓷器应主要产自长江中游青瓷窑场。

乙组瓷器根据胎釉特征判断，应属于四川本地窑场所产。四川地区的早期青瓷窑场以成都青羊宫窑、都江堰金马窑、邛崃瓦窑山窑、大渔村窑及尖山子窑、郫县横山子窑、双流牧马山窑、新津邓双窑、崇州天福窑、江油青莲窑、合川瓦窑田窑等为代表，其中青莲窑的年代前文已言及；邛崃大渔村窑、尖山子窑、郫县横山子窑、双流牧马山窑、新津邓双窑、崇州天福窑都基本是唐代才开始烧造 [62]；邛崃瓦窑山窑的年代过去一度认为能早到南北朝，但笔者通过重新梳理资料，推定其创烧不会早于隋 [63]；都江堰金马窑的大部分瓷器风格与邛崃瓦窑山窑近似 [64]，故年代很可能也在隋以后；瓦窑田窑仅做过初步踏查，采集到少量瓷器和筒形支柱，刊布的个别带系罐具有汉末三国的特征 [65]，但窑址的具体时代面貌尚需进一步厘清。这样排除以后，窑口对象只剩下成都青羊宫窑，青羊宫窑的两晋南朝遗存主要见于中医学院、十二桥等地点，如 1983 年中医学院 T17 第 3 层出土的碗、杯、盘口壶等标本（QYT17③：1、QYT17③：2 等）[66]，1986 年十二桥地点出土的盏、盏托等标本（ⅡT43③：59、H4：3 等）[67]，1997 年在中医学院 5 号住宅楼工地又发掘到窑炉和瓷器标本，并伴出有约 50 枚"汉兴"钱 [68]。结合乙组瓷器绝大多数都出土于成都的情况看，其大概率属于青羊宫窑的产品。

三　输入路线

瓷器属于易碎商品，加之蜀地少坦途而多崎岖山路，使用舟船走水路运输无疑是最理想的方式。四川盆地的水路交通线主要有涪水（今涪江）、江水（今岷江和长江）、雒水（今沱江）、西汉水（今嘉陵江）和宕渠水（今渠江），其余水路（沫水、若水、青衣水等）或利用不多，或是作为上述五水的分支存在（图四）。

除成都外，产自长江中游的甲组瓷器集中出土于涪水一线的绵阳、江油、三台等地。涪水又名垫江水、内水，今称涪江，发源于四川松潘境内的岷山主峰雪宝顶。《汉书·地理志》："涪水出徼外，南至垫江入汉，过郡二，行千六十九里"[69]，《水经注·涪水》："涪水出广魏涪县西

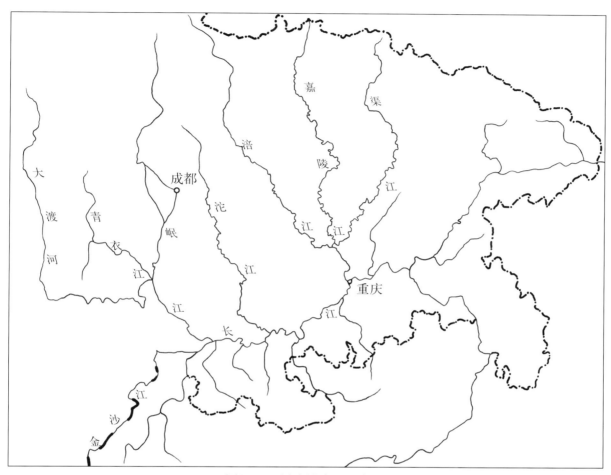

图四　四川盆地水系示意图

北，南至小广魏，与梓潼水合。又西南至小广魏南，入于垫江"，注云："涪水出广汉属国刚氐道
徼外……又东南与建始水合，水发平洛郡西溪，西南流，屈而东南流，入于涪……又东南经江油
戍北……东南流经涪县西……又东南经绵竹县北……又南析津出焉……亦言涪水至此（垫江）入
汉水，亦谓之为内水也"[70]。汉六朝时期涪水一线发生的历史事件颇多，岑彭征公孙述、刘备入
蜀、谯纵叛乱、刘裕初伐谯纵、赵广及程道养起义等俱循此水路。这里同时也是传统农业社会除
成都平原外四川盆地最富庶的区域，《华阳国志》："（垫江县）有桑蚕牛马……（梓潼郡）土
地出金、银、丹、漆器、药、蜜……（广汉郡）土地沃美……（五城县）汉时置五仓……（德阳
县）山原肥沃，有泽渔之利"[71]，郡县设置密度亦仅次于成都平原。并且在西晋以后的流民之乱
和獠人入蜀过程中，受到的负面波及相对较小，因此也是梁、益二州内侨郡和侨县最集中的安置
区之一[72]，如南朝刘宋以后新置或侨置的新城郡北五城县（西魏改新城县）、始平郡（西魏改涪
城郡）涪城县、巴西郡阆中县、西宕渠郡的治所就都位于今绵阳、三台境内的涪水沿岸。另一方
面，通过涪水进出四川盆地的航行里程，相较于江水、雒水等，都明显更短[73]，使得在交通运输
的时效性和经济性上更加具备优势。因此，无论从文献还是考古发现看，这条交通线都展现出非
常繁荣的状态，是出入蜀的首选水道。

　　不过，成都出土的甲组瓷器可能并非经由江水、雒水输入，尽管二者都曾是桓温灭成汉、刘

裕二伐谯纵等大型军事活动的进攻路线，但它们相较于涪水，航行里程明显过长，在交通运输的时效性和经济性上不占优势，并且其主要流经的犍为郡、江阳郡，西晋以后是南中僚人北上进入四川盆地的必经通道，经济受摧残甚重，原来的汉文化区皆陷为僚区，没为蛮荒萧条之地（沿线至今罕见两晋以后的文化遗存，恰是这一历史背景在考古领域的反映），造成物资补给困难，更缺乏中转、休整场所，使得这两条水路都不具备开展远距离商贸往来的条件。考虑到成都与涪县（今绵阳）之间距离不远，地势亦相对平坦，且有历史悠久的金牛古道加持，因此成都出土的甲组瓷器或由东北方向输入。

至于川北广元地区出土的甲组瓷器，理论上最大的可能是经由西汉水从垫江（今合川）、江州（今重庆）等地输入，但西汉水下游的阆中、安汉（今南充）包括垫江（今合川）一带的相关考古发现极少，故这条输入路线是否成立还有待佐证。此外，还有一种可能，即通过沔水（今汉江）走荆门、襄阳、十堰、安康、汉中一线输入，这条交通线频见诸文献，如刘备入蜀之初，曾"遣（刘）封自汉中乘沔水下"[74]，与孟达会合后直取上庸（今湖北竹山西南），魏上庸太守申耽自知不是刘备对手，举城降蜀；《三国志·蜀志·蒋琬传》又言"（蒋）琬以为昔诸葛亮数窥秦川，道险运艰，竟不能克，不若乘水东下。乃多作舟船，欲由汉、沔袭魏兴、上庸"[75]，只因蒋琬后来患病，未能成行；《宋书·吴喜传》则载刘宋名将吴喜"遣部下将吏，兼因土地富人，往襄阳或蜀、汉，属托郡县，侵官害民，兴生求利……从西还，大艒小艒，爰及草舫，钱米布绢，无船不满。自（吴）喜以下，迨至小将，人人重载，莫不兼资"[76]。从汉中[77]、安康[78]、十堰[79]、襄阳[80]等地出土相当数量的汉六朝长江中游系统青瓷器的情况看，这条水陆交通线的商贸活动亦十分繁荣。

四　后续影响

长江中游的汉六朝瓷器进入四川地区后，对当地的社会生活至少产生了两个方面的影响：

其一，日用陶器的造型大量模仿瓷器（图五），这一做法在陶碗（钵）上体现得最为直观，如大平底或底部带饼足的直口弧腹碗（钵），完全取代了传统的敞口折腹或敛口弧腹碗（钵）。陶盘口壶肩部的带状纵系虽保留有地方特色，但整体造型仍显露出明晰的瓷器烙印，绵阳西山出土的个别陶盘口壶肩部甚至直接照搬瓷器上的方形桥系。另外，成都东华门、天府广场东北侧等地还能见到模仿瓷器的陶唾壶、陶砚台等遗物。

其二，长江中游的瓷器生产技术逐步渗透到四川本地的制瓷业中，尤以多齿间隔具、筒形支柱、筒形匣钵的应用最为突出（图六）。多齿间隔具在六朝时期的湘阴窑（岳州窑）、洪州窑中应用极其普遍。丰城一带的洪州窑大约始于西晋至东晋早期，盛行于东晋中晚期至南朝早期[81]。平面通常为圆环形，齿钉最多可达11只，成都青羊宫窑早在两晋时期的瓷碗内底就带有类似密集的齿钉粘痕。隋唐以后，多齿间隔具遍及四川地区青瓷窑场，青羊宫窑、瓦窑山窑、大渔村窑、尖山子窑、天福窑、牧马山窑、横山子窑等都能见到它的身影，尽管齿钉数量略有减少（一般为五齿或六齿），但整体仍可以看出明显的长江中游遗风，甚至到宋代以后，这类窑具仍在邛崃十方堂窑等少数地点继续发挥余热；筒形支柱的文化底蕴十分深厚，公元前5世纪左右，首先出现

图五　四川地区六朝时期仿瓷器造型的日用陶器

1～12.成都天府广场东北侧遗址出土陶碗　13、14.绵阳西山墓地出土陶壶　15.三台永明墓地出土陶壶　16.昭化宝轮院墓地出土陶壶

在长江下游的太湖周围、杭州湾和宁绍平原一带，以战国中期的浙江德清原始瓷和印纹硬陶窑场为代表[82]。汉六朝时期，湘阴窑（岳州窑）和洪州窑亦颇为流行，这类窑具在四川地区瓷窑大量出现于隋唐以后，如青羊宫窑、瓦窑山窑等，应是明确受到了长江中游地区的影响。湘阴窑和洪州窑在东晋中晚期至南朝早期都发明并应用了筒形匣钵，是中国古代瓷业技术发展史中的重要突破[83]。四川地区瓷窑的匣钵首见于邛崃十方堂窑，约在唐末五代，虽与湘阴窑和洪州窑存在着较长的时代间隔，但两地的匣钵形制几乎别无二致，应存在明确的承继关系。

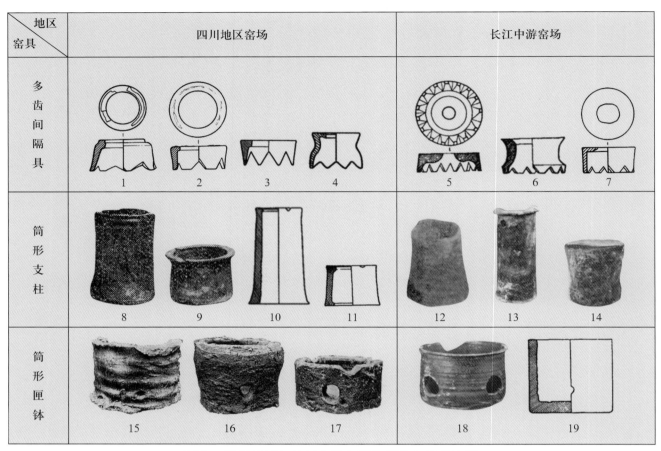

图六　四川地区与长江中游窑场的部分窑具对比图

1、2、8、9.成都青羊宫窑　3、4、10、11.邛崃瓦窑山窑　5、6、12、19.湘阴窑　7、13、14、18.丰城洪州窑　15～17.邛崃十方堂窑

注释：

[1] 既往主流观点参见陈丽琼：《试谈四川古代瓷器的发展及工艺》，《四川古陶瓷研究（一）》，四川省社会科学院出版社，1984年，第65～69页。陈丽琼：《四川古代陶瓷》，重庆出版社，1987年，第34～35页。何志国：《四川六朝瓷器初探》，《考古》1992年第7期。

[2] 沈仲常：《成都扬子山的晋代砖墓》，《文物参考资料》1955年第7期。

[3] 王毅、罗伟先：《成汉墓考古记》，《成都文物》1986年第2期。

[4] 成都文物考古研究所：《中海国际社区晋墓发掘简报》，《成都考古发现（2004）》，科学出版社，2006年，第116页。

[5] 成都市文物管理处：《四川成都曾家包东汉画像砖石墓》，《文物》1981年第10期。

[6] 四川省博物馆文物工作队：《四川新津县堡子山崖墓清理简报》，《考古通讯》1958年第8期。

[7] 丁祖春：《四川大邑县马王坟东汉墓》，《考古》1980年第3期。

[8] 成都文物考古研究院、双流区文物保护管理所：《成都华阳田家寺墓地》，文物出版社，2021年，第120页。

[9] 黄晓枫：《四川地区古代瓷业技术来源与发展探析》，《中国古代瓷器生产技术对外传播研究论文集》，浙江人民美术出版社，2014年，第133页。

[10] 刘雨茂、龚扬民:《金堂县伊顿小镇汉晋崖墓群》,《中国考古学年鉴·2012》,文物出版社,2013年,第382页。龚扬民:《四川金堂十里村崖墓群》,《大众考古》2018年第5期。

[11] 成都文物考古研究所、青白江区文物保护管理所:《成都市青白江区肖家窝崖墓群发掘简报》,《成都考古发现(2013)》,科学出版社,2015年,第458页。

[12] 成都文物考古研究所、青白江区文物保护管理所:《成都市青白江区花园村东汉崖墓群发掘简报》,《成都考古发现(2013)》,科学出版社,2015年,第500页。

[13] 成都市文物考古研究所、金堂县文物管理所:《成都市金堂县猫头山崖墓》,《成都考古发现(2003)》,科学出版社,2005年,第308～318页。

[14] 成都文物考古研究所:《成都天府广场东北侧古遗址发掘报告》,文物出版社,2016年,第15～135页。

[15] 成都文物考古研究院:《成都市东华门遗址汉六朝遗存发掘报告》,《成都考古发现(2017)》,科学出版社,2019年,第223～225页。

[16] 出土资料现存成都文物考古研究院。

[17] 出土资料现存成都文物考古研究院。

[18] 成都文物考古研究所:《成都市博物馆新址发掘简报》,《成都考古发现(2009)》,科学出版社,2011年,第375～413页。

[19] 成都文物考古研究院:《成都下同仁路——佛教造像坑与城市生活遗址发掘报告》,文物出版社,2017年,第119页。

[20] 绵阳博物馆:《四川绵阳西山六朝崖墓》,《考古》1990年第11期。

[21] 绵阳博物馆(何志国、唐光孝):《四川绵阳市园艺乡发现南朝墓》,《考古》1996年第8期。

[22] 绵阳博物馆、成都文物考古研究所:《绵阳崖墓》,文物出版社,2015年,第37页。

[23] 绵阳博物馆、成都文物考古研究所:《绵阳崖墓》,文物出版社,2015年,第216～242页。

[24] 绵阳博物馆、成都文物考古研究所:《绵阳崖墓》,文物出版社,2015年,第314～317页。

[25] 绵阳博物馆、成都文物考古研究所:《绵阳崖墓》,文物出版社,2015年,第319～322页。

[26] 石光明、沈仲常、张彦煌:《四川彰明县常山村崖墓清理简报》,《考古通讯》1955年第5期。石光明、沈仲常、张彦煌:《四川彰明佛儿崖墓葬清理简报》,《考古通讯》1955年第6期。

[27] 景竹友:《三台永明乡崖墓调查简报》,《四川文物》1997年第1期。

[28] 四川省文物考古研究院、三台县文物管理所:《绵遂高速公路(三台段)东汉至六朝崖墓发掘简报》,《四川文物》2014年第2期。

[29] 景竹友:《三台老马乡和里程乡出土的两晋南北朝文物》,《四川文物》1998年第6期。

[30] 四川省文物考古研究院、三台县文物管理所:《绵遂高速公路(三台段)果园山崖墓发掘简报》,《四川文物》2014年第4期。

[31] 四川省文物考古研究院、三台县文物管理所:《绵遂高速公路(三台段)后底山隋代崖墓群发掘简报》,《四川文物》2013年第5期。

[32] 德阳市文物考古研究所、什邡市文物保护管理所:《四川什邡市虎头山成汉至东晋时期崖墓群》,《考古》2007年第10期。

[33] 张彦煌、龚廷万:《四川昭化宝轮院屋基坡崖墓清理记》,《考古通讯》1958年第7期。沈仲常:《四川昭

化宝轮镇南北朝时期的崖墓》，《考古学报》1959 年第 2 期。

[34] 广元市文物管理所：《四川广元鞍子梁西晋崖墓的清理》，《文物》1991 年第 8 期。

[35] 吴小平：《西南地区出土的汉代瓷器及相关问题初探》，《南方民族考古（第十五辑）》，科学出版社，2018年，第 203 页。

[36] 成都文物考古研究院：《成都下同仁路——佛教造像坑与城市生活遗址发掘报告》，文物出版社，2017 年，第 119 页。

[37] 黄石林：《四川江油市青莲古瓷窑址调查》，《考古》1990 年第 12 期。

[38] 成都文物考古研究所、北京大学考古文博学院、邛崃市文物保护管理所：《四川省邛崃市大渔村窑区调查报告》，《成都考古发现（2005）》，科学出版社，2007 年，第 313 页。

[39] 南京大学历史系考古专业、湖北省文物考古研究所、鄂州市博物馆：《鄂城六朝墓》，科学出版社，2007 年，第 330 页。

[40] 韦正：《六朝墓葬的考古学研究》，北京大学出版社，2011 年，第 173 页。

[41] 权奎山：《论洪州窑的装烧工艺》，《考古学研究（四）》，科学出版社，2000 年，第 300～320 页。

[42] 权奎山：《洪州窑瓷器流布初探》，《中国历史文物》2008 年第 3 期。

[43] 权奎山：《洪州窑瓷器流布初探》，《中国历史文物》2008 年第 3 期。

[44] 如忠县大坟包 M1、忠县土地岩 BM15、忠县土地岩 AM5、忠县翠屏山 EM605、万州礁芭石 M15、万州胡家坝 IM1 等，参见重庆市文物局、重庆市移民局：《忠县仙人洞与土地岩墓地》，科学出版社，2008 年。重庆市文物局、重庆市移民局：《忠县翠屏山崖墓》，科学出版社，2011 年。重庆市文物局、重庆市移民局：《重庆库区考古报告集2001》，科学出版社，2008 年。重庆市文物局、重庆市移民局：《重庆库区考古报告集 2002》，科学出版社，2009 年。

[45] 荆门市博物馆：《荆门市麻城镇斗笠岗南朝墓发掘简报》，《江汉考古》2006 年第 2 期。

[46] 大冶市博物馆：《大冶市六朝墓清理简报》，《江汉考古》1997 年第 4 期。

[47] 湖北省文物考古研究所：《孝昌古坟岗墓地的发掘》，《江汉考古》1999 年第 3 期。

[48] 黄冈市博物馆：《黄冈铝厂南朝墓葬》，《江汉考古》1997 年第 4 期。

[49] 淮南市博物馆：《安徽淮南发现南朝墓》，《考古》1994 年第 3 期。

[50] 湖南省博物馆：《湖南资兴晋南朝墓》，《考古学报》1984 年第 3 期。

[51] 衡阳市文物处、耒阳市文物局：《湖南耒阳白洋渡汉晋南朝墓》，《考古学报》2008 年第 4 期。

[52] 湖北省文物考古研究所、鄂州市博物馆：《湖北鄂州市塘角头六朝墓》，《考古》1996 年第 11 期。

[53] 南京大学历史系考古专业、湖北省文物考古研究所、鄂州市博物馆：《鄂城六朝墓》，科学出版社，2007 年，第 126 页。

[54] 九江市博物馆：《江西九江黄土岭两座东晋墓》，《考古》1986 年第 8 期。

[55] 周世荣：《岳州窑青瓷》，渡假出版社有限公司，1998 年，第 23 页。周世荣、刘永池、周晓赤：《湖南湘阴东汉青竹寺窑发掘简报》，《香港考古学会会刊》1998 年，第 62～80 页。

[56] 湖南省文物考古研究所：《岳州窑》，湖南美术出版社，2011 年，第 79 页。周世荣、胡保民：《岳州窑新议》，延边大学出版社，2012 年，第 132 页。杨宁波：《湖南湘阴青竹寺窑址》，《大众考古》2018 年第 6 期。

[57] 北京大学中国考古学研究中心、江西省文物考古研究院、江西省丰城市博物馆：《丰城洪州窑址》，文物出版社，2018 年，彩版八、图版二一及二五。

[58] 湖南省文物考古研究所：《岳州窑》，湖南美术出版社，2011 年，第 105 页。

[59] 周世荣、胡保民：《岳州窑新议》，延边大学出版社，2012 年，第 156 ～ 157 页。

[60] 衡阳市文物处、耒阳市文物局：《湖南耒阳白洋渡汉晋南朝墓》，《考古学报》2008 年第 4 期。

[61] 湖南省博物馆（周世荣）：《从湘阴古窑址的发掘看岳州窑的发展变化》，《文物》1978 年第 1 期。

[62] 参见成都文物考古研究所、北京大学考古文博学院、邛崃市文物保护管理所：《四川省邛崃市大渔村窑址调查报告》，《成都考古发现（2005）》，科学出版社，2007 年，第 308 ～ 336 页。成都文物考古研究所、邛崃市文物局：《邛崃市尖山子窑址 2013 年调查简报》，《成都考古发现（2012）》，科学出版社，2014 年，第 403 ～ 419 页。四川大学历史系（林向）：《成都附近古窑址调查记略》，《文物》1966 年第 2 期。罗永祚：《新津县邓双乡发现古代窑址二处》，《文物参考资料》1957 年第 1 期。成都文物考古研究所、崇州市文物管理所：《四川崇州公议镇天福窑址考古调查简报》，《成都考古发现（2008）》，科学出版社，2010 年，第 436 ～ 454 页。

[63] 易立：《邛窑始烧年代考论》，《边疆考古研究（第 23 辑）》，科学出版社，2018 年，第 227 ～ 242 页。

[64] 陈丽琼：《四川古代陶瓷》，重庆出版社，1987 年，第 165 ～ 172 页。

[65] 林必忠：《合川七间青瓷窑址的调查》，《三江考古调查纪要》，1987 年，第 26 ～ 28 页。

[66] 四川省文管会、成都市文管会：《成都青羊宫窑址发掘简报》，《四川古陶瓷研究（二）》，四川省社会科学院出版社，1984 年，第 113 ～ 154 页。

[67] 四川省文物考古研究院、成都文物考古研究所：《成都十二桥》，文物出版社，2009 年，第 174 ～ 183 页。

[68] 刘雨茂：《成都中医科大学晋至唐代烧窑遗址》，《中国考古学年鉴·1998》，文物出版社，2000 年，第 223 页。

[69]（汉）班固：《汉书》卷二十八上，中华书局，1962 年，第 1597 页。

[70]（北魏）郦道元著，陈桥驿校证：《水经注校证》卷三十二，中华书局，2007 年，第 756 ～ 757 页。注文述及的涪水走向顺序颠倒、混乱且有谬误，本文在此引用时，做了调整和删减处理。

[71]（晋）常璩撰，刘琳校注：《华阳国志校注》，巴蜀书社，1984 年，第 69、145、254、262、266 页。

[72] 据胡阿祥先生的研究，东晋南朝巴蜀区的侨州郡县基本沿今广元、剑阁、绵阳、成都一线及涪江一线（今绵阳至重庆）分布，参见胡阿祥：《东晋南朝侨州郡县与侨流人口研究》，江苏教育出版社，2008 年，第 121 页。

[73] 今涪江上游通航处至重庆城区的水路里程约 460 千米，远少于沱江（上游通航处至重庆城区约 840 千米）和岷江（上游通航处至重庆城区约 730 千米）。

[74]（晋）陈寿撰，陈乃乾校点：《三国志》卷四十，中华书局，1959 年，第 991 页。

[75]（晋）陈寿撰，陈乃乾校点：《三国志》卷四十四，中华书局，1959 年，第 1058 页。

[76]（梁）沈约：《宋书》卷八十三，中华书局，1974 年，第 2114 页。

[77] 汉中地区出土的汉六朝瓷器参见王寿芝：《陕西城固出土汉晋宋瓷》，《文博》1991 年第 3 期。

[78] 安康地区出土的六朝青瓷器参见李启良、徐信印：《陕西安康长岭南朝墓清理简报》，《考古与文物》1986 年第 3 期。李启良：《陕西安康地区出土的青瓷器》，《考古与文物》1988 年第 1 期。

[79] 十堰地区出土的六朝瓷器参见湖北省博物馆：《湖北房县的东汉、六朝墓》，《考古》1978 年第 5 期。房县博物馆：《房县郭家庄南齐纪年墓发掘简报》，《江汉考古》1992 年第 3 期。武当山文物管理所：《武当山玉虚宫教兵场内南北朝墓葬清理简报》，《江汉考古》1997 年第 4 期。湖北省文物考古研究所、十堰市博物馆、丹江口博物馆：《丹江口市玉皇庙汉晋墓发掘简报》，《江汉考古》2001 年第 1 期。武汉大学考古系（曹昭、周青、王然）：《湖北郧县辽瓦店子遗址发现两座南朝墓葬》，《考古》2016 年第 4 期。

[80] 襄阳地区出土的六朝瓷器参见襄樊市文物管理处：《襄阳贾家冲画像砖墓》，《江汉考古》1986 年第 1 期。老河口市博物馆：《湖北老河口市李楼西晋纪年墓》，《考古》1998 年第 2 期。襄樊市考古队：《襄樊檀溪周家湾南朝墓》，《江汉考古》1999 年第 4 期。襄樊市文物考古研究所：《湖北襄樊市韩岗南朝"辽西韩"家族墓的发掘》，《考古》2010 年第 12 期。谷城县博物馆：《湖北谷城六朝画像砖墓发掘简报》，《文物》2013 年第 7 期。

[81] 北京大学中国考古学研究中心、江西省文物考古研究院、江西省丰城市博物馆：《丰城洪州窑址》，文物出版社，2018 年，第 262、263 页。

[82] 熊海堂：《东亚窑业技术发展与交流史研究》，南京大学出版社，1995 年，第 172 ～ 173 页。

[83] 权奎山：《从洪州窑遗址出土资料看匣钵的起源》，《文化的馈赠——汉学研究国际会议论文集·考古学卷》，北京大学出版社，2000 年，第 199 ～ 204 页。

六朝建康城长干里越城遗址出土岳州窑青瓷概述

陈大海、苏舒 *

摘要： 长干里越城遗址位于南京市中华门外，是一处涉及六朝都城诸多关键问题的遗址。近年的考古发掘发现越城垒、御道等重要遗迹，出土遗物中的青瓷数量巨大，具有重要研究价值。青瓷中有近三分之一的岳州窑产品，是湘阴本地窑址以外最为集中的一次发现，器类多样，制作精美，体现了岳州窑在施釉装饰技艺方面很高的成就。岳州窑产品在六朝都城流行的现象也一定程度上反映了六朝政治、经济、交通的面貌。

关键词： 长干里　越城　青瓷　岳州窑

一　遗址概况和青瓷出土情况

长干里位于六朝都城建康城[1]的南郊，本是秣陵县辖之一里，但由于地理位置特别重要，加上唐诗的传诵影响，早已成为南京的一个著名地理单元。《建康实录》注引《丹阳记》："其长干是里巷名，江东谓山陇之间曰干。建康南五里有山冈，其间平地，民庶杂居，有大长干、小长干、东长干，并是地里名。小长干在瓦官南，巷西头出江也。"[2]概言之，我们俗称的长干里的范围大致北以秦淮河为界，东、南皆依雨花台岗地，西临长江。在这个范围内，又因地势溪流划分为三个小的地理单元，分别为大长干、小长干、东长干。南京作为我国四大古都之一，第一批历史文化名城，其建城史的开端就是位于长干里的越城。越城滨江控淮，是越灭吴后，建立的为对抗楚国的重要军事据点。可见，长干里在南京主城地区开发与建置中，属于最早的区域之一。到了六朝建都，长干里早已人烟阜盛，并成为都城的南部门户，这在时人左思《吴都赋》等文学作品中也可见一斑。

长干里考古是南京城市考古的重要课题之一，自21世纪初以来，逐渐开展了十余项考古发掘工作并取得不少重要收获。其中自2017年年底开始的长干里越城遗址考古发掘，终于触及到了长干里区域的核心和关键。鉴于发现的重要价值，遗址将被规划保护起来，主动性发掘工作也将得以从容开展。所谓六朝长干里越城遗址（图一），因历史变迁及现代的开发建设，越城的北部和西部均在楼房等建筑之下，并未能包括越城原始地貌的全部；又因为现在片区拆迁的原因，却又可以包括越城以南长干里的大片区域。在长干里越城及东南这一区域的考古发掘收获，六朝的堆积显然是最为丰厚的，主要分为东晋和南朝两个时期的文化层。主要遗迹有东晋越城环壕、南朝长干御道以及东晋砖瓦窑、东晋南朝水井和灰坑、南朝末期墓葬等。

* 陈大海、苏舒：南京市考古研究院。

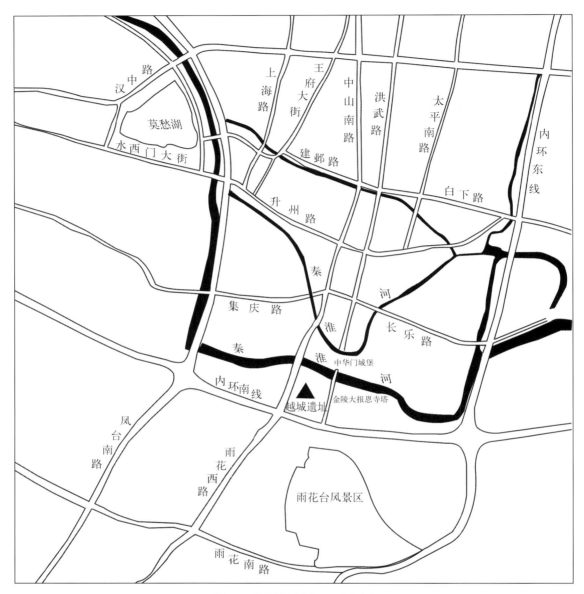

图一　越城遗址位置示意图

六朝时期，成熟青瓷成功创烧，并达到第一个繁荣期，是六朝考古的重要研究对象。长干里越城遗址出土了丰富的六朝遗物，其中以青瓷为大宗。青瓷几乎出现于任何一处六朝堆积中，不仅是地层的主要包含物，也是环壕、路沟、水井、灰坑等遗迹的主要出土物。器类丰富，几乎涵盖了所有生活类器皿。产地多元，包括越窑、洪州窑、岳州窑甚至岭南等多个窑口产品。其中，出土的岳州窑产品数量庞大、质量上乘，是除岳州窑产地外一次重要的考古发现。

二　出土岳州窑青瓷类型概述

岳州窑是唐代著名窑址之一[3]，位于湖南湘阴，因唐代该地属岳州管辖，故名为"岳州窑"。其历史最早可追溯至东汉时期，因窑址位于湘阴县，又称"湘阴窑"，是六朝时期长江中游著名的青瓷窑场。东晋南朝时期，该窑场发展尤为兴盛。该窑址目前开展的发掘工作并不多，目前已发掘的窑址有青竹寺窑址、湘阴窑等。

长干里越城遗址出土的岳州窑青瓷，主要见于东晋至南朝地层中。出土器类主要有碗、钵、盘、罐、高足盘、盘口壶、鸡首壶、盆、砚台、熏、器盖、瓶等。其中以碗、钵、盘、罐数量较多。本文遴选部分代表性标本，扼要介绍如下。

1.青瓷碗

根据口部形制不同，分为四型。

A 型　敛口，腹较深。

标本 TG21G2：117，圆唇，敛口，圆曲腹，下部内收，小圆饼足，底足中间刮削处一圈凹槽。浅灰胎，胎质疏松。青釉，玻璃质感较强。器身可见密集开片，局部见流釉及积釉现象。内壁施釉至口沿下方，外壁施釉至腹中部。口沿和腹部各饰一道弦纹，弦纹之间环饰花朵纹和之字形组合纹饰带。口径 14.4、底径 5.4、高 11.4 厘米（图二）。

B 型　直口。

标本 T8156J135：2，方唇，直口，腹部微曲，下部内收，小圆饼足，平底微内凹。灰胎，胎质疏松。青釉，器身可见密集开片，玻璃质感较强，内底和下腹部可见积釉。内壁满釉，外壁施釉至下腹部。口径 11.1、底径 3.6、高 7.6 厘米（图三）。

标本 TG2G2：76，方唇，直口，腹上部较直，下部内收，圆饼足，底足中间刮削处一圈凹槽。灰胎，胎质疏松。青釉，内壁泛黄。器身可见密集开片，玻璃质感较强，内底和下腹部可见积釉。内壁满釉，外壁施釉至下腹部。口径 11.7、底径 4、高 7.8 厘米（图四）。

C 型　敞口。

标本 T7957⑥：1，薄圆唇，敞口，腹微曲，下部内收，深腹，圆饼足。浅灰胎，胎体轻薄，胎质较致密。青釉，釉色匀净。器身可见密集开片，内底积釉，下腹部可见流釉现象。内壁满

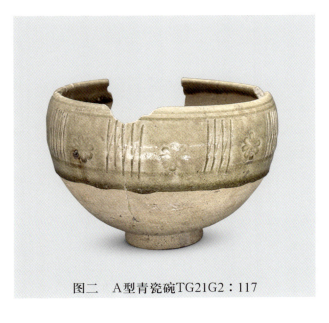

图二　A型青瓷碗TG21G2：117

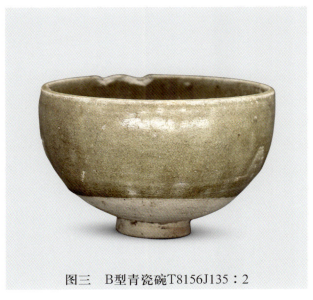

图三　B型青瓷碗T8156J135：2

釉，外壁施釉至足端。口径 9.6、底径 3.4、高 7.5 厘米（图五）。

标本 T8358 ⑥：3，方唇，口微敞，圆曲腹，下部内收，饼足。浅灰胎，胎质较疏松。青釉，釉层较厚，有积釉现象，内底和外壁下腹部积釉处呈深绿色。内壁满釉，外壁施釉近足端。外壁口沿处饰弦纹，其下剔刻出两层密集仰莲纹，莲瓣细长，有浮雕感。内壁划花，划有莲纹、松枝叶、荷叶等纹饰。口径 12.8、底径 4、高 9 厘米（图六）。

D 型　大碗。器形较大。

标本 TG15H209：1，方唇，大敞口，曲腹，假圈足内凹，体型较大。浅灰胎。青釉，泛黄。器身遍布细碎开片，内壁满釉，外壁施釉至下腹部。内壁口沿及腹中部各饰两组弦纹，其下分别刻划缠枝纹饰和莲花纹饰。内底和外底可见泥点支烧痕。口径 30、底径 12、高 13.3 厘米

图四　B型青瓷碗TG2G2：76

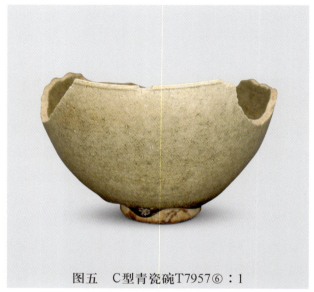

图五　C型青瓷碗T7957⑥：1

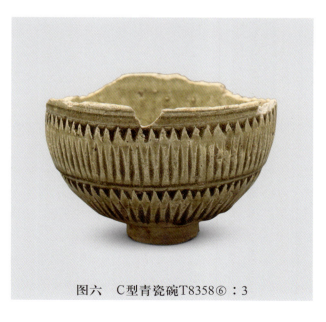

图六　C型青瓷碗T8358⑥：3

图七　D型青瓷碗TG15H209：1

（图七）。

2.青瓷钵

根据口部形制不同，分为两型。

A 型　敞口。

标本 T8154G5：468。尖圆唇，敞口，腹部微曲，圆饼足，底足矮大。灰胎，胎质较疏松。青釉，釉色泛黄。玻璃质感较强，釉色匀净，局部见细小开片。内外施满釉。外壁口沿下方有一道凹弦纹。内外底可见数枚支烧痕迹。口径 16.6、底径 10.8、高 6.7 厘米（图八）。

B 型　敛口。

标本 TG15H209：6，圆唇，口部内敛，腹部圆鼓，腹较深，圜底。灰胎，胎质较致密。

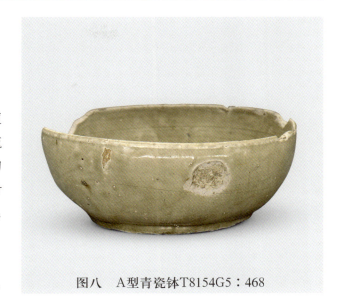

图八　A型青瓷钵T8154G5：468

青黄色釉，玻璃质感强，器身可见大量开片。釉色匀净，釉层较厚。内壁满釉，外壁施釉至下腹部。外壁口沿下方饰有两周凹弦纹。口径 14、底径 3.6、高 10.3 厘米（图九）。

标本 G5：290，尖圆唇，敛口，浅腹，大圆饼足。浅灰胎，胎质较致密，胎壁较厚。青釉，釉色青翠。釉色匀净，釉层较厚，有积釉现象，器身可见细小开片。内外施满釉。外底可见两处支钉痕迹。口径 8.2、底径 5.1、高 3.4 厘米（图一〇）。

3.青瓷盘

根据足部形制不同，分为两型。

A 型　平底。

标本 T6754J98：1，敞口，曲壁，腹极浅，内平底略凸。浅灰胎，胎质致密。青釉，内底有

图九　B型青瓷钵TG15H209：6

图一〇　B型青瓷钵G5：290

积釉现象，内壁可见开片。内侧近口沿处及外底中心各饰有一圈弦纹。内外底皆可见叠烧痕迹。口径 14.2、底径 8.4、高 1.5 厘米（图一一）。

标本 T7257⑥：1，敞口，浅曲腹，小平底略内凹。灰胎，器底胎体厚重，胎质疏松。青釉，内壁满釉，外壁施釉不及底。釉面玻璃质感强，可见大量开片。内侧口沿处饰有两圈弦纹，内底饰一圈弦纹，弦纹内刻划双重四瓣四线莲瓣纹，中间饰有莲蓬纹，莲蓬的六个莲子由两个重圈纹构成。外底可见三处支钉垫烧痕。口径 14.2、底径 5.6、高 2.6 厘米（图一二）。

B 型　饼足。

标本 T5642⑥：1，敞口，浅曲腹，饼足。浅灰色胎，胎体厚重，胎质较疏松。青釉，玻璃质感强，可见大量开片。内壁满釉，外壁施釉近足端。内侧口沿处饰有一圈弦纹，内底饰一圈弦纹，弦纹内刻划双重四瓣四线莲瓣纹，中间饰有莲蓬纹，莲蓬的六个莲子为圆圈纹。内底可见三处支钉痕。口径 13.1、底径 7、高 3.2 厘米（图一三）。

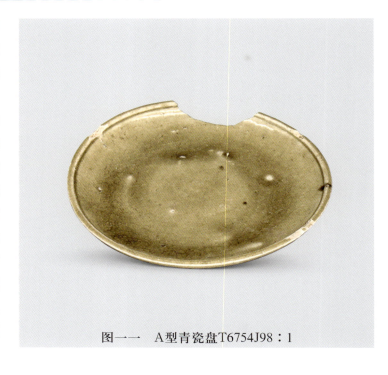

图一一　A型青瓷盘T6754J98：1

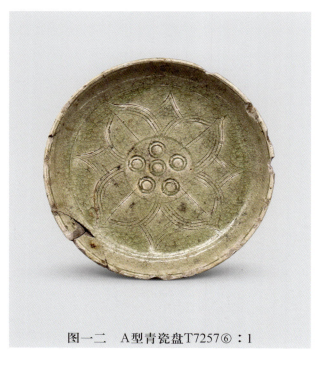

图一二　A型青瓷盘T7257⑥：1

图一三　B型青瓷盘T5642⑥：1

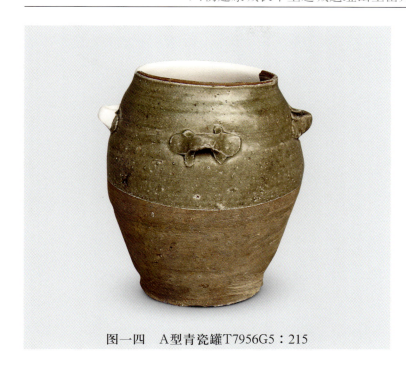

图一四　A型青瓷罐T7956G5：215

4.青瓷罐

根据腹部等形制不同分为三型。

A型　矮直口，深腹，器形较为瘦高。

标本 T7956G5：215，圆唇，矮直领，肩部置四横系，深腹微鼓，平底。深灰色胎。青釉，釉面有杂质。内壁施釉至口沿处，外壁施釉至腹中部。口径 10.5、腹径 15、底径 10、高 18.1 厘米（图一四）。

B型　敞口，腹部圆鼓。

标本 T6046⑥：1，方唇，直口微侈，领略高，鼓腹，小平底。肩上置横向半环形双复系，另两侧为单系。灰胎，胎质较疏松。青釉，釉色

略深，玻璃质感较强。内壁施釉至颈部，外壁施釉至下腹部。肩部饰两圈弦纹。口径 14.6、腹径 18.8、底径 9、高 17.4 厘米（图一五）。

C型　莲瓣纹小罐。

标本 T7455H80：5，尖唇，矮领，扁圆鼓腹，圆饼足，底足剔一道深凹弦纹。肩部置四横向半环形纽，腹部浮雕覆莲纹。灰胎，胎质较疏松。青釉，器身可见大量开片。内壁施釉至颈部，外壁施釉至下腹部，莲瓣尖处有积釉。肩部饰有两周弦纹装饰，印记较浅。口径 4.9、腹径 12、底径 5.1、高 8.7 厘米（图一六）。

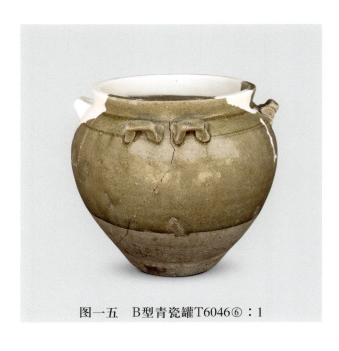

图一五　B型青瓷罐T6046⑥：1

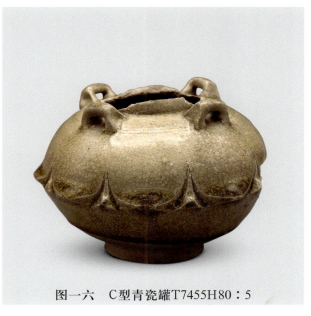

图一六　C型青瓷罐T7455H80：5

5.青瓷高足盘

浅盘，下承以喇叭状圈足。依据器形形体的大小，分为两型。

A 型　器形较大，胎壁厚重。

标本 TG2G2：28，尖圆唇，敞口。灰色胎，胎质较致密。青釉泛黄，玻璃质感强。釉层较薄，施釉至把足中部。折腹处和施釉线处积釉。通高 11.1、口径 13.6、足径 9 厘米（图一七）。

B 型　器形较小，胎壁较薄。

标本 TG6G12：13，尖圆唇，侈口。灰白色胎，胎质较疏松。青釉，玻璃质感较强。有密集开片，施釉不及底。盘内底中部饰有弦纹一圈，其内饰有花朵纹，弦纹外圈间饰一周忍冬花及圆圈纹。高足深，刻数道弦纹。通高 10、足径 6.3 厘米（图一八）。

图一七　A型青瓷高足盘TG2G2：28

图一八　B型青瓷高足盘TG6G12：13

6.青瓷杯

根据口部形制分为两型。

A 型　敛口，曲腹。

标本 TG6⑥：3，方唇，口部内敛，曲腹，小圆饼足。浅灰胎，胎质较疏松。青釉，釉色匀净。内壁满釉，外壁施釉至腹中部。釉面可见密集小开片，且有流釉现象。口径 8.2、底径 2.8、高 5.7 厘米（图一九）。

标本 TG2G2：87，圆唇，敛口，圆曲腹，小平底。灰胎，胎质较疏松。青釉，泛褐色。内壁满釉，外施釉至腹下部。外壁口沿下饰一圈弦纹，其下腹部间隔环饰一周篦划竖线纹和花朵纹。口径 5.6、底径 2.8、高 5.7 厘米（图二〇）。

B 型　直口。

根据腹部形制不同，分为两个亚型。

Ba 型　腹部较直，下部弧收。

标本 T8152H186：6，圆唇，直口，腹部上部较直，下部内收，小圆饼底，底足略内凹。灰

胎，胎质较疏松。青釉，釉色匀净。器身大开片
和小开片交织。釉层较厚，玻璃质感较强，下腹
部有积釉。内壁满釉，外壁施釉近足端。口径6.8、
底径3、高4.8厘米（图二一）。

Bb 型　腹部整体曲弧。

标本 TG24 ⑥∶10，方唇，直口，曲腹，上部
较直，下部斜收，小圆饼底。浅灰胎，胎质较为疏
松。青釉，内壁釉色较深，外壁则较浅，玻璃质感
较强。内底积釉处呈现绿玻璃状态，腹下部有流积
釉。内壁满釉，外壁施釉至下腹部。外底可见粘沙
痕。口径8.8、底径3、高6厘米（图二二）。

C 型　敞口。

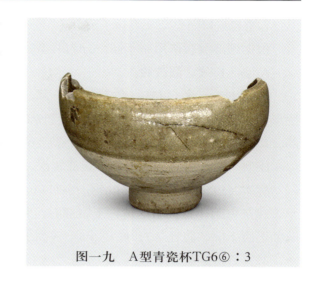

图一九　A型青瓷杯TG6⑥∶3

标本 T5956G17∶21，圆唇，敞口，腹部微曲，小圆饼足。浅灰胎，胎质较疏松。青釉泛黄。
内壁满釉，外壁施釉至下腹部。器身可见密集开片，有流釉现象。外底刮出一小圈圆环。外侧口
沿下方饰有一圈弦纹。口径7.3、底径3、高4.8厘米（图二三）。

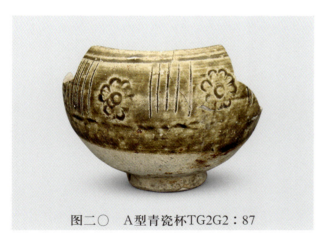

图二〇　A型青瓷杯TG2G2∶87

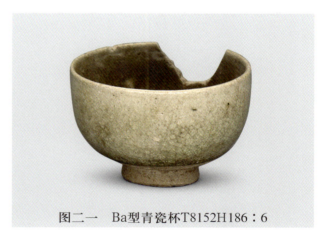

图二一　Ba型青瓷杯T8152H186∶6

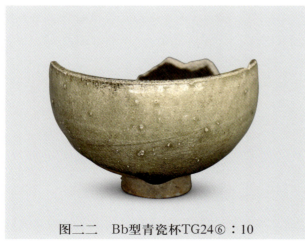

图二二　Bb型青瓷杯TG24⑥∶10

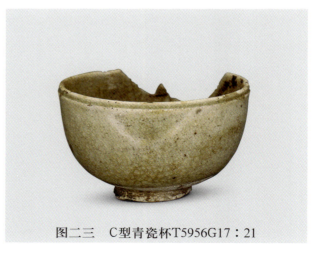

图二三　C型青瓷杯T5956G17∶21

7.青瓷盘口壶

根据颈部及腹部形制不同，分为两型。

A 型　长颈，圆鼓腹。

标本 J23：5，口残，竹节状细长颈，圆肩，鼓腹，腹下部内弧收，平底。肩部置四个横向桥形纽。灰白色胎，胎质较致密。青色釉，器身可见密集开片。内施釉至颈部，外施釉至腹下部。口径 12.6、腹径 19、底径 10.4、高 26.2 厘米（图二四）。

B 型　小盘口壶，矮束颈，腹部较深。

标本 T5956G17：23，口残，小盘口，矮束颈，深腹呈橄榄形，平底。肩部置四个半环形横系。浅灰色胎。青釉略泛黄，下腹部有流釉现象，器身可见密集开片。内壁施釉至口沿处，外壁施釉至腹下部。腹径 7.7、底径 5.3、残高 11.3 厘米（图二五）。

8.青瓷鸡首壶

发现标本数量较少，可修复件少。

标本 T7855G5：527，只余腹部以上。圆唇，盘口，筒形颈，圆肩，肩部一侧置泥条龙柄把手，另一侧饰长颈鸡首，鸡首与龙柄之间对称置两桥型系，圆鼓腹，平底。灰白胎，胎质较致

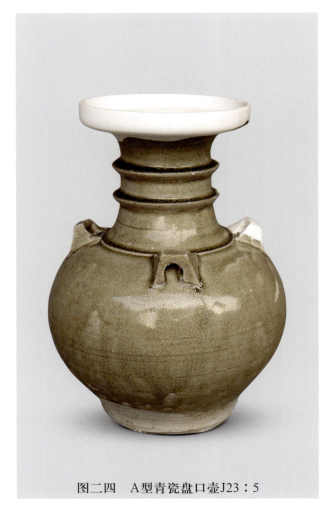

图二四　A型青瓷盘口壶J23：5

图二五　B型青瓷盘口壶T5956G17：23

密。淡青色釉，施釉匀净，器身可见密集开片。内施釉至颈部，外残余处均施釉。肩部饰有一圈弦纹。残高19.2厘米（图二六）。

标本T7954G5：517，口残，流、柄缺。盘口，细长筒形颈，圆肩，圆鼓腹，平底。口沿至肩部应装有把手。左右两肩各置一桥形纽。灰胎，胎质较疏松。青釉，施釉不均匀。内施釉至颈部，外几近满釉。肩部系间饰有两圈弦纹。外底部有数个支钉痕迹。残高23.1、腹径20、底径13.6厘米（图二七）。

9.青瓷盆

仅发现1件。

标本T8154G5：475，圆唇，侈口，浅弧腹，上腹较直，下腹圆曲，平底。浅灰色胎，胎质较疏松。酱釉，施釉不均，内满釉，外施釉不及底。内壁刻划粗放水波纹和弦纹，间隔交替，共三组。盆外腹中部饰数道弦纹。盆内底可见支钉痕。口径26.2、底径14.4、高9.5厘米（图二八）。

10.青瓷唾壶

盘口，大平底，口沿及颈部大都残。根据腹部形态可分为两型。

A型　束颈，圆鼓腹。

标本T8154G5：1259，盘口残，束颈，溜肩，扁鼓腹，圆饼足。浅灰色胎，胎质较为疏松。青釉，施釉不匀，器身可见密集开片。内壁满釉，外施釉不及底。腹径20.8、底径15.6、残高14.3厘米（图二九）。

B型　垂腹。短束颈，腹部下垂。根据腹部形制不同，分为两个亚型。

Ba型　垂圆腹。

标本TG6⑥：4，盘口残，短束颈，溜肩，垂腹，圆饼足。灰白色胎，胎质较为致密。青釉泛黄，器身可见大量开片。外壁施釉至腹下部，内施釉至颈部。最大腹径13.8、底径11.7、残高

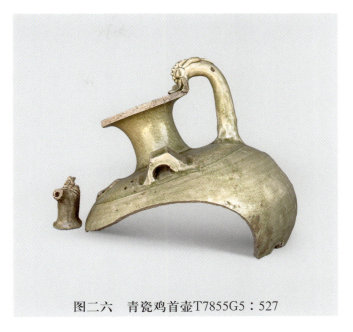

图二六　青瓷鸡首壶T7855G5：527

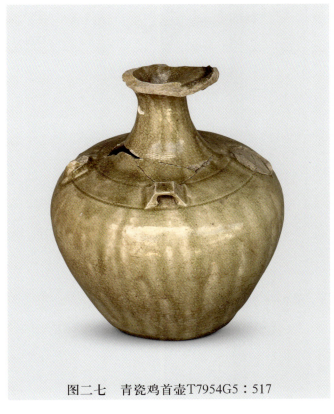

图二七　青瓷鸡首壶T7954G5：517

图二八　青瓷盆T8154G5：475

图二九　A型青瓷唾壶T8154G5：1259

图三〇　Ba型青瓷唾壶TG6⑥：4

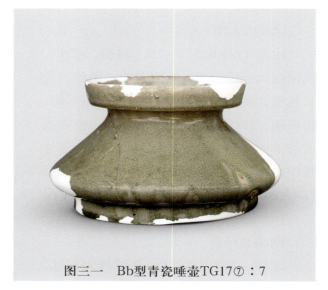

图三一　Bb型青瓷唾壶TG17⑦：7

11厘米（图三〇）。

Bb型　垂扁腹。

标本TG17⑦：7，盘口残，短束颈，扁鼓腹急斜收，饼足。浅灰胎，胎质较为致密。青釉，有密集开片。外施釉近足端，内满釉，施釉不均匀，下腹部有流釉现象。口径16.7、最大腹径24.9、底径19.3、通高13.9厘米（图三一）。

11.青瓷灯

由碗、托座两部分组成。

标本T8154G5：485，由碗和托座两部分组成。碗，口微敛，圆唇，微鼓腹，腹较深，平底。外壁近口沿处饰两圈弦纹，内底中心饰一圈凹弦纹。托座，由碟形托口、筒形柱和底座构成，底座器形似浅腹钵。浅灰色胎，胎质致密。青釉，除托座外壁下部至外底部未施釉，其余部分皆施釉，施釉均匀，玻璃质感较强。口径12.2、底径9、高13厘米（图三二）。

图三二　青瓷灯T8154G5：485

图三三　青瓷灯T5446H316：1

标本 T5446H316：1，外形酷似高足杯。圆唇，口微敞，曲壁，下承喇叭状足，足把较细矮，足略外折平伸。灰白色胎，胎质较为致密。青釉泛黄，玻璃质感较强。内壁满釉，外壁施釉不及足。釉面可见细碎开片，施釉较为均匀。内侧近口沿处饰一组弦纹，内壁均匀间隔戳印忍冬花和圆圈纹，其间可见虚线半圆纹饰，内底刻圆，圆内饰宝相花。口径 11.1、底径 4.5、高 7.5 厘米（图三三）。

12. 青瓷砚台

多足砚。标本 TG4 ⑥：13，圆唇，直口，浅腹，砚面宽平微凸，四周有浅凹槽用于储水。外腹壁中部塑一道凸棱，残余三蹄状足。灰白色胎，可见杂质和气孔。青釉，玻璃质感较强，有密集开片，施釉不均，釉层较薄，除内底不施釉外，余均施釉。外底边缘饰两周弦纹。外底残余十处块状支烧痕迹。口径 28.3、残高 6.4 厘米（图三四）。

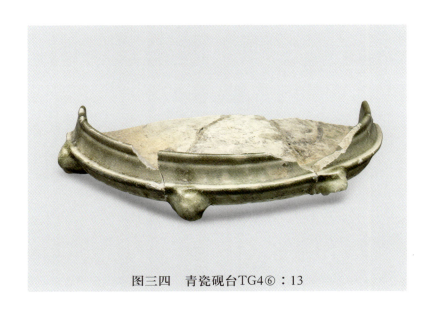

图三四　青瓷砚台TG4⑥：13

13. 青瓷器盖

根据形制不同，分为四型。

A 型　喇叭形器盖。

标本 TG2 ⑦：1，器身呈喇叭形，中间塑有一花苞形纽。灰白色胎，胎质致密。青釉，釉色匀净，器身可见密集开片，盖面满釉，盖内施釉至口沿处。盖面纽向外至口沿处，分别饰菊瓣划花纹饰、一组弦纹和一周半圆圈纹。口径 9.8、高 3.9、底径 3 厘米（图三五）。

B 型　盖面曲弧，口沿下折。根据有无子口，分为两个亚型。

Ba 型　有子口。

标本 T8154G5：569，盖面略斜弧，中部置一宝珠形纽，口沿下折成敞口。浅灰胎，胎质较致密。青釉，釉层较厚，有密集开片，内外皆满釉。盖面饰有两圈弦纹。子口径 14.4、母口径19、高 6.3 厘米（图三六）。

Bb 型　无子口。

标本 J16：14，盖面斜弧，中部置锯齿状方框形纽，口沿下折成直口，母口。浅灰色胎，胎质较为疏松。淡青色釉，外施釉不及口沿，内不施釉，施釉均匀，有密集开片。纽外围和腹下部各饰一组凹弦纹。盖内发现一圈垫烧痕。口径 9.8、高 3 厘米（图三七）。

图三五　A型青瓷器盖TG2⑦：1

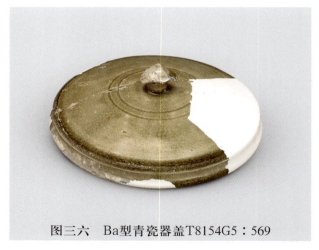

图三六　Ba型青瓷器盖T8154G5：569

图三七　Bb型青瓷器盖J16：14

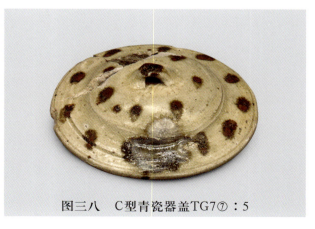

图三八　C型青瓷器盖TG7⑦：5

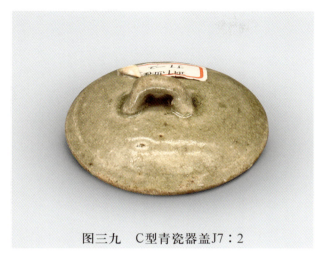

图三九　C型青瓷器盖J7：2

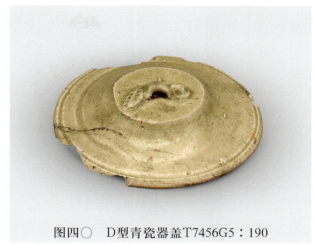

图四〇　D型青瓷器盖T7456G5：190

C型　盖面曲弧，口沿平伸。

标本TG7⑦：5，盖面微弧，中部置半环形纽。浅灰色胎，胎质较疏松。青釉泛黄，有密集开片。盖面满釉，盖内不施釉。盖面密布点彩。口径10.6、高3.4厘米（图三八）。

标本J7：2，口沿稍残。半环形纽，盖微鼓。灰白色胎，胎质较致密。青釉，有密集开片。盖面满釉，盖内不施釉。盖内一圈有支烧痕迹。口径7.1、高2.5厘米（图三九）。

D型　盖顶平坦，下盖面浅弧。

标本T7456G5：190，盖面平坦，盖顶为一平台，中部置半环形纽，下盖面斜直微内弧，口沿平伸。灰白色胎，胎质较致密。淡青釉，有密集开片。盖面满釉，盖内不施釉。口沿处饰一圈凹弦纹。口径9.2、高2.5厘米（图四〇）。

14. 青瓷香熏

香熏，由托座和炉体两部分组成。

标本TG1G5：91，炉体部分，方唇、短颈、鼓腹，平底。腹上部间隔环饰三对对称的月牙和三个三角形气孔，下承盘形托座。托座部分，由碟形托口、筒形柱和盘底构成。浅灰色胎。青釉，釉面光润。器物除托座外底未施釉，其余部分皆施釉。口径8.6、底径12.8、高14厘米（图四一）。

15. 青瓷瓶

器形罕见。

标本J40：3，喇叭口，竹节状长细颈，深弧腹近橄榄形，平底，饼形足。灰白色胎。淡青色釉，釉色匀净，器身可见密集开片，有流釉现象。内施釉至颈中部，外壁施釉不及足。肩部与下腹部分别刻覆莲纹和仰莲纹，中间刻

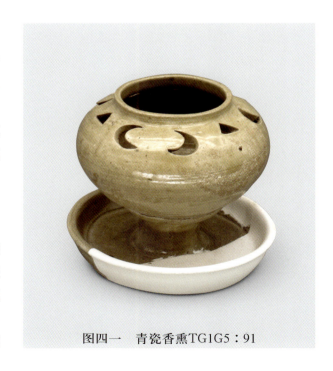

图四一　青瓷香熏TG1G5：91

图四二　青瓷瓶J40：3

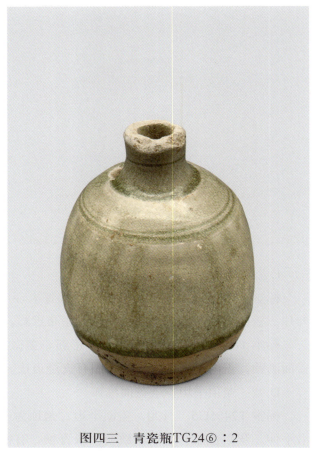

图四三　青瓷瓶TG24⑥：2

卷草纹。腹径 11.2、底径 6.8、高 27.3 厘米（图四二）。

　　标本 TG24 ⑥：2，口部残。细长束颈，椭圆形腹，圆饼底。灰白色胎，胎质较致密。淡青色釉，釉色匀净，有密集小开片。内壁施釉至口沿，外壁施釉至腹下部。肩部饰有两圈弦纹。腹径 8.5、底径 5.6、残高 11.8 厘米（图四三）。

　　16. 青瓷三足炉及托盘

　　三足炉

　　标本 T7455H80：19，口沿、腹部残，足及托盘缺失。敞口，直壁，圆筒状深腹，平底。三足下应承接浅盘，该部分缺失。灰白色胎，胎质较疏松。青釉，釉层厚，内底积釉呈深绿色，玻璃质感强。施釉均匀，釉面可见大量开片。残高 5.1 厘米（图四四）。

　　三足炉托盘

　　标本 T7455H80：3，敞口，浅腹，平底。灰白色胎，胎质较为疏松。青釉，釉层较厚。釉面有密集开片。口径 14.4、底径 13.3、高 2.2 厘米（图四五）。

　　17. 青瓷莲花形器座

　　标本 T7252J30：12，器身及底座残。器身下承浮雕式覆莲纹器座，底部有环形厚台底承接，器身中空。灰白色胎，胎质较为致密。青釉，施釉不及底，釉面玻璃质感强。莲瓣根部饰一组弦纹，台底饰两组弦纹。残高 8.2、底径 14.5 厘米（图四六）。

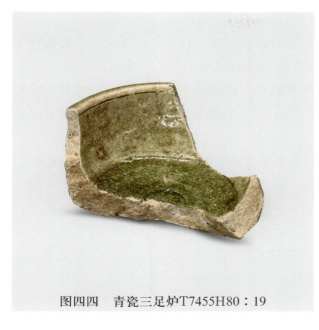

图四四　青瓷三足炉T7455H80：19

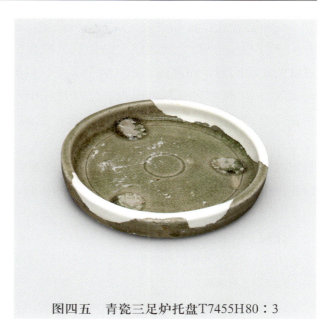

图四五　青瓷三足炉托盘T7455H80：3

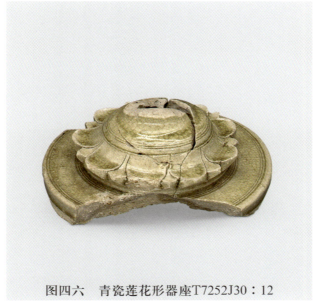

图四六　青瓷莲花形器座T7252J30：12

三　结语

六朝长干里越城遗址出土岳州窑青瓷制品数量多、种类丰富，产品质量上乘、制作独具匠心，为研究遗址性质和内涵提供了重要实物资料。一部分产品属于定制专用，服务于首都政治经济需要；一部分产品具有浓厚佛教文化因素，应是佛寺法器，符合长干里佛寺林立的历史记载。

青瓷是六朝遗址分期的判断标尺，青瓷制品造型、装饰、技法的演变反映了六朝社会生活文化的发展规律。通过此次整理，可以更加明确岳州窑部分青瓷器形的出现时间，弥补了仅凭窑址判断青瓷时代的缺陷。

岳州窑青瓷在首都建康呈现的这种高端定制的现象反映了几个方面的问题。

（1）荆扬二州之间水路交通便利，岳州窑产品自身品质优良，具有不可替代性，是流行于都城的重要因素，而荆扬二州的竞争关系，可能在客观上刺激了岳州窑提高竞争力。

（2）岳州窑青瓷折射出荆扬之争过程中两地间的物质文化的交流和互相影响，特别明显的是在佛教文化上，遗址出的岳州窑部分产品如净瓶、圈底钵、大碗及部分纹饰都是为佛教寺院服务的。

（3）通过建康城典型遗址出土青瓷的观察，可发现东晋南朝时期长江流域窑业格局的变化，即长江中游窑业的崛起与长江下游窑业的相对衰落。

注释：

[1] 吴称建业，西晋改为建邺，后因避愍帝"司马邺"讳，改为建康，南朝沿用不变。

[2]（唐）许嵩撰，张忱石点校：《建康实录》卷二《太祖下》，中华书局，1986年，第44页。

[3] 周世荣、周晓赤：《岳州窑》，湖南美术出版社，2011年。

试论唐代的高温釉上彩和双层釉技术

崔剑锋 *

摘要：唐代的瓷器生产在"南青北白"的大格局下，南北方都有窑口生产多色釉或彩瓷。根据我们对长沙窑彩瓷和白釉绿彩瓷、唐青花、鲁山花釉、邛崃窑类钧瓷等的科技分析表明，无论彩瓷或者多色釉瓷，实际上都是一种底釉上施面釉（彩釉或彩斑其实都是釉浆）的技术。彩瓷实则为用调入彩料的面釉在底釉上绘制规则的图案；而花斑则是使用面釉绘制不规则的斑状图案；乳浊分相釉则是将面釉罩在底釉上面。无论如何三者都是将一种釉涂覆在另一种釉上面，都是利用二者互溶性不好的原理，形成自己想要的效果。唐代窑工使用双层釉（多层釉）的目的是更简单的制作出自己想要的效果，更容易的烧成产品，提高成品率，降低生产成本。

关键词：唐代　高温釉上彩　高温色釉　双层釉技术

一　简介

唐代是我国陶瓷技术和艺术的高峰之一，这个时期除了传统认知的形成了"南青北白"格局之外，南方、北方都创烧了许多新的品种[1]。其中南方的代表为湖南长沙窑，除了烧造传统的青瓷外，还创烧了铜着色的高温彩瓷和乳浊绿釉瓷器；而北方则以巩义窑为代表，除了和邢窑并称为北方两大白瓷窑，巩义窑最重要的创新是"唐青花"和"唐三彩"的烧造，特别是"唐青花"，被学界认为是青花瓷的起源[2]；除了这两个窑外，还有不少瓷窑也都因烧造一些特殊品种驰名天下，包括生产品种与长沙窑类似的四川邛崃窑，二者被称为"姊妹窑"[3]，其在晚唐五代创烧了所谓的"类钧瓷"；还有被认为是钧釉的早期起源的河南鲁山段店窑生产的"鲁山花釉"[4]等。这些瓷器品种的创烧，改变了当时流行的青、白、黑等单色釉的单调外观，使得陶瓷的色彩、图案和外观更加丰富多彩。

通常认为这些新的品类和后世的类似品种采用了同样的工艺，如长沙窑的彩瓷和巩义窑的唐青花都被认为是后世釉下黑彩或者釉下青花等釉下彩瓷器工艺的开端[5]；而鲁山花釉则被认为是钧釉等"窑变釉"的起源等[6]。但仅凭肉眼观察不一定能够完全确定这些彩瓷或窑变釉的彩绘或者施釉工艺，最近张兴国等学者对长沙窑彩瓷的科技分析即改变了之前的普遍认识，确定长沙窑的彩瓷实际上可能是釉上彩瓷[7]。另外，对于钧窑等"窑变釉"的认知，大多数学者认为釉层成分、烧成气氛、烧成温度等因素是导致窑变的主要原因[8]，但这些因素除了釉层成分（釉层配方）之外，其他因素都不是人为可控的[9]，这样就不易保证烧成成品率，因此是否古代工匠会选

---
* 崔剑锋：北京大学中国考古学研究中心。

择更为简单易行且效率更高的方法，这都是值得思考的问题。

本文总结了最近对唐至五代的上述几种瓷器工艺的科技分析结果，可以发现古代窑工实际上是通过很简单的方法，就可以在保证生产率的条件下，实现自己对产品的要求。

二　唐代的高温釉彩瓷的彩绘工艺研究

唐代是高温彩瓷的肇始期，巩义窑唐青花、长沙窑铜绿彩瓷等闻名天下，成为这两处窑址最重要的外销品种。唐代的这类彩瓷通常被认为是釉下彩，也被当作宋金及以后的高温釉下彩工艺的起源。然而最近的研究表明，长沙窑类似的彩瓷可能是釉上彩工艺。针对该问题，我们亦曾分析过峡窝唐墓的两件唐青花塔式罐和长沙窑的白釉绿彩瓷，结果如下。

1. 郑州峡窝唐青花彩绘技法的研究

2006 年，郑州市文物考古研究院在郑州市上街区峡窝镇发掘了一座唐代墓葬（ZSL0610M7），墓中出土了 5 件重要瓷器，包括 3 件白瓷罐和 2 件青花塔式罐[10]。其中 2 件青花塔式罐（图一）的发现，对于了解唐青花的制作工艺和技术水平提供了极其重要的实物材料，是迄今为止发现体型最大的唐青花实物。

在郑州市文物考古研究院大力支持下，北京大学考古文博学院科技考古实验室和郑州市文物考古院通力合作，使用便携式 XRF 对这两件塔式罐和其罐盖进行了成分分析，从而使我们对唐青花彩绘工艺有了初步了解。

由于便携式 XRF 无法测试陶瓷中的硅、铝、钠、镁等主量元素，仅分析了钙、钾、铁等与釉层相关的主量元素。图二是青花部分和白釉部分钙—钾二元散点图。

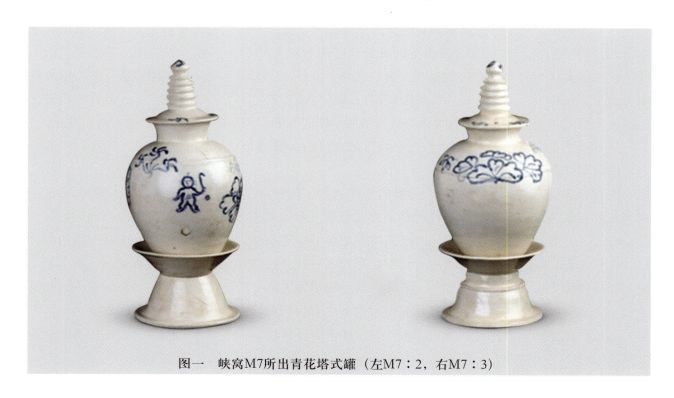

图一　峡窝 M7 所出青花塔式罐（左 M7：2，右 M7：3）

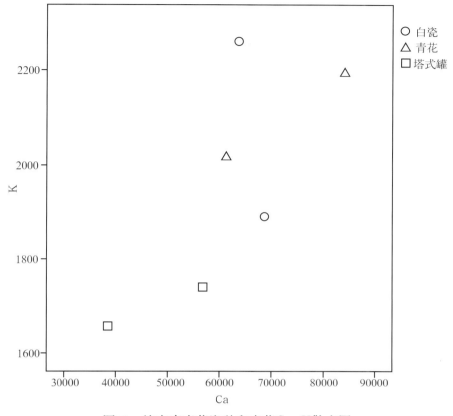

图二　峡窝唐青花瓷釉和青花Ca-K散点图

从图二中可以看到，白瓷和塔式罐均为钙釉，而非邢窑以及定窑白瓷所使用的钙碱釉[11]。这一点符合之前对于巩义窑白瓷的釉层分析判断。因此白釉的主要配方应为黏土和草木灰。这种情况符合当时的巩义窑白釉的配釉特点。而通过 Ca 含量折算的 CaO 含量约在 10% 以下，草木灰用量则约为总重的 20%。

需要指出的是，塔式罐的釉与青花部分 Ca 和 K 的含量并不一致，且与元明清时期青花瓷器情况不同，青花部位的 Ca、K 含量高于白釉部分。而晚期青花由于使用的青花料不含 Ca、K，因此通常情况下青花部位的 Ca、K 含量略低于白釉的部位。这种情况反映此件唐青花塔式罐的青花绘彩方式可能不同于晚期青花，在配制青花料时可能加入了助熔剂含量高的釉浆。另外，通常认为青花都是釉下彩瓷器，即在胎体表面绘制青花，再施加釉。但从本次分析看，唐青花也许并非如此，而可能属于"釉上彩"高温瓷。即唐青花在施彩的时候，是在施过釉后，再用加入钴料的釉浆绘彩在底釉的表面，然后入窑烧成。由于钴料并不是纯的矿物料，而是一种以高温釉为基础釉的蓝色彩釉，高温烧成后会和周边的釉熔融在一起。

从照片（图三）可以看出，彩的部分密布小坑，很像是彩料掉落造成釉面的破损形成的，形成原因可能是由于粒度较大的钴料颗粒高温无法完全熔解至釉中，而在烧好后凸出釉面掉落所致。当然以上的推论还需更仔细的显微观察并结合一些重要的分析测试才能确定。

总之，我们的分析结果表明唐青花的绘彩方式可能并不同于晚期的青花，并不属于真正的釉下彩，而更接近高温釉上彩。而且使用的钴料可能需要和釉浆混合使用，而并不是纯的钴料矿

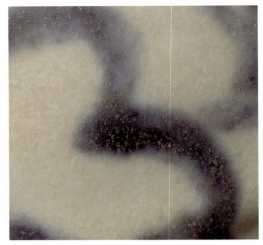

图三　塔式罐青花部位放大

物。这类似于后期的低温釉上彩的施法。同时，为了保证烧成质量，钴料所用釉浆助熔剂含量显著高于基础白釉助熔剂的含量，使得熔融温度低于白釉部分的熔融温度，从而保证了蓝彩的烧成率。当然唐青花更详细的烧造技法和原料配方需要使用更多的科学手段更仔细的加以分析才能得出结论。

2.长沙窑绿彩施彩方式的分析

长沙窑彩瓷的绘彩方式是近年来陶瓷考古研究的热点问题之一，之前的研究普遍认为长沙窑是釉下彩，但最近则通过显微观察、扫描电镜等分析提出长沙窑更可能主要采用了釉上施彩的方式。实际上我们认为，究竟是釉上还是

图四　长沙窑褐绿彩青瓷残片（编号H10③：1）

釉下施彩，较为简单的判别方式是如上述对唐青花那样，直接对比釉彩部分的化学成分就可以一窥端倪。以下是我们对一件褐绿彩长沙窑样品（图四）的分析结果[12]。

我们使用ED-XRF分析了不同部位的主要化学组成，结果参见表1和图五。

表1　H10③：1成分分析结果（质量%）

	Na_2O	MgO	Al_2O_3	SiO_2	P_2O_5	K_2O	CaO	TiO_2	MnO	Fe_2O_3	CuO
褐色边	1.38	2.39	11.78	54.5	2.04	1.22	15.1	0.62	0.34	8.58	2.06
绿色部分	0.62	0.54	11.84	61.96	1.09	1.34	16.5	0.77	0.4	2.62	2.32
釉	0.64	2.97	13.34	62.84	0.83	1.84	14.31	0.58	0.42	2.24	

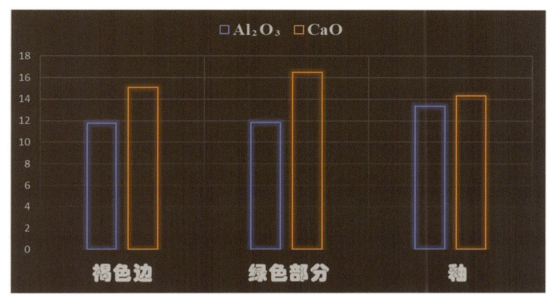

图五　H10③：1不同部分CaO、Al$_2$O$_3$的对比

根据上述分析结果，底釉属于普通青釉，CaO 含量 14% 以上，其他助熔剂含量均较低，为典型的灰釉。另外还含有 0.8% 的 P$_2$O$_5$，这说明釉采用草木灰配制而成。彩的部分与釉的部分相比，呈色元素含量显著偏高。如褐色边部分 Fe$_2$O$_3$ 的含量达到 8% 以上，这说明褐色是以含铁的原料作为彩料的。而绿色部分的 CuO 含量达到 2.3% 以上，说明绿色为二价铜离子呈色。

除了呈色元素的差别外，釉和彩最大的差别是助熔剂 CaO 含量和代表釉中黏土添加的 Al$_2$O$_3$ 含量，彩部分的 CaO 含量比釉部分高 2% 以上，而 Al$_2$O$_3$ 含量高出 2% 左右。这种情况首先表明绿彩部分并不是直接加入铜料，而是将铜料加入到助熔剂含量更高的釉料当中，这是由于如果直接加入铜料，由于铜料对总量的稀释作用，会导致分析结果中 CaO 和 Al$_2$O$_3$ 含量同时有所下降，但该样品却恰恰相反，这说明铜料是加入到基础釉料当中一块绘制的。这样做既大大节省了彩料中发色使用铜料的用量，同时又增加了彩料绘制时的黏性，也使得彩料在高温时比釉料更易熔融形成绿色玻璃。因此对于这件样品，釉部分的玻璃化并不完全，剥落严重，明显生烧。但彩的部分却玻璃化较好，发色非常鲜艳，草叶纹饰也很好的得以表现。

釉和彩料的助熔剂含量的差别还反映出这种彩应该更可能是釉上彩。宋金以后的釉下彩瓷器通常是在胎或者化妆土上直接用彩料矿物颗粒绘制，因此其成分对于面釉化学成分改变很小，釉和彩部分的化学组成除了铜、铁等呈色氧化物外，其他成分含量差别不会很大，而且由于色料的稀释原因，所有的氧化物特别是助熔剂氧化物 CaO 相对于釉层的成分还会略有下降。然而如果是釉上彩，为了使得彩部分更容易烧成，不会直接将彩料矿物直接绘在釉表面，而通常是将彩料融入一种基础釉中形成彩釉，就如其后的低温釉上彩一样需要铅釉作为彩釉的基础釉一样。同时为了增加烧成率，需要增加彩料基础釉中助熔剂含量，使得彩部分的熔点低于釉的熔点，当彩部分熔融时，釉还没有完全熔融，使得彩更容易发色，而未完全熔融的釉自身黏度较大，阻挡了彩釉部分的晕散，使得绘画内容表现的更加清晰。

综上所述，唐青花以及长沙窑铜绿彩瓷应该都属于高温釉上彩技术，其基本制作方法极有可能为预制彩釉和底釉两种釉，彩釉是将所需彩料矿物加入釉浆当中制成的，较底釉的助熔剂含量更高，因此更容易熔融成所需的颜色釉。这类彩瓷为釉上彩瓷，只是彩以彩釉形式存在，制作方式应是在通体施加底釉后，使用预制的彩釉在底釉上进行绘制，然后入窑烧成。

这类高温"釉上彩"，极有可能源自更早期的青瓷"点彩"工艺，越窑、洪州窑、瓯窑等早期青瓷窑址，都生产类似的点褐彩或黑彩的产品，这种点彩通常认为是在青釉表面通过点黑褐彩，应为一类釉上彩的产品，但其究竟是在釉面点彩釉还是直接点铁料是值得深入研究的问题。

三　唐代的高温釉中的"彩斑"技术

除了高温釉彩瓷，高温釉彩斑瓷也是唐代创烧的品种，这类彩斑瓷包括著名的河南鲁山段店窑的鲁山花釉瓷、以及长沙窑、巩县窑等都有烧造的高温釉白釉绿彩瓷器。下面是我们对郑州东西大街出土唐代鲁山花釉瓷和山西晋阳古城唐代白釉蓝绿彩瓷器的分析。

1.鲁山花釉瓷"花釉斑块"的制作工艺

我们分析过郑州市东西大街遗址出土的几件鲁山花釉瓷片（图六），下面从显微观察和成分

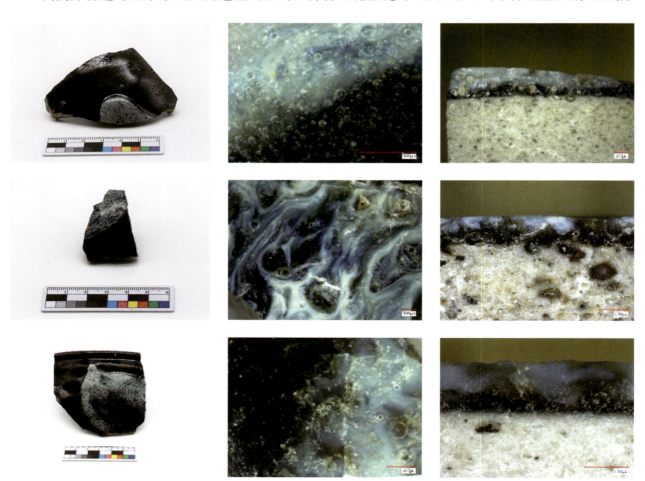

图六　郑州东西大街出土鲁山花釉瓷的显微观察

从左至右：样品照片、釉面显微照片以及截面显微照片

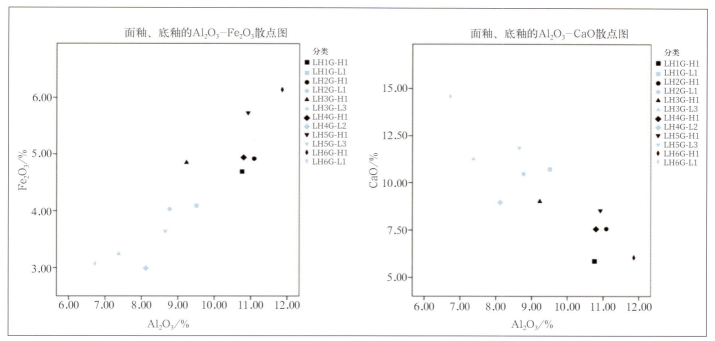

图七 鲁山花釉面釉和底釉的成分散点图
左Al₂O₃—Fe₂O₃散点图，右Al₂O₃—CaO散点图

分析的角度，讨论这类花釉瓷花斑的制作工艺。

截面显微照片显示鲁山花釉的花斑部分的釉可清楚的分为底釉和面釉两部分，底釉为普通黑釉，面釉则为天蓝色至乳白色流纹状的乳浊釉。从花釉部分釉面的显微照片也可以看到，花釉是由黑釉、透明青釉和以及乳浊分相天蓝色釉组成的。我们还分析了釉层的化学组成，比较底釉和面釉的成分差别。

由 Al₂O₃—Fe₂O₃ 散点图（图七）可知，所有面釉部分的铁含量要低于底釉，可以认为其基础釉可能是青釉或是白釉。由 Al₂O₃—CaO 散点图可知，面釉的 CaO 含量显著高于底釉，相反 Al₂O₃ 含量比底釉更低，是一种利于分相的配方。据此可以看出，鲁山花釉的花斑采用了双层釉方式，底釉为黑釉，黑釉上面涂抹面釉。面釉相对于底釉低铝、低铁、高钙，但硅的含量几乎相同，据此可知面釉可能是在底釉的基础上提高了草木灰和石英的成分。即面釉是通过在底釉中多加纯石英和草木灰类原料，从而形成了易于分相的另一种面釉成分。在烧成过程中，由于烧成条件不同，一部分烧成了乳浊分相的天蓝釉，一部分烧成了青釉，又和底釉黑釉互相交织在一起，但是几种釉又都不互溶，从而形成了这种颜色非常复杂的流纹状花釉斑。

2.唐代白釉绿彩瓷器

我们也分析了一件长沙窑的白釉绿彩和一件晋阳古城出土的白釉绿彩瓷器（图八）[13]，结果也表明其绿彩部分很可能采用了彩釉的技术。

二者区别为长沙窑的白釉为乳浊白釉，而晋阳古城则为透明釉。经过分析，可知晋阳古城为北方窑口所烧，比较可能的是巩义窑生产的。

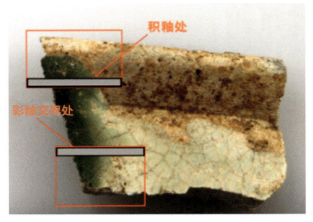

图八　白釉绿彩照片

左长沙窑出土，右晋阳古城出土

表 2 为二者釉和绿彩的成分分析结果：

表2　两件白釉绿彩的成分分析结果（质量%）

	Na_2O	MgO	Al_2O_3	SiO_2	P_2O_5	K_2O	CaO	TiO_2	Fe_2O_3	CuO
长沙窑（白）	1.67	3.79	8.20	62.19	1.6	1.25	18.09	0.59	2.07	
长沙窑（绿）	0.69	2.55	7.51	57.04	1.97	1.39	22.56	0.47	1.46	3.76
晋阳古城（白）	1.56	0.78	23.37	54.23	1.12	1.52	15.14	0.24	0.86	
晋阳古城（绿）	0.5	0.64	15.12	49.13	0.88	1.58	23.48	0.15	0.91	7.42

从分析结果可以看到，与鲁山花釉一样，二者绿彩部分和白釉部分使用了不同的基础釉配方。其中长沙窑的分析可参见张兴国等 2020 年的文章，而晋阳古城的瓷器的成分分析结果表明，绿彩部分的 CaO 含量较白釉处的高出 8%，达到 23% 左右，再次说明含铜色料并不是直接添加的，而是加入到釉浆当中，二次涂刷形成的，工匠们为了烧成成功率，故意提高了色料中助熔剂的含量，从而保证其熔点低于白釉，因此能够成功的烧出蓝绿色。

据此，鲁山花釉斑和上述两类白釉绿彩的形成均类似于巩义窑青花和长沙窑绿彩的釉上彩制法，即通过在底釉上面涂抹一种有色料或者成分会产生分相的面釉，形成斑块状的图案，只是相对于这类斑块状彩，釉上彩图案更加规则。通常情况下，面釉的助熔剂高于底釉，从而使得面釉部分更容易烧成，同时二者成分的差别很可能由于二者互溶性不好，能够形成图案的边界，而不至于扩散后互相溶解到一起，从而提高了图案的质量、降低了废品率。

四　双层（多层）釉技术

除了上述两类仅部分区域施加双层或者多层釉的瓷器品种外，晚唐五代邛崃窑还出现了类似

图九　一件邛崃窑类钧瓷的显微照片

a.样品照片，b.釉显微照片，c.釉显微照片

于后世钧釉的所谓"类钧瓷"这类整个器身都施加双层（多层）釉技术。关于邛崃窑双层釉的技术可参见本论文集中徐雪琨等的相关分析文章。本文仅就相关部分做一简单介绍。

图九是其中一件样品的照片和显微观察照片，可以清晰的看出釉分为上下两层，上层是乳浊分相釉，而下层则是透明青釉。

釉层的成分分析结果显示，面釉与底釉的化学成分不同。其中底釉的 Al_2O_3 含量与 Fe_2O_3 含量更高， CaO 含量、 P_2O_5 含量与 CuO 含量则相对面釉更低。从成分组成上来看，"类钧瓷"的底釉接近普通高温青釉的配方，结合釉色考虑，底釉应为普通高温青釉。而面釉则是一类更易分相的低 Al_2O_3 高 CaO、铜离子参与呈色的色釉。其配方应该和长沙窑乳浊白釉绿彩类似，即在青釉配方中提高了草木灰、石英的用量，同时添加了呈色铜料。

邛崃窑的这类产品，通过施加双层釉，使得釉层人为变厚，增加了釉的黏度，使得釉层更易乳浊（气泡不易溢出）。通过调整底釉配方，使得面釉和底釉形成两种成分的釉，从而人为产生分相条件，提高了分相釉烧成成品率。双层釉（多层釉）技术使得本来神秘的"窑变"变得人为可控，成品率大大提高。

五　结论

综上所述，唐代的瓷器生产在"南青北白"的大格局下，南北方都有窑口生产多色釉或彩瓷，但此时的彩瓷生产技术，可能更多的承继自早期的青瓷点彩工艺。我们的分析结果也表明无论彩瓷或者多色釉瓷，实际上都是一种底釉上施面釉（彩釉或彩斑其实都是釉浆）的技术。彩瓷实则为用调入彩料的面釉在底釉上绘制规则图案；而花斑则是使用面釉绘制不规则的斑状图案；乳浊分相釉则是将面釉罩在底釉上面。无论如何三者都是将一种釉涂覆在另一种釉上面，都是利用二者互溶性不好的原理，形成自己想要的效果。

唐代窑工使用双层釉（多层釉）的目的是更简单的制作出自己想要的效果，更容易的烧成产品，提高成品率。特别是对于相对神秘的"窑变"釉，即分相釉，这种双层釉（多层釉）技术使得本来以为是无法控制的 "窑变"变得人为可控，成品率大大提高。这对于宋金时期大行其道的包括钧釉、窑变黑釉等各种分相釉的烧成应该都有启发。

致谢：本文受到国家重点研发计划（2019YFC1520203）资助，郑州市文物考古研究院顾万发研究员、汪松枝老师为郑州市出土样品、湖南省文物考古研究所张兴国副研究员为长沙窑出土样品的分析提供了极大便利，作者深表谢忱。北京大学姜晓晨阳研究员、徐雪琨同学、中国社科院大学吴钰洁同学等在实验过程和文章修订过程中都给予了重要的帮助和建议，在此一并表示感谢！

注释：

[1] 中国硅酸盐学会：《中国陶瓷史》，文物出版社，1982 年。

[2] 李家治等编著：《中国科学技术史·陶瓷卷》，科学出版社，1998 年。

[3] 陈丽琼：《邛窑古陶瓷发展概述》，《邛窑古陶瓷研究》，中国科学技术大学出版社，2002 年。

[4] 李辉柄、李知宴：《河南鲁山段店窑》，《文物》1980 年第 5 期。

[5] 张福康：《中国古陶瓷的科学》，上海人民美术出版社，2000 年。

[6] 薛冰：《鲁山花瓷工艺对钧瓷的影响分析》，《中国陶瓷工业》2020 年第 5 期。

[7] 张兴国、姜晓晨阳、崔剑锋等：《长沙窑高温釉上彩瓷的检测分析》，《故宫博物院院刊》2020 年第 5 期。

[8] 郭演仪、李国桢：《古代钧瓷的科学分析》，《中国陶瓷》1992 年第 4 期。

[9] 王芬、杨长安、苗建民等：《钧瓷釉与乳光、窑变及结构色》，《中国陶瓷》2015 年第 5 期。

[10] 郑州市文物考古研究院、郑州市上街区文化新闻出版局：《郑州上街峡窝唐墓发掘简报》，《文物》2009 年第 1 期，第 22 ～ 26 页。

[11] 李家治：《中国科学技术史·陶瓷卷》，科学出版社，1998 年，第 151 ～ 163 页。

[12] 详细讨论可参见张兴国、姜晓晨阳、崔剑锋等：《长沙窑高温釉上彩瓷的检测分析》，《故宫博物院院刊》2020 年第 5 期。

[13] 分析还可见崔剑锋、韩炳华：《晋阳古城 2014 年发掘出土部分陶瓷残片的 ED-XRF 分析》，《晋阳古城一号建筑基址》，科学出版社，2016 年。

长沙窑绿釉、红釉呈色特征及机理分析

侯佳钰、张兴国、胡颖芳、周润垦、李合、丁银忠、康葆强、雷勇 *

摘要：长沙窑伴随着中国海上丝绸之路的发展而兴起和繁荣。长沙窑在中国陶瓷科学技术史上占有重要地位，原因之一便在于其高温含铜釉的制作。其烧制的乳浊铜绿釉在中国陶瓷制作史中独树一帜，而其烧制的透明铜红釉更是中国铜红釉的源头，但是目前还较为缺乏对长沙窑铜绿、铜红釉的呈色特征及机理的分析研究。本文利用 X 射线荧光能谱仪、可见光光谱仪、扫描电子显微镜、透射电子显微镜等现代分析仪器，对长沙窑绿釉、红釉的光学特性进行分析研究、对其呈色机理进行阐述，补充了中国古代铜釉科技研究方面的不足。

关键词：铜绿釉　铜红釉　呈色特征　呈色机理

引言

长沙窑位于中国湖南省长沙市石渚湖一带，伴随着中国"海上丝绸之路"的发展而兴起和繁荣，是中国唐代著名的外销瓷窑[1]。中国唐代陶瓷生产格局为"南青北白"，即北方以生产白瓷为主、南方以生产青瓷为主。而据考古考证，长沙窑早期烧制青釉诸器，"安史之乱"后逐步烧制青釉褐绿红彩、白釉绿彩等[2]，成为"南青北白"中的彩瓷明珠。

长沙窑在中国陶瓷发展史上的重要地位不容忽视，原因之一便在于长沙窑高温含铜釉的制作。含铜釉和含铁釉不同——中国早期釉层中的铁是随着原料而无意进入到釉层当中的，釉中的铜是作为呈色剂而被故意添加的。中国最早使用铜作为釉层着色剂始于汉代北方地区的低温铅绿釉，长沙窑是中国最先把铜作为高温着色剂的窑口之一，其烧制的高温铜绿釉更是在中国陶瓷制作史中独树一帜[3]。特别是长沙窑的绿釉大多带有乳浊感，这在唐代陶瓷釉中还是非常少见的[4][5]。

长沙窑对陶瓷技术另一更重大的贡献便是高温铜红釉的烧制。1983 年，中国考古学家在长沙窑遗址进行发掘，发现了带有红彩的瓷片[6]。这种产品的出现使得长沙窑瓷器更上了一个档次。直到现在为止，世界上还没有发现比长沙窑更早的铜红釉制品[7]。

然而近年来对长沙窑釉层呈色特征的科技研究还较为缺乏[8][9][10]，特别是乳浊绿釉以及铜红釉的颜色及呈色机理的分析还较为少见。近年来国内窑址和港口出土了一批典型的长沙窑瓷片，这为深入科技研究长沙窑提供了考古学依据和实验样品。本文研究对象为 5 片长沙窑绿釉样品、

* 侯佳钰、李合、丁银忠、康葆强、雷勇：故宫博物院、古陶瓷保护研究国家文物局重点科研基地；张兴国：湖南省文物考古研究院、科技考古与文物保护利用湖南省重点实验室；胡颖芳、周润垦：南京博物院。

以及 1 片长沙窑红釉样品，如图一所示。本研究科学揭示了长沙乳浊绿釉及红釉的釉色特征、阐述了其呈色机理，补充了中国古代铜釉科技研究方面的不足，也为全面认识中国唐代南北方、以及中国和阿拉伯地区的制瓷技术交流课题攻克一定的科学素材。

一　实验部分

采用美国 X-Rite 公司的 Color i5 分光光度计对绿釉表面进行颜色测试，选取干净平滑的釉面区域，测量孔径直径 4mm，光谱范围为 400 ～ 700nm。由于红釉样品颜色区域较小，采用荷兰 Avantes 公司的 AvaSpecHero/NIR256-2.5-HSC 光纤光谱仪对不同颜色区域进行反射光谱的测量，测量波长范围在 400 ～ 1000nm。

采用德国 Bruker 公司的 M4 型扫描 X 射线能谱仪从断面测试绿釉瓷片的化学成分，束斑直径为 20μm。采用美国 EDAX 公司的 Eagle Ⅲ XXL 能量色散 X 射线荧光光谱分析仪从表面测试红釉瓷片的化学成分，束斑直径为 300μm。

采用捷克 TESCAN-MIRA3 场发射扫描电子显微镜在高真空环境中进行观察釉层的高倍显微结构，实验前在样品表面喷镀碳层。利用 Zeiss Auriga FIB 聚焦离子束系统对样品釉层进行材料微纳结构的样品制备。利用 JEM-2010F 高分别率透射电子显微镜拍摄纳米结构照片以及选区衍射，电压为 200kV。

二　乳浊绿釉呈色特征及机理分析

1.乳浊绿釉呈色特征

为了科学表征瓷片釉色的特征，本文对绿釉区域的表面进行了颜色测试，结果列于表 1 中。可以看出，所测绿釉的色度角 h 在 109 ～ 144 范围内、饱和度 C* 处于 6 ～ 12 范围内，即其色度均处于色度坐标中的第二象限内、即黄 - 绿区域内，这反映了所有长沙窑绿釉的颜色均为黄—绿色相。其中 CS2 的饱和度 C* 最低、色相角 h 最大，再加上其较低的明度值 L*，故视觉效果为较暗的绿色。CS9 的色度角 h 最小、饱和度 C* 最高，再加上其最高的明度值 L*，故其视觉效果呈现出一种偏黄的明绿色。

表1　长沙窑绿釉颜色坐标值

样品号	L*	a*	b*	C*	h
CS1	50.58	−5.22	7.3	8.97	125.59
CS2	47.68	−4.4	5.08	6.72	130.92
CS4	52.22	−3.88	8.23	9.1	115.22
CS8	45.97	−6.31	7.42	9.74	130.38
CS9	53.04	−3.64	10.03	10.67	109.96

2.化学成分对绿釉颜色的影响

从图一的断面显微图可以看出，五个绿釉样品颜色釉层分为上下两层，上层绿色较深、下层绿色较浅。对所有样品的绿色釉层断面不同颜色区域进行化学成分分析，结果如表2所示，其中每个釉色区域测试三个不同点，给出的结果为三次测量平均值。

表2 长沙窑釉层化学成分分析（wt%）

		MgO	Al_2O_3	SiO_2	P_2O_5	K_2O	CaO	TiO_2	MnO	Fe_2O_3	CuO	PbO	SnO_2
CS1	绿色	3.26	8.71	59.86	1.43	2.01	17.52	0.91	1.05	1.97	2.64	0.22	0.29
	浅绿	3.24	8.63	58.42	1.33	1.93	19.23	0.99	1.12	1.99	2.67	0.21	0.15
CS2	深绿	3.21	8.20	55.59	1.58	2.87	18.67	0.87	0.71	1.77	6.12	0.08	0.21
	绿色	2.72	9.80	55.93	1.31	3.43	17.28	0.91	0.64	1.75	5.54	0.10	0.41
CS4	绿色	2.30	9.22	60.78	1.10	2.39	17.57	0.78	0.51	1.53	3.24	0.20	0.30
	浅绿	0.66	6.86	76.98	0.21	2.07	9.18	0.49	0.28	0.98	1.92	0.15	0.15
CS8	绿色	3.63	7.39	56.41	1.48	2.69	21.62	0.77	0.81	1.42	3.51	0.05	0.12
	浅绿	3.29	8.09	57.65	1.35	3.04	20.12	0.74	0.75	1.39	3.15	0.07	0.23
CS9	绿色	3.31	9.06	58.59	1.40	2.57	20.67	0.87	0.64	1.56	1.21	0.02	0.01
	浅绿	2.51	11.50	60.31	1.00	3.20	17.55	0.83	0.53	1.38	1.00	0.02	0.04

图二 a 展示了不同绿色深浅区域中的 CuO 含量，可以看出较浅绿色区域釉层中 CuO 含量平均值为 2.55%，而较深绿色区域釉层中 CuO 含量平均值为 3.34%，高于浅绿色区域。故可推断 CuO 含量的高低可影响长沙窑绿釉的颜色。图二 b 的 CuO 含量与绿釉颜色色度角的关系也印证了该观点。可以发现 CuO 含量越低、绿釉色度角越小，即釉色越偏黄绿；而 CuO 含量越高、绿釉色度角越大，及釉色越偏正绿。

由于烧成时氧化—还原气氛的影响，铜在釉层玻璃体中能以 CuO、Cu^+、Cu^{2+} 三种价态存在，价态的不同可极大地影响釉层的颜色。其中 Cu^{2+} 在 780nm 处有一强烈吸收带，可使釉层玻璃体呈现出蓝绿色。因此推测长沙窑乳浊绿釉主要在氧化气氛中烧制而成，釉中呈色铜离子主要为 Cu^{2+}。此外，由于釉层中含有 1% ~ 2% 的 Fe_2O_3，可推测釉层中也同时存在 Fe^{3+}。Fe^{3+} 强烈吸收 225nm 的紫外线，可使 Cu^{2+} 产生的蓝绿色釉层发黄。

图一　长沙窑样品表面照片及断面光学显微镜照片

a：CS1：出土于黄泗浦遗址　　b：CS2：出土于黄泗浦遗址　　c：CS4：出土于黄泗浦遗址　　d：CS8：出土于长沙窑遗址

e：CS9：出土于长沙窑遗址　　f：CS28：出土于长沙窑遗址

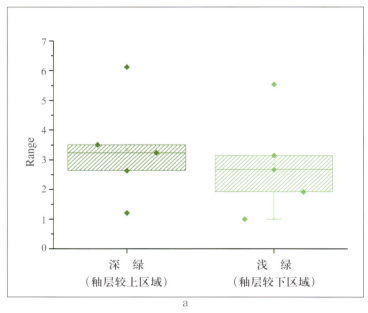

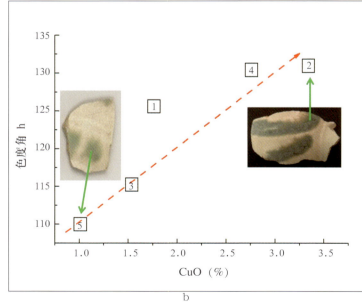

图二　长沙窑釉层不同颜色区域化学成分图

3.显微结构对绿釉颜色的影响

研究表明中国古代瓷器釉的 SiO_2/Al_2O_3 摩尔比在 10.7 附近及以上均能产生分相结构[11]。图三为 CS1 的扫描电子显微镜图像及分相结构尺寸分布。从图像中可以看出，长沙窑绿色釉层中存在液液分相结构，结构呈圆形液滴状，分布面积为 22%。利用 TEM-EDS 测试液滴相和基质相的化学成分，因此可计算出两相的折射率 n[12]，列于表 3 中。可以看出基质相富钙，且镁、铁、钛和磷较为聚集；而液滴相富硅，同时钾较为集中。

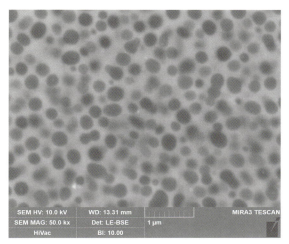
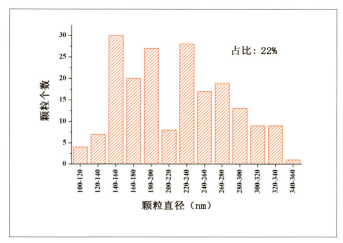

图三　CS1绿色釉层显微结构及分相结构尺寸分布

表3　基质相和液滴相的化学成分（wt%）及相应的折射率

	MgO	Al_2O_3	SiO_2	P_2O_5	K_2O	CaO	TiO_2	MnO	FeO	折射率n
基质	5.30	8.63	61.10	1.35	0.47	19.32	1.15	1.06	1.62	1.39
液滴	2.29	9.43	76.44	0.89	1.51	7.51	0.67	0.40	0.86	1.42

此外从表 3 中还可以看出基质相和液滴相的折射率 n 存在着差异，这便会导致光线照射到釉层时发生散射，这也是长沙窑绿釉具有乳浊性质的原因。长沙窑乳浊釉中分相结构的直径主要分布于 200 ~ 300nm 左右，其散射主要为米氏散射。因此利用两相折射率、散射颗粒体积分数便可计算出不同直径分相液滴的散射系数曲线[13][14]，如图四所示。可以看出当颗粒尺寸在 200 ~ 300nm 左右时，分相结构主要对波长较短的紫外区域产生散射，且颗粒尺寸越大、散射强度越大。在 400 ~ 700nm 可见光范围，颗粒尺寸对散射强度的影响较小，且散射截面曲线偏于平滑，也就是对波长趋于无选择性散射，即其产生的散射主要起到灰白色的乳浊效果。且其分相液滴直径越大、体积分数越高，产生的散射效果越大。

三　红釉呈色特征及机理分析

1.红釉呈色特征

红釉样品表面红色区域直径仅为 1 ~ 2mm，无法利用普通色差仪测试其颜色（测量区域最小直径 4mm），故利用光纤光谱仪采集釉面红色区域的反射光谱，结果如图五所示。从图中可以看出，深红和浅红红色区域在 560nm 有明显的吸收，在 600 ～ 700nm 反射率较高。

2. 铜对红釉颜色的影响

利用扫描电子显微镜对样品断面釉层和颜色区域进行显微结构观察，如图六所示。可以发现在红釉区域内存在大量含铜颗粒，其中深红色釉层中颗粒平均直径为 41nm（图六 a），而浅红色釉层中颗粒平均直径为 88nm（图六 b）。利用透射电子显微镜对含铜颗粒形貌进行观察，并进行

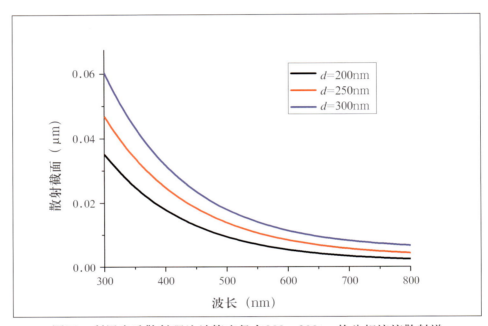

图四　利用米氏散射理论计算直径在200～300nm的分相液滴散射谱

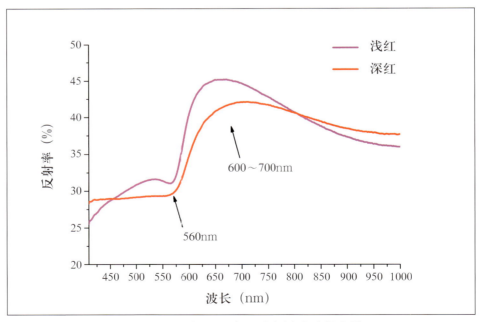

图五　CS28深红及浅红釉色区域反射光谱

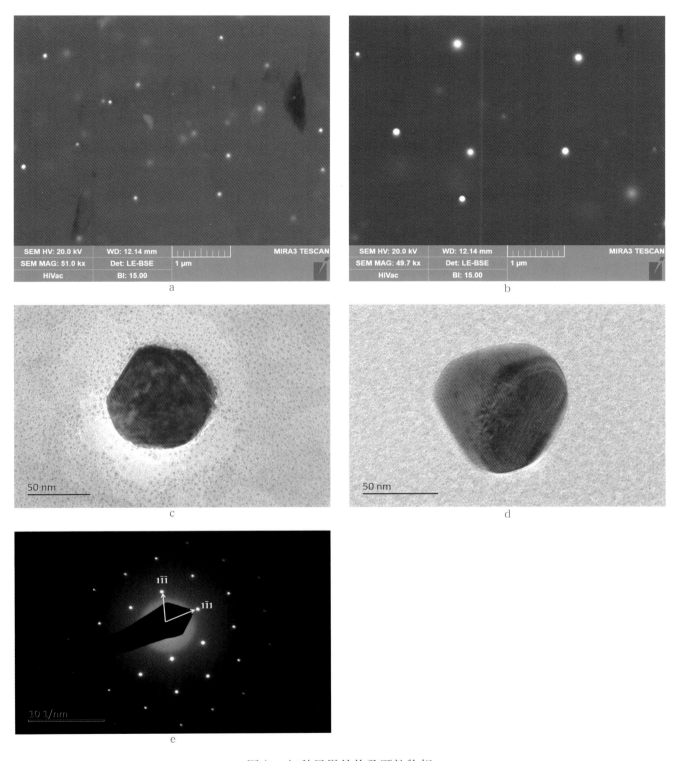

图六　红釉显微结构及颗粒物相

a.深红色区域（50000倍）　　b.浅红色区域（50000倍）　　c.圆形晶体　　d.多边形晶体　　e.物相为单质铜

物相鉴定。可以发现颗粒有两种形貌，一种为如图六 c 所示的较为圆形的晶体，另一种如图六 d 所示的呈现出多边形的晶体。图六 e 为晶体的电子衍射花样，表明晶体为单质金属铜颗粒。在该检测区域内，未发现 Cu_2O 和 CuO 晶体。

当金属纳米粒子被入射光照射时，其核外电子云在电磁场的激励下将会发生振荡，从而激发电磁场，产生局域表面等离子体共振（LSPR）[15][16]，可呈现出不同于金属本体的颜色。此外当釉层中存在与釉层折射率不同的纳米颗粒时，釉层也会对入射光产生散射，进而呈现出蓝色或乳白色效果[17]。

长沙窑釉中的纳米级和亚微米级的铜颗粒会同时产生胶体吸收和米氏散射两种作用，不同尺寸的铜颗粒产生的效果不同，如图七所示[18]。从图中可以看出，当铜颗粒尺寸较小时（图七 a），铜颗粒的吸收主要作用于小于 560nm 的波段，而散射主要作用于 650nm 附近，且吸收作用强而散射作用弱；但由于吸收系数较低（均小于 5），故产生的综合效果是吸收较短波长的光而反射出微弱的较长波段的光，即呈浅红色。当铜颗粒直径在 40 ～ 60nm 时（图七 b），铜颗粒的吸收同样主要作用于小于 560nm 的波段，而散射作用在短波区域的系数略高，故综合效果为吸收短波、反射长波；且由于吸收系数较高，故呈色效果为较为鲜艳的红色。当铜颗粒更大时（图七

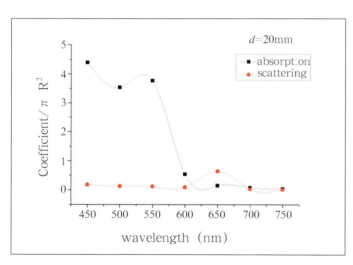

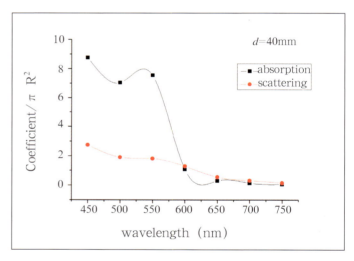

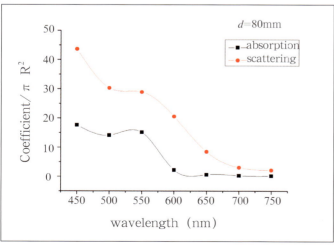

图七　不同尺寸铜颗粒的吸收和散射系数

c），铜颗粒在短波区域产生的吸收系数虽然增大，但散射出的短波光强度更大，故视觉效果为呈现微弱蓝色乳光或白色乳浊，而非红色。

从釉层表面测得的漫反射光谱反映了釉层和胎体对入射光的吸收和散射[19]。从图五红釉的漫反射光谱可以看出：两种红彩区域均因铜颗粒产生的胶体吸收作用而在 560nm 之前的短波区域的反射率较低，且浅红区域还存在 500 ～ 550nm 的米氏散射峰。图八是深红浅红区含铜颗粒分布图，从图中可以看出深红区域颗粒直径分布在 20 ～ 70nm 之间，其中直径在 30 ～ 50nm 之间的颗粒占 60%；浅红区域颗粒直径分布较广，在 20 ～ 160nm 之间，其中 20-40nm 和 80 ～ 130nm 分布较多。故两个区域存在胶体铜产生的红色（铜颗粒尺寸越小则吸收峰越强，当铜颗粒直径小于 20nm 或大于 80nm 时则该峰消失），同时浅红区域还存在米氏散射形成的乳浊（铜颗粒尺寸越大、大颗粒占比越多，则米氏散射和乳浊效果越强，进而散射峰越强）。从图六 a 和 b 来看，深红色区域铜颗粒平均直径在 41nm 左右，浅红色区域的铜颗粒平均直径在 88nm 左右，故无论从表面还是断面来看，深红色区域的颜色均呈较为纯正且较为透明的红色，而浅红色区域的颜色除了较淡之外，也呈现出微弱的乳浊效果。

3.结论

（1）长沙窑乳浊绿釉色度处于黄—绿区域内。主要呈色元素为铜，其二价离子在红外区域有强烈的吸收作用。乳浊机制为液液分相乳浊，釉层中分相液滴直径主要分布于 200 ～ 300nm。分相液滴产生的米氏散射作用使得釉层呈现出灰白色乳浊效果。

（2）长沙窑红釉反射光谱在 560nm 有明显的吸收，在 600 ～ 700nm 反射率较高。红彩区域的颜色主要由直径 40 ～ 90nm 单质铜颗粒的胶体吸收作用产生。

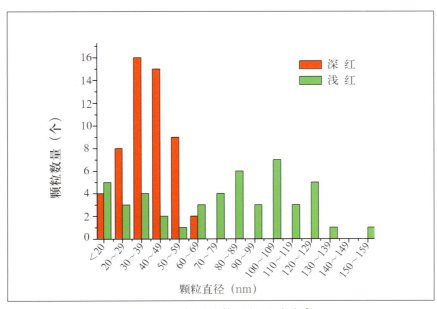

图八　红色区域的颗粒尺寸分布

注释：

[1] 张兴国：《粟特人在长沙——胡人参与长沙窑的若干线索》，《大唐宝船：黑石号沉船所见 9-10 世纪的航海、贸易与艺术》，上海书画出版社，2020 年，第 252 ~ 265 页。

[2] 湖南省文物考古研究所：《焰红石渚——长沙铜官窑遗址 2016 年度考古发掘出土瓷器》，文物出版社，2018 年。

[3] 张福康：《中国古陶瓷的科学》，上海人民美术出版社，2000 年，第 92 ~ 96 页。

[4] 周世荣：《长沙窑》，江西美术出版社，2016 年。

[5] 上海博物馆：《宝历风物："黑石号"沉船出水珍品》，上海书画出版社，2020 年。

[6] 长沙窑课题组：《长沙窑》，紫禁城出版社，1996 年。

[7] 陆明华：《试述高温铜红釉彩的起源和发展——从长沙窑出土相关瓷器谈起》，《上海博物馆集刊》，2002 年 (0)，第 225 ~ 233 页。

[8] 张兴国、姜晓晨阳、崔剑锋等：《长沙窑高温釉上彩瓷的检测分析》，《故宫博物院院刊》2020 年第 5 期，第 71 ~ 85 页。

[9] LI Yuan-qiu, YANG Yi-min, ZHU Jian, et al. Colour-generating mechanism of copper-red porcelain from Changsha Kiln (A.D. 7th-10th century), China. *Ceramics International*, 2016, (42): 8495-8500.

[10] SHEN Bai-lin, SCIAU Philippe, WANG Tian, et al. Micro-structural study of colored porcelains of Changsha kiln using imaging and spectroscopic techniques. *Ceramics International*, 2018, (44): 18528-18534.

[11] 陈显求、黄瑞福、陈士萍等：《中国历代分相釉——其化学组成，不混溶结构与艺术外观》，《古陶瓷科学技术国际讨论会论文集》，上海科学技术文献出版社，1989 年，第 25 ~ 37 页。

[12] PRIVEN A. I., MAZURIN O. V. Comparison of methods used for the calculation of density, refractive index and thermal expansion of oxide glasses. *Physics and Chemistry of Glasses*, 2003, 44(4): 156‐166.

[13] ABRAMOWITZ M., STEGUN I. A., *Handbook of Mathematical Functions*, New York: Dover Publication, 1965.

[14] BOHREN C. F., HUFFMAN D. R. *Absorption and Scattering of Light by Small Particles*, New York: John Wiley, 1983.

[15] 王鹏飞：《金溶胶的可见光吸收光谱研究》，《机械管理开发》2011,(2): 125 ~ 126。

[16] 李玲玲、杨修春、黄敏：《贵金属纳米颗粒的表面等离子共振研究》，《功能材料与器件学报》2011.(1)1:114 ~ 119。

[17] 王芬、罗宏杰、李强：《分相呈色陶瓷釉的特性及呈色机理》，《硅酸盐学报》2009,(2): 181-186.

[18] C. R. Bamford, *Colour Generation and Control in Glass*, Elsevier Scientific Publishing Company, 1977: 98.

[19] Trinitat Pradell, Radostin S. Pavlov, Patricia Carolina Gutierrez, et al. Composition, nanostructure, and optical properties of silver and silver-copper lusters, *Journal of Applied Physics*, 2012. (112): 05430.

长沙窑釉彩工艺研究兼论古代釉彩演变

王恩元、张兴国、龚玉武、吴婧玮、朱逸冰、邱玮钰*

摘要：通过实验考古方法复原烧制釉上、釉中及釉下褐彩模拟样品，与建窑、耀州窑、漳州窑、德化窑及各时期颜色釉显微结构进行对比，全面研究了釉上、釉中、釉下彩工艺中彩料的岩相结构特征。同时重点研究了长沙窑青釉褐斑彩与白釉绿彩的显微结构，研究显示长沙窑这两类彩瓷的褐彩与绿彩更接近于典型的颜色釉，其所用釉彩原料不同于后世经精研过的矿物颜料，而更接近于单色釉瓷器所用的釉浆，证实长沙窑此类彩装饰与后世的釉下彩绘工艺存在显著的差异，应为釉上彩工艺。同时，复烧釉上褐彩模拟样品表面有未熔融的彩料聚集现象，与长沙窑褐彩诗文等精细彩瓷的褐彩表面残留色料颗粒的现象一致。宋代以前彩料未从釉料单独脱离出来，中国古代釉彩工艺基本经历了独立彩绘—釉彩不分—釉彩分离的三个阶段，长沙窑工匠综合利用色釉彩与矿物颜料，在中国古代釉彩工艺史上起到了承前启后的重要作用。

关键词：长沙窑　颜色釉　彩绘　釉上彩

一　研究背景

长沙窑创烧于唐中期，曾经行销全国的同时也远销海外。对于长沙窑遗址的发掘始于1956年，而长沙窑的科技研究则始于20世纪80年代。光学显微镜、电子显微镜以及X射线荧光等设备和技术的引入促成研究人员对长沙窑的认识更加深入，同时对于长沙窑的施彩工艺也产生了更多的争议。最初的研究表明长沙窑一般为釉下彩工艺[1]，其釉下褐彩的工艺可能是日后釉下青花出现的基础。科学手段介入后发现长沙窑可能兼有釉上、釉中彩工艺[2]，最近的显微照片显示长沙窑釉面顶部有明显的釉彩痕迹，表明长沙窑更接近釉上施彩工艺[3][4][5]。本文通过复烧釉上与釉下褐彩模拟试样，与其他窑口高温色釉瓷片进行系统性的比对阐述长沙窑的釉彩工艺技法，同时概述了中国古代釉彩发展历程，尝试讨论了颜色釉与彩绘的区别。

二　实验

1.复烧实验

为研究釉上彩料的微观结构，本次研究仿烧了两种釉上褐彩陶瓷试块。釉上彩工艺为：将胎

* 王恩元、朱逸冰、龚玉武、吴婧玮：上海博物馆文物保护科技中心；张兴国：湖南省文物考古研究院、科技考古与文物保护利用湖南省重点实验室；邱玮钰：苏州大学艺术学院。

体成型为两块圆形试块后阴干，浸入乳浊白釉釉浆，待坯体完全上釉后再拿出阴干，釉上褐彩通过调制好的褐彩料（分别为单褐彩、单褐彩加少量长石助熔）均匀涂抹于干燥后的试块釉上；釉下褐彩则是将另一试块表面施单褐彩后浸入白釉釉浆中取出，待三块样品整体干燥后放入烧结炉中以 5℃ /min 的升温速率至 1230℃烧制，出炉后则如图一（c～e）所示的褐彩试块。

　　本次实验所用彩料与釉料都采购于景德镇。单褐彩类似青花泥需要自己加水调配，含有极少量的助熔剂。单褐彩加少量长石助熔剂是在单褐彩的基础上额外增加了一定量的长石粉。所购景德镇白釉和古代传统草木灰釉存在一定的差异，差异主要有两点：一是钙含量偏低，没到 10%；二是添加了可以增加白度的现代元素 Zn。

2.检测样品

　　本次测试除长沙窑青釉褐斑彩与白釉绿彩瓷片外，还取建窑黑釉瓷、定窑酱色釉瓷、耀州窑酱色釉瓷、德化窑、漳州窑、云南建水窑青花瓷以及新石器时代早期上山文化时期红彩陶作为参比样品，其中长沙窑瓷片来自于湖南省文物考古研究所；建窑瓷片采集于大路后山窑址；定窑瓷

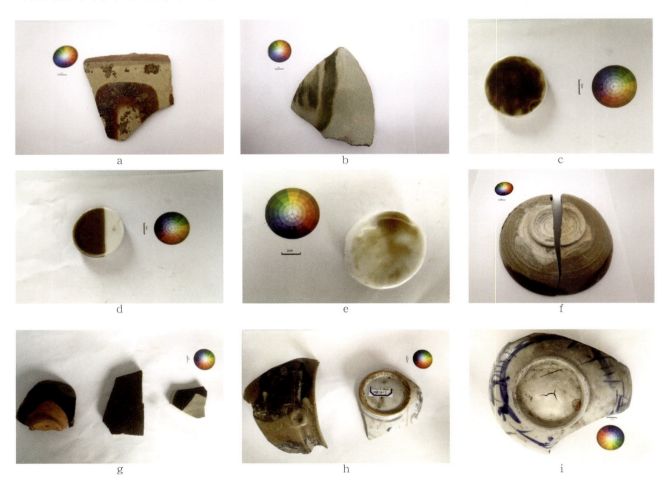

图一　部分测试样品照片

（a）长沙窑-1褐斑彩　（b）长沙窑-2绿彩　（c）模拟釉上褐彩试样　（d）模拟釉上褐彩+长石助熔剂试样　（e）模拟釉下褐彩试样　（f）新仿长沙窑样品　（g）从左至右：建窑黑釉、定窑酱色釉、耀州窑酱色釉　（h）从左至右：唐青釉褐彩瓷、德化窑青花　（i）云南建水窑青花

片采集于曲阳涧磁窑窑址；耀州窑瓷片采集于铜川耀州窑窑址；德化窑瓷片采集于德化屈斗宫窑址；青釉褐彩瓷片来源于上海青龙镇遗址出土，该瓷片经热释光测定年代距今1232年，为唐代所烧制；现代仿长沙窑样品来自湖南省文物考古研究所；漳州窑结构及釉中工艺复烧参考自《"南澳Ⅰ号"出水青花瓷的制作技术分析》一文。

3.检测方法

成分测试采用Bruker Tracer 5i型手持式荧光仪，测试标准曲线通过GBW系列岩石成分分析标准物质数据以及自制仿烧定窑、耀州窑、建窑、越窑（白釉、青釉、黑釉）四种样品经ICP标定后的数据联合建立并校正，测试电压15kV，电流40μA，局部真空测试。Axio Lab A1型偏光显微镜观测胎釉的内部结构：瓷片在磨制过程中不可避免对上层釉面造成一定的破坏，本次实验需要观察如黑釉瓷的析晶等釉面顶层现象，则需要先将横截面用树脂进行包镶对外层釉面进行有效的保护，防止因为外层釉面过于脆弱而在制样过程中被剥离，逐级研磨抛光使瓷片厚度至0.03mm后，放于偏光显微镜下进行显微结构观察（因有些样品釉层较薄，树脂包镶后仍不可避免对外层釉面造成损伤）。

三　结果与讨论

表1 X射线荧光分析表明长沙窑绿彩以铜离子呈色（CuO：1.22%），长沙窑褐斑彩（Fe₂O₃：9.40%）、其他窑口的黑釉、酱色釉均以铁离子呈色。长沙窑釉面为典型的高钙釉。

表1　各窑口瓷片釉面元素成分（%）

测试部位	MgO	Al₂O₃	SiO₂	P₂O₅	K₂O	CaO	TiO₂	MnO	Fe₂O₃	CuO	CoO
长沙窑-1褐斑彩	3.35	15.81	42.78	1.20	2.54	20.93	0.83	0.50	9.40	—	—
长沙窑-2绿彩	3.69	11.29	52.92	0.83	2.34	22.71	0.55	0.48	1.57	1.22	—
建窑黑釉	1.67	17.80	59.39	0.72	3.33	6.16	0.73	0.63	9.38	—	—
定窑酱釉	1.78	15.6	68.70	0.41	2.30	4.22	0.44	0.04	5.90	—	—
耀州窑酱釉	1.24	13.42	70.33	0.30	1.95	8.66	0.20	0.05	3.31	—	—
瓯窑褐彩	2.56	10.08	57.89	0.92	2.15	17.09	0.59	0.51	6.64	—	—
德化窑青花	0.55	14.32	72.70	0.16	2.37	7.07	0.07	0.36	0.97	—	0.20
云南青花	0.11	12.40	69.93	0.06	3.68	12.22	0.14	0.01	1.06	—	0.43
云南青花白釉	0.19	14.34	65.62	0.07	2.88	14.56	0.23	0.00	1.46	—	—

1.单色釉、釉下彩与釉中彩料岩相结构

通过显微结构判断彩料绘制工艺是较为直观的，但如果瓷器在高温烧制过程中发生了物理化

学变化，观察者当前看到的彩料可能与当时的工艺技法有较大的差异。事实上，瓷器釉料在高温熔融阶段转变为黏度较低的熔体，烧制前所施加的色料会因为热力学与动力学因素而在整个釉面内部发生复杂的扩散与聚集反应，如图二（e）德化窑青花瓷片的色料层之上可以看到一层明显的反应层。再例如图二（a）、图二（b），若仅从显微结构方面判断，因为釉面顶层色料（即铁离子）的浓度远高于釉层下方，同时釉面下方有钙长石晶体生成，这看似是典型的釉上彩工艺，但是图二（a）与图二（b）却分别是建窑黑釉和定窑酱色釉的显微结构形貌。建窑是高温黑釉瓷，其上釉时的釉浆也为"彩料"，因高温阶段釉面中的铁离子向釉面顶层富集，故显微形貌形成了与釉上彩类似的效果。如果铁离子富集后局部饱和，则会析出氧化铁晶体，成为建窑中珍贵的兔毫纹饰。图二（b）定窑酱色釉面顶层左侧有大量的针状晶体析出，而右侧则只是氧化铁的富集呈现紫红色，未见晶体析出，若釉面上层氧化铁析晶较多则呈现酱色甚至定州红瓷的柿红、紫定等釉色，如果铁离子只是富集状态但析晶较少则可能呈现黑色。对定窑的研究一般认为定窑的呈色与烧制气氛所产生的窑变有关，但因宋代擅造朱红违制器皿会遭官府"变毁"[6]，故现在的红色定窑仅存少量瓷片，本研究只做推论。因此，仅从显微结构来判断瓷器的施彩工艺是较为片面的，还需要通过科技检测与复烧实验的综合对比研究才能做出相对准确的判断。

德化窑青花采用了成熟的釉下施彩工艺，图二（e）表明典型的釉下彩工艺瓷釉的显微结构可以分为胎—青花料—青花料扩散层—透明白釉四层。如果有彩料绘入釉面的话，一般会于釉层内部留下较为明显的彩料层痕迹。但这种结构亦不绝对，例如云南建水窑青花，也采用了釉下彩绘工艺，但整个釉面呈现青花彩料晕散的状态（图五e）。可能是一方面云南青花透明釉采用了高钙釉（CaO：14.56%），高温黏度较低，烧制过程中青花料易扩散，另一方面青花料中同时含有较高的助熔剂（CaO：12.22%）。从德化窑青花和云南青花微观结构分析可知，若采用了釉下彩绘工艺，则彩料一般呈现聚集于釉下以及扩散于整个釉面两种状态。

釉彩发展过程中"釉中青花"一般研究较少，同时学界对是否存在这种技术也较为有争议。漳州窑青花瓷中可以看出青花彩料位于釉面中间（图二h），一般来说无论彩料在施彩的时候位于釉上还是釉下均不会出现这种特殊的结构。以往实验制作了简单的釉中青花试块，工艺为胎—第一层釉—青花料—第二层釉，可以看出漳州窑釉中青花料结构与实验釉中青花工艺试块（图二i）类似，青花料均位于釉面中央，推测确有釉中施彩工艺的存在，同时漳州窑青花也能呈现青花料扩散于整个釉面的现象（图二j）。

以上分析可以看出釉下施彩工艺会使得彩料位于釉下以及扩散于整个釉面，而釉中施彩工艺使得彩料位于釉中同时也能扩散于整个釉面。

2. 长沙窑青釉褐斑彩岩相结构

长沙窑青釉褐斑彩（图二c）与釉下彩料结构存在显著的差异，其结构无论釉上还是釉下均未出现明显的彩料层。尽管彩料呈现一定程度的扩散，但化妆土与釉之间出现了一条颜色明亮的白色条纹，显然褐彩未到达釉底部，与建水窑釉下青花整个釉面均有青花料扩散也很不同，这就表明褐彩不应为釉下施彩工艺。长沙窑胎体普遍生烧，吸水率大，其质地接近炻器，而化妆土氧化铝含量则普遍大于25%[7]，在当时的温度下更加不容易玻化成瓷，如果褐彩施于釉下化妆土层，则会因为其未烧熟疏松的结构，更易产生像德化窑青花一样显著的彩料层痕迹。

　　长沙窑釉面属于典型的石灰釉，高温黏度低，流动性好，如果彩料在釉面上层，内部的呈色离子易在高温时在釉面扩散。长沙窑这种结构与耀州窑酱釉瓷（图二 d）十分类似，胎釉之间有低铁的中间层，铁离子色料则多分布于中间层之上的釉面。而耀州窑酱色釉与建窑黑釉一样，均是直接施釉而非施彩。因此可以推测，长沙窑褐彩其本质上仍然属于一种高铁的釉料，呈釉浆状。因此先施釉后再于其上施褐彩釉浆，则褐彩釉浆与底釉能较大程度的混溶，入窑高温烧制后釉面高温流动性好，铁离子在釉层自由迁移，有的呈现釉上彩状（图二 a，b），有的则呈现与耀

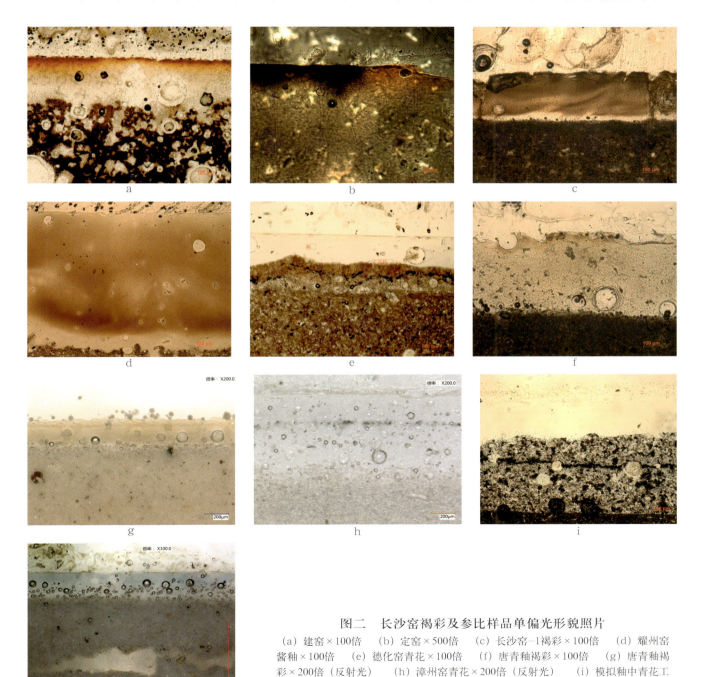

图二　长沙窑褐彩及参比样品单偏光形貌照片

　　（a）建窑×100倍　　（b）定窑×500倍　　（c）长沙窑-1褐彩×100倍　　（d）耀州窑酱釉×100倍　　（e）德化窑青花×100倍　　（f）唐青釉褐彩×100倍　　（g）唐青釉褐彩×200倍（反射光）　　（h）漳州窑青花×200倍（反射光）　　（i）模拟釉中青花工艺×100倍　　（j）漳州窑青花×100倍（反射光）

州窑瓷相似的结构。这种釉浆状的彩料因能与釉层混溶，因此与元代及以后的青花钴料等粉末状彩绘料的结构有着较大的差异。

3. 长沙窑白釉绿彩岩相结构

图三（a）选取了含有绿彩与白釉两种颜色的切面，左侧为绿彩，右侧为白釉，图三（d）为白釉部分放大形貌。可以看出，绿彩部分釉面几乎完整，釉泡显著小于白釉部分。而图三（b，c）放大绿彩后，显示化妆土与绿彩之间有细密的针尖状钙长石生成，而白釉部分的化妆土与釉面结合处界限较为分明，未见钙长石晶体。绿彩以铜元素呈色，而铜的熔点较低，易于扩散，因此铜绿色能够均匀地分布于整个釉面[8]。这一点与云南青花有一定的相似性，但是钙长石（$CaO \cdot Al_2O_3 \cdot 2SiO_2$）一般认为是较高铝质的胎体提供氧化铝、氧化硅，高钙质的釉面提供氧化钙、氧化硅，高温熔融阶段在胎釉结合处所生成[9]。如果是釉下施绿彩料，则绿彩料一般会将胎与釉阻隔，不易生成这种晶体。

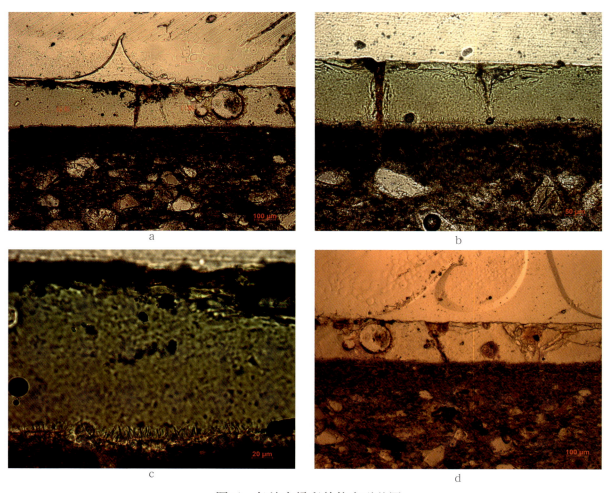

图三　长沙窑绿彩单偏光形貌图

（a）长沙窑－2绿彩及白釉×100倍，左侧绿彩，右侧白釉　　（b）长沙窑－2绿彩×200倍　　（c）长沙窑－2绿彩×500倍
（d）长沙窑－2白釉×100倍

　　这一特点在明代早期的以铜离子呈色的釉里红瓷器较为明显（图四 a，b），早期釉里红瓷器经常能看到铜红发色较为晕散，明早期因工艺不甚成熟，温度和气氛控制不精使得铜离子发黑，晕散程度高。无论纯铜或是氧化铜，其熔点均在 1100℃ 以内，相对于氧化铁则更易熔融[10]，故尽管长沙窑烧造温度偏低会造成胎体生烧，但是烧造温度也足以使铜在烧造过程完全熔融。实验观察到铜离子呈色部分的釉面相对于白釉釉面部分更加洁净无釉泡，白釉部分则与典型的钙釉类似，其釉泡稍多，其机理尚需进一步研究。

　　与上述长沙窑褐斑彩施彩工艺一样，长沙窑铜绿彩也是使用了类似于釉浆的釉料作为彩绘

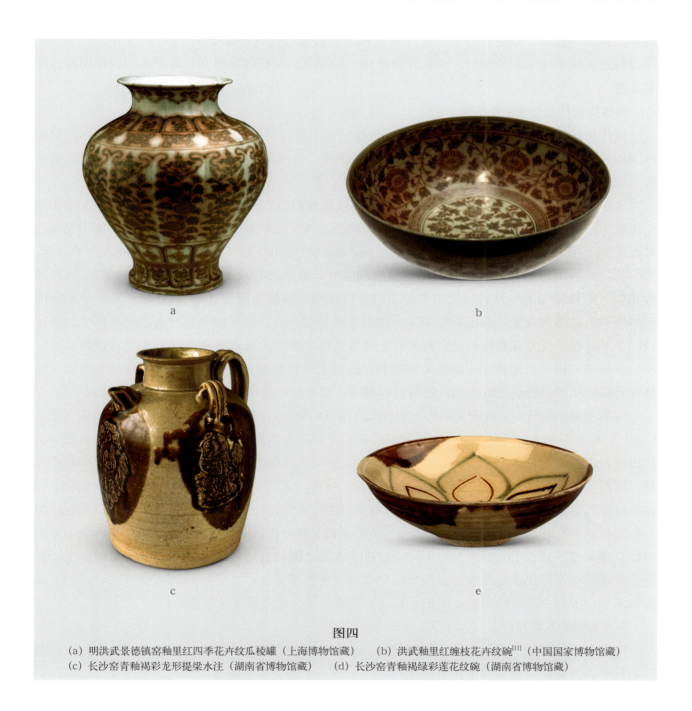

图四

（a）明洪武景德镇窑釉里红四季花卉纹瓜棱罐（上海博物馆藏）　　（b）洪武釉里红缠枝花卉纹碗[11]（中国国家博物馆藏）
（c）长沙窑青釉褐彩龙形提梁水注（湖南省博物馆藏）　　（d）长沙窑青釉褐绿彩莲花纹碗（湖南省博物馆藏）

料，施于陶瓷釉面上方，因此烧制时扩散于整个釉面而不似典型釉下彩等有明显彩绘痕迹。图四（c），（d）均为湖南省博物馆藏长沙窑褐斑彩瓷器，均明显使用了蘸釉工艺。如图四（c），褐斑彩如果是毛笔所绘，其褐彩圆面难以如此整齐，同样褐彩的左侧也不会出现两条流彩的瑕疵，其流釉应该出现于壶身下方，其工艺应该是窑工手持壶两头将壶侧身，一面浸到褐色釉浆中，提起来时壶身稍有转动导致少量釉浆流动到了侧面，形成流釉。图四（d）碗身边缘施有四片褐斑彩，如果彩是画上去的，那四片彩色之外应该不会有其他彩，但是其他部位边缘同样出现了稍许褐彩，所以很显然彩料是蘸上去的褐色釉浆。

综上可知，长沙窑彩瓷上常见的褐斑彩、绿彩为浆状的颜色釉，而非后世研磨细腻经过调和的矿物颜料（青花、釉里红等），这类颜色釉更适合进行传统的泼墨工艺绘画，因此褐斑贴花、没骨写意画等彩装饰较为常见，而长沙窑彩瓷上的诗文、动植物等精细装饰图案则较难用颜色釉来实现。

4. 现仿长沙窑及釉上彩结构

现代仿长沙窑其结构图五（d）与唐代长沙窑褐彩及绿彩结构完全不一致而与图五（c）模拟釉下褐彩试样及图二（e）德化窑青花显微结构接近，这一特点同时也显示了现代仿长沙窑褐彩瓷仍然使用了典型的釉下褐彩工艺。

本次实验所制图一（e）釉下褐彩瓷片因施以乳浊白釉，因此表面看起来与长沙窑大块褐斑相比更为暗淡，同样印证了如果长沙窑施彩于釉下，其发色效果应该较差的观点[12]。如果先施白釉而后蘸上加入长石为助熔剂的褐彩浆料，则其显微结构如图五（a）所示，浆料渗入釉下较深，胎与彩之间有明显的白条纹，彩料结构呈现均匀分布的状态与出土长沙窑显微结构图二（c）较为相似。而如果先施白釉后直接用矿物颜料进行彩绘，则呈现图五（b）的形貌，其彩绘部分因颜料较浓且助熔剂含量少而容易形成未熔融的彩料聚集现象，甚至因氧化铁含量较高而生成氧化铁的结晶，这一现象在唐代长沙窑褐彩诗文瓷等精细彩绘瓷的褐彩部分时有出现[13]，推测长沙窑精细彩绘瓷的褐彩可能使用了富铁矿物颜料在底釉上进行彩绘。通过与仿烧样品的比较可知长沙窑褐斑彩所用的彩料更接近于加入助熔剂的釉浆，而精细彩绘所用的褐彩则接近矿物颜料。

本次所测试的另一片在青龙镇出土的唐代青釉褐彩瓷片，显示出较为明显的釉上彩特征（图二f，g），褐彩与釉面融合较好，没有出现褐彩料的结晶，与该瓷片类似的瓯窑褐彩瓷片经科技分析后也显示东晋到宋代部分瓯窑样品中釉上彩与釉下彩工艺并存[14]，显然本次检测的唐代青釉褐彩瓷的大块褐斑也是通过先施青釉再蘸褐色釉浆所制。同样对宋辽金时期磁州窑的分析可以看出釉下白地黑花要到金海陵王时期才出现[15][16][17]。现有资料表明唐代青花瓷也曾使用过釉上彩[18]，因其釉层和彩浆料融合较好，难以从眼睛观察区分，需要通过显微分析区别，而与后世的五彩瓷等釉上彩则可以直接通过眼睛及手的触摸分辨不同。而对宋代及之前瓷器的釉彩显微科技分析文献极少，部分金时期鹤壁窑红黑彩瓷器通过显微分析可明确属于釉下彩绘[19]。因此从现有资料来看，釉上彩为宋及宋以前的主流装饰手法，而釉下彩绘工艺要至于金代之后才发展成熟。

5. 中国釉彩发展探讨

中国釉彩发展经历了最初新石器时代以仰韶文化为代表的彩陶文化的繁荣，彩绘陶器上多施以赤铁矿、黑锰矿以及炭黑等矿物性原料[20][21]，这一时期原始釉还未出现，如上山文化时期红彩

图五　现代样品单偏光形貌图

（a）模拟釉上褐釉×100倍（对应样品为图一d）　　（b）模拟釉上褐彩×100倍（对应样品为图一c）　　（c）模拟釉下褐彩×100倍（对应样品为图一e）　　（d）现仿长沙窑褐彩×100倍　　（e）云南建水窑青花×100倍（反射光）　　（f）上山文化时期红色涂层陶器

陶（图五f），可以看到红彩部分含有的氧化铁小颗粒较陶胎更多。

新石器时代晚期至二里头文化时期因落灰成釉或陶衣成釉等因素出现了原始的釉陶[22]，这个时期瓷釉技术仍然较为落后，釉面呈现青灰色，因此早期的瓷釉与彩绘工艺仍有较大的差异。到了商代二里冈文化时期，则出现了原始的黄绿、淡绿、黄绿、黄灰等釉色[23]，从这个时期起，釉

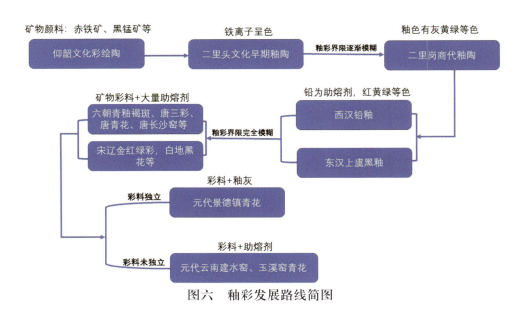

图六　釉彩发展路线简图

与彩绘逐渐界限模糊。汉代武帝时期，以铅作为助熔剂的铅釉的出现极大丰富了釉彩颜色，其中以红褐、黄褐、绿色为主[24]，其器物表面多有流釉的现象[25]，因此推测其釉浆较为稀薄且釉彩已经开始不分。

至于东汉，浙江上虞地区以黑釉瓷为代表的颜色釉瓷器创烧成功，而"建宁三年"纪年墓中黑釉瓷的出土证明黑釉工艺至汉末已经较为成熟[26]，因此推测从东汉至六朝及唐宋时期，釉彩不分的状态即颜色釉即当釉又当彩的现象一直持续了接近约一千两百年，釉彩不分导致彩料本身带有大量助熔剂[27]，因此像宋元衡山窑的粉底彩釉绘花瓷即使花纹单独施加于胎体也能较好熔融[28]。唐代的三彩对唐代青花的发展具有较大的指导意义，唐三彩的装饰技法采用了基础釉上或釉下三彩、点描法、流釉法、涂釉法、拔蜡法等[29]，这些技法特别是流釉法对三彩釉浆的流动性均有较高的要求。唐代青花料的配制应与当时的三彩釉浆配制相似，将钴料混合助熔剂制作成为稀释的青花料釉浆，因此这种单一的釉浆在彩绘时往往造成浓淡失衡，只能以点彩、条纹、几何纹、简单的花卉纹及故事图作为图案[30]，缺少层次分明美感，唐代这种釉彩不分的技术也许也是唐代青花工艺昙花一现未能大规模流行的原因之一。到了宋代，《宋会要辑稿》中有"后苑烧朱所，掌烧变朱红，以供丹漆作绘之用，太平兴国三年置"的记载，同样许之衡在《饮流斋说瓷》中也有："瓷之有花，宋代以渐流行，……宋瓷暨有红绿花彩者"的记载[31]，说明北宋时期以开始使用釉上红彩。同样河南中部以北地区发现的早期釉上多色彩绘陶瓷同样表明"矾红＋铅"的彩料制作技术在宋金时期已趋于成熟[32]。

到了元代，从国外进口名贵的青花料作为釉下彩绘装饰，钴料通过研磨及加入釉灰等一系列工艺（到了明代对回青进行敲青、淘青、研乳、验青工序进行加工[33]）配制成了成熟而独立的彩料而非釉浆，更易于在胎体绘画，且青花的绘画工艺逐渐发展出了淡描、分水、混水等一系列的工艺技法[34]，产生出了如"萧何月下追韩信""鬼谷下山"等生动的人物故事图案。同时期也有雾蓝釉这种釉浆，在元代其他地区如云南玉溪窑、建水窑等青花在配制彩料时钴料加入了较多的釉果作为助熔剂[35]，配制成的青花色料较景德镇地区更加稀薄，烧制完成后在胎釉间残留的青花色料较少，此时的云南青花料如三的 1 小节分析所示，在某种程度上也是更接近颜色釉浆而非彩料。

四　结论

釉下、釉中、釉上彩的岩相结构受多种因素的影响而较为复杂。总体而言，采用釉下彩工艺时，彩料更容易聚集在胎釉结合处（图五 c），但也容易扩散到整个釉面（图五 e）。采用釉中彩工艺时，彩料会聚集在釉中（图二 h），同时也容易扩散到整个釉面（图二 j）。采用釉上彩工艺时，彩料很可能不能完全充满整个釉面，易在胎釉结合处留下浅色条纹（图二 c），但亦可扩散到整个釉面（图二 g）。如果整个釉面都充满彩料则仅凭显微观察难以判断是釉下、釉中还是釉上施彩工艺。

结合科技检测与复烧实验可知，本次检测两件长沙窑青釉褐斑彩与白釉绿彩样品的釉彩结构更接近于典型的颜色釉，而与后世经精研过的矿物颜料的釉下彩等彩料工艺存在显著的差异；长沙窑褐彩诗文瓷、精细褐绿彩绘瓷的褐彩则很可能采用了矿物颜料在釉上绘制。长沙窑工匠综合利用了色釉彩与矿物彩料，在中国古代釉彩工艺史上起到承前启后的重要作用。

根据本次实验测试结果及相关文献报道推测，很大一部分原先认为的宋代以前釉下彩瓷器很可能是采用一种釉上再施褐釉的釉上彩工艺。颜色釉浆与彩料不分的工艺可能限制了唐代青花的发展。唐代瓷器的彩如长沙窑褐斑彩、绿彩等未从颜色釉中独立出来，褐斑彩瓷器多为简单的颜色釉，好比书画中的水墨山水使用色彩简单淡泊，如吴道子等代表人物能够绘"江陵江三百余里山水，一日而就"，纹饰大多简洁随性。而等到元代后，矿物彩料与釉分开，好比青绿山水使用矿物颜料细描，则如李思训绘嘉陵江需"累月方毕"。宋代及之前的瓷器彩料一方面可作为彩饰原料，另一方面因其所含助熔剂较高故能单独施加于胎体作为釉料使用，因此无论施于釉上或釉下均可，而到了元代以后矿物彩料的引入，因其缺乏助熔剂则必须要再罩一层透明釉方能显出玻璃质感。

注释：

[1] 邓白：《略谈我国古代陶瓷的装饰艺术》，《硅酸盐学报》1978 年第 4 期，第 69 ～ 85 页。

[2] 张福康：《长沙窑彩瓷的研究》，《硅酸盐学报》1986 年第 3 期，第 85 ～ 92、136 ～ 137 页。

[3] 张兴国：《釉上还是釉下？》，《中国文物报》2018 年 6 月 29 日第 5 版。

[4] 栗媛秋、杨益民、张兴国等：《长沙窑铜红釉釉上彩的显微分析》，《南方文物》2014 年第 4 期，第 148 ～ 150 页。

[5] 张玉山、丁益、梁铂：《长沙窑器物的釉彩工艺新析》，《中国陶瓷》2018 年第 11 期，第 79 ～ 83、87 页。

[6] 彭善国：《定州红瓷浅议》：《文物春秋》2001 年第 1 期，第 19 ～ 21 页。

[7] 王恩元、熊樱菲、龚玉武等：《古陶瓷化妆土与反应层结构的研究》，《中国陶瓷》2018 年第 8 期，第 46 ～ 51 页。

[8] 李国桢、郭演仪：《中国名瓷工艺基础》，上海科学技术出版社，1988 年。

[9]Enyuan W, Yinfei X, Yibing Z, et al. Regional microstructural characteristics between the body and glaze of ancient Chinese ceramics. *Ceramics International*, 2020, 46(14): 22253−22261.

[10] 管理、朱剑、樊昌生：《明代官窑釉里红瓷器SR-XRF微区线扫描分析》，《核技术》2013年第7期，第15～18页。

[11] 施泳峰：《瓷中贵族——洪武釉里红》，《文物鉴定与鉴赏》，文物出版社，2018年，第38～40页。

[12] 张玉山、丁益、梁铂：《长沙窑器物的釉彩工艺新析》，《中国陶瓷》2018年第11期，第79～83、87页。

[13] 张兴国：《釉上还是釉下？》，《中国文物报》2018年6月29日第5版。

[14] 陈尧成、金柏东：《瓯窑褐彩青瓷及其装饰工艺探讨》，《上海硅酸盐》1994年第3期，第163～168页。

[15] 陈尧成、郭演仪、刘立忠：《历代磁州窑黑褐色彩瓷的研究》，《硅酸盐通报》1988年第3期，第5～14页。

[16] 秦大树：《磁州窑白地黑花装饰的产生与发展》，《文物》1994年第10期，第48～55页。

[17] 彭善国：《所谓辽代釉下黑花器的年代问题》，《文物春秋》2003年第5期，第25～28页。

[18] 顾风、徐良玉：《扬州新出土两件唐代青花瓷碗残片》，《文物》1985年第10期，第77～80页。

[19] 陈光成、郭演仪、赵青云：《鹤壁集窑黑、红彩陶瓷的显微结构特征》，《硅酸盐学报》1990年第6期，第506～511页。

[20] 李曼、刘东兴、吴金涛等：《大河村遗址出土仰韶时代彩陶颜料及块状颜料初步分析》，《洛阳考古》2018年第2期，第90～95页。

[21] 赵灵委、陈海龙、赵虹霞等：《庙底沟遗址出土仰韶文化彩陶的科学研究》，《光谱学与光谱分析》2018年第5期，第98～107页。

[22] 鲁晓珂、方燕明、李伟东等：《新石器时代中晚期黄河流域陶衣技术的发展研究》，《华夏考古》2017年第2期，第66～73页。

[23] 安金槐：《河南原始瓷器的发现与研究》，《中原文物》1989年第3期，第1～8页。

[24] 王熠、田卫丽：《汉代铅釉陶发展综述》，《文博》2010年第2期，第17～23页。

[25] 李知宴：《中国釉陶艺术》，轻工业出版社，1989年。

[26] 李家治：《中国科学技术史（陶瓷卷）》，科学出版社，1998年，第185～189页。

[27] 陈尧成、金柏东：《瓯窑褐彩青瓷的初步研究》，《南方文物》1991年第4期，第37～40页。

[28] 周世荣、郑均生：《湖南古窑址调查之二——彩瓷》，《考古》1985年第3期，第241～256页。

[29] 方忆：《唐三彩彩釉工艺与唐代染缬工艺关系之初步探讨》，《故宫博物院院刊》2010年第2期，第66～85页。

[30] 赵光林、刘树林：《略论我国民窑青花瓷的起源和发展》，《首都博物馆丛刊（第11辑）》，地质出版社，1997年，第73～80页。

[31] 刘伟：《窑址采集红绿彩标本及红绿彩瓷对比研究》，《文物世界》2010年第4期，第16～22页。

[32] 望野：《河南中部迤北发现的早期釉上多色彩绘陶瓷》，《文物》2006年第2期，第54～91、95、1页。

[33] 熊寥：《中国古代制瓷工程技术史》，山西教育出版社，2014年。

[34] 陈殿：《"混水"与"分水"考辨》，《华夏考古》2018年第5期，第106～112页。

[35] 陈尧成、郭演仪、赵光林：《玉溪、建水窑青花瓷器研究》，《中国陶瓷》1989年第6期，第56～62页。

安徽省内发现的长沙窑瓷器研究

陈超[*]

摘要： 安徽省内出土长沙窑瓷器主要集中于长江沿线及其以北地区，以通济渠运河遗址中出土最多，另外在合肥、巢湖、寿县、凤台、六安等地区的墓葬中也有出土。器形主要有碗、执壶、罐、瓶、水盂、砚滴、盒、枕、纸镇等，其中以碗和执壶为最多。釉色主要是青釉，装饰是褐彩、模印贴塑褐彩、青釉绿彩。出土长沙窑瓷器为两期：第一期是唐玄宗天宝年后至唐宪宗时期（756～820年）；第二期是唐穆宗至唐晚期。长沙窑产品主要是沿长江销往沿江两岸，然后再到达扬州，转而通过邗沟，沿着通济渠到达皖北沿线城市，进而向洛阳、西安等大都市运输。在安史之乱后期，淮南道、江南道的社会经济得到快速发展，大量北方人口涌入这些地区，提高了这一地区的社会消费水平和购买力，并且宣州、庐州和寿州又是产茶重镇，长沙窑生产的茶具也受到该区域民众的欢迎。

关键词： 长沙窑　内销贸易　市场需求　通济渠

一　概述

长沙窑是唐代著名窑场，窑址自 20 世纪 50 年代发现以来，重要发现不断呈现，文化面貌逐渐清晰。生产的瓷器也是著名的贸易瓷，分布于全国大部分地区，并运输到国外销售。尤其是"黑石号"沉船中发现大量的长沙窑瓷器，更使学界震惊于长沙窑的产量和销售能力。虽然长沙窑产品的内销能力不及外销，但仍属于当时人喜欢购买的产品类型。比如安徽省内就出土了不少长沙窑的产品，遗址和墓葬中均有出土。集中出土于长江以北的地区，具体分布在合肥、巢湖、寿县、凤台、定远、淮南、六安等地区以及通济渠运河遗址中。

关于安徽发现的长沙窑瓷器前人也有过研究，如王业友就安徽博物馆藏的 100 多件长沙窑瓷器进行了分类研究，主要有壶、罐、盒、水盂、砚滴、镇纸等。并认为安徽出土的长沙窑瓷器不是从长沙直接运入，主要是长沙窑沿长江运至扬州集散地后再进入安徽地区[1]。周世荣在论及长沙窑销售路线时也提到了安徽出土的长沙窑瓷器情况，但未做深入研究。淮北博物馆的武可和刘艳分别就馆藏的长沙窑瓷器从釉色、胎体、装饰艺术等几方面做鉴赏研究，属于资料介绍性质[2]。朱秀丽将安徽博物院馆藏唐宋陶瓷执壶为研究对象，其中多件是长沙窑的产品，重点探讨长沙窑瓷执壶的特征、区别，以及执壶与唐宋时期茶酒文化的关系[3]。刘东按照器形类别详细介绍了安徽省内长江流域、环巢湖区域、淮河流域、大运河沿岸等地出土的长沙窑瓷器。并且讨论了长沙

* 陈超：南京大学历史学院、安徽省文物考古研究所。

窑运销安徽的问题和执壶与茶叶发展的关系，是比较系统的公布与研究安徽长沙窑瓷器的成果[4]。陈超对柳孜运河遗址出土的瓷器进行了详细研究，认为长沙窑除生产外销瓷，还有一种平价的瓷器在国内流通，并绘制了长沙窑瓷器在皖的贸易线路[5]。朱锐公布了宣城市水阳江流域出土的几件长沙窑瓷器，对长沙窑瓷器在宣城出土的原因展开讨论，这批资料公布对研究长沙窑行销路线比较重要[6]。前期成果多是对资料的介绍和艺术分析，具体阶段性变化和分期研究较少，贸易线路研究不深入。笔者以所公布的安徽出土长沙窑瓷器做类型学研究后进行编年分期，并对贸易线路深入研究。

二　安徽出土长沙窑瓷器

安徽出土长沙窑瓷器主要集中在沿江的安庆、铜陵、宣城和马鞍山；环巢湖流域的巢湖、合肥；隋唐大运河遗址中。产品类型主要有碗、注壶、罐、瓶、水盂、砚滴、盒、枕、镇纸等，其中以碗和执壶为最多。釉色以青釉为主，少量绿釉，装饰是褐彩、褐彩花卉、模印贴塑褐彩、青釉绿彩等。下面具体介绍：

1.碗

主要在运河遗址中出土，如柳孜运河遗址、宿州西关运河遗址等。器形比较单一，均为青釉，无彩绘，敛口，弧腹，玉璧底，黄褐色胎，胎质疏松。少量带彩绘的青釉盏（图一，1）。

2.注壶

器形相对多样，按照口部不同分为四型。

A型　喇叭口，数量相对较多，所采用的装饰纹样存在差异，又可以分为两个亚型。

Aa型　褐彩贴塑纹。根据腹部胖瘦及颈部变化分为两式。

Ⅰ式　腹部较胖，颈较短，柄上端在颈肩结合处。如宣城水阳江出土注壶（图一，2）。

Ⅱ式　腹部相对变瘦，颈部变宽高，柄上部在颈部中间。如安徽博物院藏青釉褐斑模印贴花胡人乐舞纹执壶（图一，3）。

Ab型　贴塑纹。略胖，长颈略束，瓜棱腹。如柳孜运河遗址出土贴塑双鱼纹注壶（图一，4）。

B型　喇叭口，素面无彩绘。根据腹部和颈部变化分为三式。

Ⅰ式　形制同Aa型Ⅱ式。但有瓜棱。如巢湖伍氏墓出土的执壶（图一，5）。

Ⅱ式　腹部瘦，开始下垂，颈部略束，有瓜棱。如巢湖伍氏墓出土的执壶（图一，6）。

Ⅲ式　腹部瘦，垂腹明显，束颈。如马鞍山博物馆藏（图一，7）。

C型　盂口，数量少。圆鼓腹，柄部上端连接盂口。流极短。如安徽博物院藏和宣城水阳江出土（图一，8）。

D型　盘口，瘦高，细长流。如蚌埠市博物馆藏（图一，9）。

3.水盂

根据器物胖瘦分为一型。

小口，鼓腹，平底，器表有褐彩斑。根据胖瘦分为两式。

图一　安徽出土碗、注壶、水盂、水注等型式图

1、4.柳孜运河遗址出土　2.宣城水阳江出土　3、8、10～16.安徽博物院藏　5、6.巢湖伍氏墓　7.马鞍山博物馆藏　9.蚌埠市博物馆藏

Ⅰ式　器形略高，较胖，鼓腹。如安徽博物院藏（图一，10）。

Ⅱ式　器形矮扁，扁鼓腹。如安徽博物院藏（图一，11）。

4.仿生水注

根据器物胖瘦分为一型。

主要是仿鸟形，腹部均瓜棱。根据腹部胖瘦分为两式。

Ⅰ式　略敛口、鼓肩、圆鼓腹，器形略矮。如安徽博物院藏（图一，12）。

Ⅱ式　卷沿，有颈，鼓肩，弧腹。器形略高。如安徽博物院藏（图一，13）。

其他器形数量少，无法分形式，仅简单介绍。

分为粉盒与油盒两种。柳孜运河遗址出土几件瓷盒，合肥市北门外高河埂出土较为完整，盒盖与盒身做子母口扣合。盒身为直壁圆筒形，上部为隆起。盒盖面为绿彩绘几片草叶纹图案（图一，14）。

安徽博物院收藏一件瓷枕，合肥市出土。长方形，束腰，枕面微凹，通体施青釉，枕面施有绿彩（图一，15）。安徽博物院藏品中有一件兽形镇，1953年于合肥市安徽大学工地出土。全器塑一卧兽伏于一台面上，形似狮。兽的头部、背部和尾部都绘有褐、绿、蓝三色条状彩（图一，16）。

另还有一些钵、罐等器形。

三　年代

长沙窑是唐代中晚期比较著名的瓷窑，位于湖南长沙，在湘江岸边，湘江属于长江的支流，水运发达。晚唐诗人李群玉在《石渚》中云：古岸陶为器，高林尽一焚。焰红湘浦口，烟浊洞庭云。回野煤飞乱，遥空爆响闻。地形穿凿势，恐到祝融坟。透露出长沙窑的繁盛。

关于长沙窑的年代分期有多位学者做过研究，长沙窑课题组认为第一期是盛唐末至中唐前期，第二期约当中唐后期至晚唐前期，第三期约当晚唐时期，第四期约当晚唐末至五代时期[7]。李梅田依据长沙窑早期发掘资料，参照各地墓葬出土瓷器，将长沙窑分为三期：第一期为长沙窑发展期，约当8世纪及9世纪前半期。第二期为盛烧时期，约当9世纪后半期。第三期为衰落期，约10世纪前期[8]长沙市考古所认为第一期是约为中唐前期，第二期是中唐后期至晚唐前期，第三期是约在晚唐后朗至五代[9]。郭志委认为第一阶段为创烧至9世纪前后，第二阶段为9世纪至10世纪初，第三阶段为10世纪初至中叶，第四阶段为10世纪中叶直至停烧[10]。

长沙窑也出土一些纪年瓷器，迄今发现最早的纪年瓷是一件碾轮（T1②：42），上刻"贞元十七年（801年）□月廿一日□□毛相奉"，该遗址还出土一件纪年模具（T1③：102），侧面有"元和四年"题款[11]。最晚是一件碾槽，上刻"天成四年（929年）五月五日造也"。李建毛先生认为长沙窑经过了岳州窑期、演变期、繁盛期、停烧期、复烧期。长沙窑出现的时间当在安史之乱之后至8世纪之交。长沙窑的出现实际上是南北瓷艺融合的产物，衰落于五代末期[12]。

安徽随葬长沙窑瓷器的纪年墓有两座，分别是巢湖市发现的伍府君墓，墓主葬于会昌二年

（842年）[13]。还有巢湖半汤发现的大中四年（850年）李府君墓[14]。

1979年长沙市铜官镇灵官嘴出土一件纪年褐绿彩花鸟壶，瓜棱形腹，双系，弓形柄，多棱形短流下以褐绿彩绘一鹭鸶，腹部另一侧书写有"大中元年正月廿八日书记"文字（847年）与C型注壶相似（图二，1）。长沙市望城区窑址出土青釉褐彩诗词壶，腹流下题诗一首，字呈浅褐色，其内容为："后岁迎乃岁，新天接旧天。元和十六载，长庆一千年"，元和十六载应为长庆元年（821年）[15]。该壶与B型Ⅰ式相似（图二，2）。河北石家庄市振头村唐墓中出土的贴塑长沙窑注壶与宣城水阳江出土的A型Ⅰ式注壶相似。该墓出土纪年墓志"元和七年十一月十六日奄

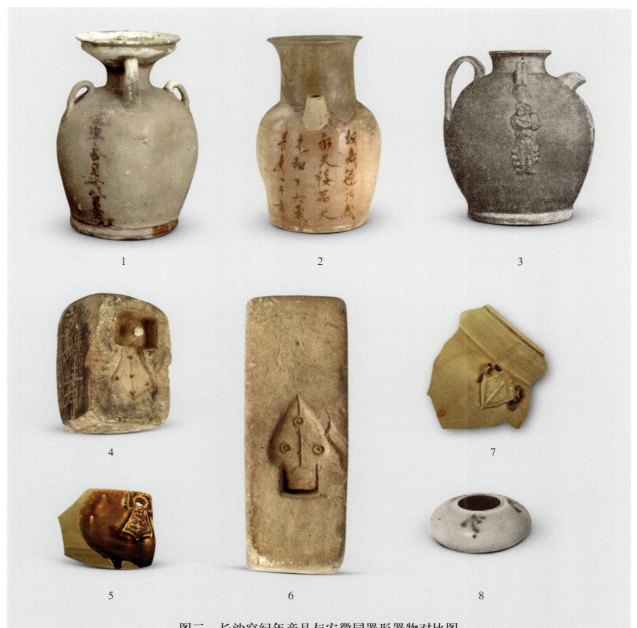

图二 长沙窑纪年产品与安徽同器形器物对比图
1.长沙市铜官镇灵官嘴出土 2.长沙市望城区窑址出土 3.石家庄市振头村唐墓出土 4.长沙市望城区铜官镇都司坡出土
5、7.柳孜运河遗址出土 6.长沙市望城区书堂乡窑址出土 8.黑石号沉船出水

□于恒府石邑县之私弟春秋六十五"，元和七年是 812 年 [16]（图二，3）。

1979 年长沙市望城区铜官镇都司坡出土一件纪年器耳模印具，器物上刻有"元和三年""正月卅""日造此印子""田工□宰记"，元和三年是 808 年。器耳模具与柳孜运河遗址出土的钵的器耳相同 [17]（图二，4、5）。1978 年长沙市望城区书堂乡窑址采集的一件纪年树叶形器耳，器身刻有"大和五年十二月六日造"，大和五年是 831 年。该件器物与柳孜运河遗址出土的罐上器耳相同 [18]（图二，6、7）。黑石号沉船出水"宝历二年"彩绘瓷碗（826 年），同出的还有褐彩水盂与 Ⅱ 式水盂相似 [19]（图二，8）。长沙窑出土一件刻有"开平三年"长方形枕，底刻："开平三年六月廿八日开造，夏月二女使用"。开平三年是 909 年 [20]。

综上把安徽省内长沙窑的瓷器分为二期：第一期是唐玄宗天宝年后至唐宪宗时期（756 ～ 820 年）；第二期是唐穆宗至唐末期（821 ～ 907 年）。

四　结语

长沙窑产品作为重要的贸易瓷器，除大量销往海外，还有一部分是在国内销售。安徽省内出土的瓷器就是最好的明证，并且器物类型时代也基本和长沙窑兴衰相对应。产品类型主要以碗和注壶为主，长沙窑比较流行的露胎彩绘花鸟碗基本不见。其中出土环境以水道遗址发现较多，如大运河遗址，其次是墓葬。

长沙窑的产品到达安徽省内的贸易路线相对比较复杂，具体是从洞庭湖出发进入长江后，沿江销往沿江两岸，在进入安徽省内之后，过安庆、铜陵之后，进入芜湖。芜湖是一个重要的中转贸易港口，由此分三条贸易线路，一条相比经过濡须水进入巢湖流域，进而沿曹操运河进入淮河。第二条是沿水阳江南下进入宣城省内，唐中后期，在今天的安徽江南地区设有宣州、歙州（即后来的徽州），这里物产丰富，水路交通发达，素为上州望郡，地位十分重要。同时，宣州在处长江流域，河流众多，易发水患。裴耀卿到宣州之前，州境经常发大水，冲坏河防，各州因无朝廷诏令一般不敢擅自兴役修复。裴耀卿说："不动工筑堤，不是至公"。于是改革漕运，输江淮粮源进京，水阳江便成了上邑宣州漕运的重要航道 [21]。第三条也是重要的一条，继续沿着长江一路东进，经马鞍山、南京后进入扬州。扬州在当时是"扬一益二"的国际大都市，是各种商贸物品的集散地。在扬州经过产品分流和停顿之后再转运通过邗沟。在淮安地区，在此又是贸易中转之地，分两条线路，一条分支是沿着通济渠到达皖北沿线城市，进而向洛阳、西安等大都市运输。另一条分支是进入淮河，逆流而上到达蚌埠、淮南等地。

总之，安徽境内优良的水道运输利于长沙窑的产品在区域内快速流通。在安史之乱后期，淮南道、江南道的社会经济得到快速发展，大量北方人口涌入这些地区，提高了这一地区的社会消费水平和购买力。并且宣州、庐州和寿州又是产茶重镇，长沙窑生产的茶具也受到该区域民众的欢迎。

本文得到郑州中华之源与嵩山文明研究会青年课题"一带一路视域下隋唐通济渠考古学研究（Q2022-8）"资助。

注释：

[1] 王业友：《谈谈安徽出土的长沙窑瓷器》，《湖南考古辑刊（第四集）》，岳麓书社，1987 年。

[2] 刘艳：《淮北柳孜运河出土长沙窑瓷探析》，《文物鉴定与鉴赏》2013 年第 7 期。武可：《唐代长沙窑瓷的异域特色——以淮北柳孜隋唐运河遗址出土长沙窑执壶为例》，《文物鉴定与鉴赏》2014 年第 9 期。

[3] 朱秀丽：《安徽博物院馆藏唐宋时期陶瓷执壶》，《文物鉴定与鉴赏》2020 年第 19 期。

[4] 刘东：《安徽出土的长沙窑瓷器述略》，《湖南省博物馆馆刊（第十六辑）》，2020 年，岳麓书社出版，第 415 ～ 423 页。

[5] 陈超：《长沙窑瓷器内销贸易研究——以柳孜运河遗址为例》，《中国港口博物馆馆刊》2020 年增刊第 2 期。

[6] 朱锐：《宣城水阳江综合治理工程中出土的几件长沙窑瓷器》，《文物鉴定与鉴赏》2021 年第 12 期。

[7] 长沙窑课题组：《长沙窑》，紫禁城出版社，1996 年。

[8] 李梅田：《长江中游地区六朝隋唐青瓷分期研究》，《华夏考古》2000 年第 4 期。

[9] 长沙市文物考古研究所：《湖南望城县长沙窑 1999 年发掘简报》，《考古》2003 年第 5 期。

[10] 郭志委：《试论长沙窑瓷器外销的阶段性》，《南方文物》2019 年第 6 期。

[11] 长沙市文物考古研究所：《湖南望城县长沙窑 1999 年发掘简报》，《考古》2003 年第 5 期。

[12] 李建毛、张艳华：《长沙窑再认识》，《文物天地》2016 年第 12 期。

[13] 巢湖地区文物管理所：《安徽巢湖市唐代砖室墓》，《考古》1988 年第 6 期。

[14] 张宏明：《安徽巢湖市半汤乡发现唐墓》，《考古》1988 年第 12 期。

[15] 张海军：《略谈长沙窑出土的纪年瓷》，《东方收藏》2014 年第 8 期。

[16] 石家庄市文物保管所：《石家庄市振头村发现唐代贴花人物瓷壶》，《考古》1984 年第 3 期。

[17] 张海军：《略谈长沙窑出土的纪年瓷》，《东方收藏》2014 年第 8 期。

[18] 张海军：《略谈长沙窑出土的纪年瓷》，《东方收藏》2014 年第 8 期。

[19] 谢明良：《记黑石号沉船中的中国陶瓷器》，《美术史研究集刊》2002 年第 13 期。

[20] 长沙窑课题组：《长沙窑》，紫禁城出版社，1996 年。

[21]（宋）欧阳修、宋祁撰：《新唐书·裴耀卿传》，中华书局，1975 年。

邛窑十方堂遗址出土五代"类钧瓷"工艺研究

徐雪琨、黄晓枫、崔剑锋 *

摘要：邛窑十方堂遗址五代地层出土了一批高温釉彩瓷，其中部分瓷器外观与后世钧瓷类似，这类瓷器被考古学者称为"类钧瓷"。本研究即以此类"类钧瓷"为研究对象，通过激光剥蚀电感耦合等离子体原子发射光谱（LA–ICP–AES）、X 射线荧光光谱（ED–XRF）、体视显微镜的分析检测，讨论其工艺特征。分析结果显示，"类钧瓷"胎土为铁含量较高瓷石质胎土，为典型南方胎土，与后世北方钧瓷高铝黏土质胎不同，胎表面施有双层釉层，面釉蓝中闪紫，底釉为普通高温青釉。面釉铜含量高，说明该类瓷器是铜离子呈色，在还原气氛下烧成。与后世钧瓷相比较，发现"类钧瓷"与后世钧瓷工艺相似，但面釉成分与后世钧瓷的化学组成差异较大，表明二者可能不具有承继关系。

关键词：邛窑　类钧瓷　工艺研究

一　前言

　　"邛窑"，为"邛州窑"的简称，是具有鲜明地方特色的四川民窑体系，其创烧于南北朝，繁盛于唐，经历五代至宋代逐渐衰落，停烧于南宋中晚期[1]。邛窑遗址群包括南河十方堂、固驿瓦窑山、西河尖山子、白鹤大鱼村及柴山冲、黄鹤、官庄等多处古瓷窑遗址，其中十方堂窑址是邛窑系窑址中规模最大、遗物最丰富的窑址。该遗址位于今四川省邛崃市南郊南河十方堂村，旧名"高窑坝"。自 1984 年 3 月开始发掘，1989 年 12 月结束。共清理出窑炉 9 座，出土南朝至宋代遗物五万余件[2]。

　　邛窑烧造器物种类多样，以日用器具为主，包括生活用具、文具、工具、建筑材料、人物动物瓷塑等；釉色丰富，早期以青瓷为主，至隋创烧高温彩绘瓷，在唐代又以邛三彩著称。其中，在十方堂窑址发掘出土的瓷器中，部分五代瓷器表面釉色与后世钧瓷外观相似，这类瓷器也因此被称为"类钧瓷"，此前已有学者对这种"类钧瓷"进行研究[3]，并探究其与钧瓷的关系，认为"类钧瓷"与钧瓷外观相似，且有传世成瓷，由此推断二者间应具有承继关系。本文选取邛窑十方堂遗址五代地层出土的"类钧瓷"作为研究样品，通过对这类"类钧瓷"进行显微观察与成分分析，研究其工艺特征，并与后世钧瓷工艺进行对比，以期探讨二者间可能存在的联系。

---

* 黄晓枫：成都博物馆；徐雪琨、崔剑锋：北京大学考古文博学院。

二 样品及分析方法

十方堂遗址出土的"类钧瓷"瓷器分布于五代至北宋初年的地层中，集中分布于3A层与2层中，目前传世可见整器，观察可见器物整体施青色釉，表面不均匀施有乳浊釉。六片瓷片样品（编号为T0801-2-05、T0801-2-07、T0801-2-17、T0503-3A-04、T0503-3A-08、T0503-3A-14）多可见青绿色底釉，表面釉色蓝中闪紫，与后世钧瓷外观相似（图一）。

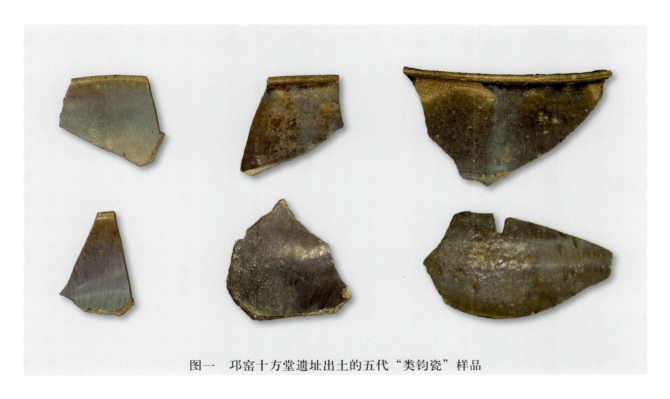

图一 邛窑十方堂遗址出土的五代"类钧瓷"样品

样品的分析检测在北京大学考古文博学院科技考古实验室进行。瓷釉成分利用 LA-ICP-AES（激光剥蚀电感耦合等离子原子发射光谱）检测，其中激光剥蚀系统为 UP-266 Marco（制造商：美国 New-Wave Inc.），ICP-AES 型号为 Prodigy High Dispersion（制造商：美国 Leeman Labs Inc.）。实验采用单标样归一法进行数据处理，以 Corning D 为标准，反复对标样 Corning C 校准。瓷胎成分采用 ED-XRF（能量色散型 X 射线荧光光谱仪）测试，型号为 Horida XGT-7000，可进行无损分析。分析条件：Rh 靶；X 光管电压 30kV，电流 0.062mA；信号采集时间 100s。样品表面的显微观察使用基恩士公司的 VHX-5000 型超景深三维视频显微镜。

三 结果

1.显微观察

在体视显微镜下观察所选样品，典型样品如图（图二，1、2）所示。

结果显示，"类钧瓷"样品胎质粗糙，显微镜下可见较多石英等颗粒。胎色较深，多数呈黄

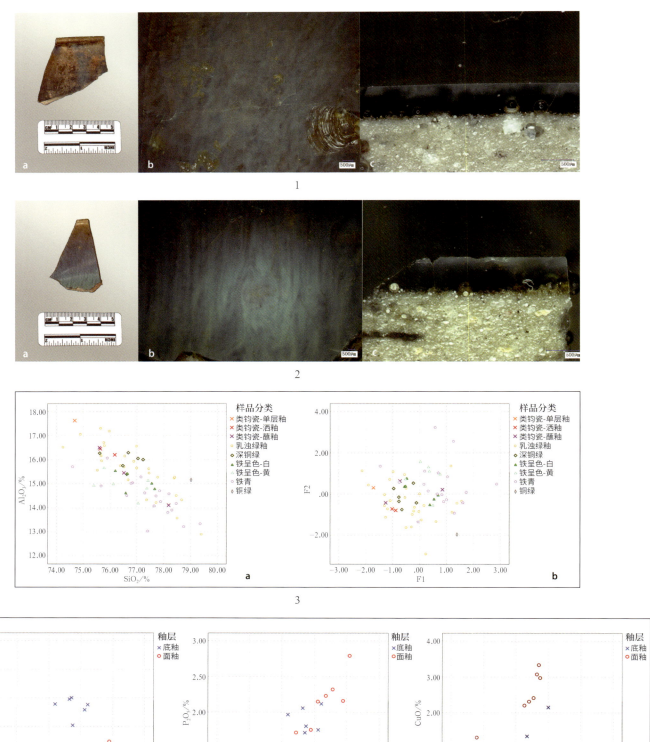

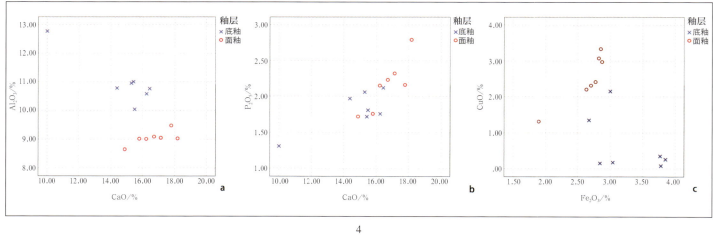

图二

1.T0503-3A-04样品照片与显微图像（a.样品照片，b.、c.体视显微镜观察图像）　2.T0503-3A-14样品照片与显微图像（a.样品照片，b.&c.体视显微镜观察图像）　3.胎分析结果（a.硅铝散点图，b.主成分分析结果图）　4.釉分析结果（a.铝钙散点图，b.磷钙散点图，c.铜铁散点图）

色胎，少数为灰色胎。所有样品从表面及剖面均显示施加了"底釉＋面釉"的双层釉工艺，底釉为透明青色釉，面釉为蓝色乳浊釉，两种釉在交界处有互溶现象，因此二者的边界不明显；表面的显微观察可见面釉呈现流纹状，说明面釉产生了分相。经过显微测量，"类钧瓷"样品釉层总厚度为 0.2 ～ 0.5mm，面釉厚度约 0.1 ～ 0.2mm。

2.成分分析

成分分析结果见附表 1。

成分分析结果显示，"类钧瓷"样品胎的 Al_2O_3 含量在 15% ～ 20% 之间，呈现高硅低铝的特点，是典型的南方瓷石质胎；胎中 Fe_2O_3 普遍偏高，均在 1.5% 以上，因此胎体颜色较深，与显微观察结果相符。对不同时代的邛窑瓷胎进行主成分分析，结果表明，不同时代的邛窑瓷胎的化学成分不具明显区分度，说明在五代至北宋初期，邛窑瓷胎原料来源稳定。

"类钧瓷"样品的釉层成分分析结果显示，"类钧瓷"面釉与底釉的化学成分略有不同。面釉的 Al_2O_3 含量在 8% ～ 10% 左右，主要助熔剂氧化物为氧化钙，另外还有一定量的氧化钾、氧化镁，其中 CaO 含量在 15% ～ 19% 左右，属于典型的高钙釉。此外，面釉的 P_2O_5 含量也较高，多在 2% ～ 3% 左右，这种高钙、高磷低铝的化学成分含量特点解释了在样品表面面釉呈现分相的原因——研究结果表明，钙和磷可以促进分相，而铝则抑制分相，所以如钧釉等分相釉的化学组成通常为低铝高钙高磷[4]，结合前人研究[5]，证明在唐代至五代时期，邛窑窑工就已经掌握了通过改变釉层配方产生分相效果的人工分相技术。同时，面釉的 Fe_2O_3 含量多在 2% ～ 3% 之间，CuO 含量则在 2% ～ 4% 左右，这一点则与钧瓷不同，这类天蓝色钧瓷通常仅为由液液分相形成的结构呈色，而邛窑的这种蓝紫色除了液液分相产生的蓝色外，应该还包括了铜离子贡献的部分离子色，因此邛窑类钧瓷呈蓝色应为离子呈色与结构呈色共同作用的结果。

与面釉相比，底釉的 Al_2O_3 含量与 Fe_2O_3 含量更高，底釉的 Al_2O_3 含量在 10% ～ 15% 左右，Fe_2O_3 含量在 2% ～ 4% 左右。而底釉的 CaO 含量、P_2O_5 含量与 CuO 含量则相对面釉更低。底釉的 CaO 含量多控制在 14% ～ 18% 左右，P_2O_5 含量集中在 1% ～ 2% 左右，同时基本不含 CuO（部分样品检测出 CuO 是烧成过程中面釉扩散进入底釉的结果）。从成分上来看，"类钧瓷"的底釉应为普通高温青釉。

综合上述结果分析，"类钧瓷"样品釉层可分为底釉与面釉，面釉具有低铝、高钙、高磷、高铜的成分特点，是离子呈色与结构呈色共同作用的蓝色乳浊分相釉；底釉是普通高温青釉。

四 讨论

1."类钧瓷"釉层工艺探讨

基于检测结果可知，"类钧瓷"釉层采取"底釉＋面釉"的双层釉工艺，其中底釉为青釉，面釉为乳浊铜呈色釉，底釉与面釉在成分组成上略有差异，面釉相较于底釉的 CaO、P_2O_5 与 CuO 含量更高，为进一步探究底釉与面釉在釉层配方工艺上的差异，对底釉与面釉化学成分数据归一处理，并进行对比。根据结果推断，"类钧瓷"面釉配方应该是在底釉配方的基础上，配入石英、草木灰与铜着色剂，形成蓝色乳浊分相釉。因面釉与底釉配方相似，二者之间存在一定比例的互溶，导致剖面上两釉层间的分界线相对模糊。

2．"类钧瓷"与钧瓷成分分析

"类钧瓷"与后世钧瓷外观都有在底釉上呈现浓淡不一的蓝白色窑变流纹的特点。为了量化外观的相似程度，选取东西大街出土钧瓷与邛窑"类钧瓷"利用色差仪进行色度测定，并将其与前人研究中已有的官钧 L-a-b 色度数据进行汇总。根据色度数据，邛窑"类钧瓷"面釉一部分偏绿偏蓝，另一部分则偏红偏蓝，底釉则整体偏红偏黄，将其与钧瓷 L-a-b 色度数据进行对比，得结果如图三所示。可以认为，邛窑"类钧瓷"面釉在颜色色度上与官钧蓝色釉以及东西大街出土钧瓷紫色釉的颜色色度接近，而底釉的颜色色度则与钧瓷的颜色色度之间相差普遍较大，无法视为接近。因此，在颜色上，邛窑"类钧瓷"的面釉与钧瓷的部分釉色接近，而二者底釉的颜色存在明显差异。

从釉层工艺来看，邛窑"类钧瓷"与后世钧瓷之间也具有一定相似性——二者均采用多次施釉的工艺，且面釉都是呈蓝白色的乳浊釉。不同点在于，邛窑"类钧瓷"通体只施两层釉，普通高温青釉作为底釉、蓝色乳浊分相釉作为面釉；而后世钧瓷往往施多层釉，且在釉色选择上也更加多样化，除了与邛窑"类钧瓷"相似的普通高温青釉为底釉、蓝白色乳浊釉为面釉外，部分还有紫红色釉层，或以斑块状饰于乳浊釉之上[6]，或介于青釉与乳浊釉之间[7]。

为进一步探求邛窑"类钧瓷"与后世钧瓷的联系，选取邛窑"类钧瓷"釉层成分数据与文献中官钧、金钧两种钧瓷釉层成分数据进行对比。整体而言，邛窑"类钧瓷"釉与钧瓷釉具有相似特点，即二者釉层化学组成均含有较低的 Al_2O_3、较高的 CaO 以及 P_2O_5。在具体化学组成上来看，邛窑"类钧瓷"底釉的 CaO 含量、Al_2O_3 含量与金钧相近，与官钧存在明显差异。"类钧瓷"面釉的化学成分含量与金钧以及官钧的数据则有明显差异，CaO 含量明显高于钧瓷，Al_2O_3 含量明显低于钧瓷，仅与极个别金钧相近。"类钧瓷"与钧瓷的 P_2O_5 含量之间也存在明显差异，"类钧瓷"的 P_2O_5 含量集中在 1% ～ 3% 左右，而官钧的 P_2O_5 含量则集中在 0.5% ～ 1%，明显低于"类

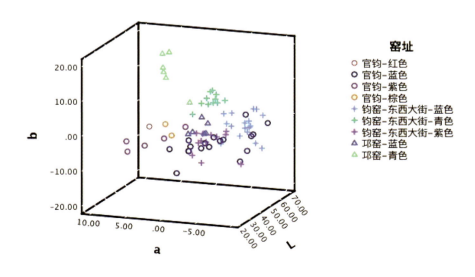

图三　色度对比结果

钧瓷"釉层中的 P_2O_5 含量（由于金钧数据缺少 P_2O_5 含量，因此没有纳入比较范围）。类钧瓷釉和钧瓷最为主要的区别是，天蓝色钧瓷均为有液液分相产生的结构呈色，而邛窑类钧瓷除了液液分相产生的结构色外，还包括了铜离子的化学呈色。

总结上述对比分析，邛窑"类钧瓷"的面釉釉色与钧瓷部分釉色接近，而二者底釉的釉色存在明显差异；邛窑"类钧瓷"施釉工艺与钧瓷施釉工艺相似，但后者往往会施多层釉，而非两层釉；邛窑"类钧瓷"釉层成分与金钧更为接近，但总体而言"类钧瓷"釉层成分与钧瓷釉层成分之间仍有明显差异。因此，邛窑"类钧瓷"与后世钧瓷之间具有一定的相似性，但也存在明显差异。

五 结论

根据以上研究结果及对比分析可知，邛窑"类钧瓷"为表面施双层釉的高温釉彩瓷，其面釉蓝中闪紫，是铜离子呈色与结构呈色共同作用的蓝色乳浊分相釉，底釉为普通高温青釉。经过计算处理推断，邛窑"类钧瓷"乳浊分相面釉应该是在青釉底釉的基础上，配入石英、草木灰与铜着色剂。

邛窑"类钧瓷"面釉釉色一部分偏绿偏蓝，另一部分偏红偏蓝，与后世钧瓷的部分釉色接近，但底釉釉色存在差异。从使用多层釉人为产生液液分相来说，邛窑"类钧瓷"及唐代的一些分相釉技术如鲁山花釉等为宋金时期钧釉等分相釉的产生奠定了技术基础，使得本来神秘的窑变分相釉变得人为可控。但呈色机理方面，类钧瓷和钧釉则属于不一样的体系，类钧瓷添加了含铜原料，本质上还是一类铜呈色的釉，只是由于配方的调整，变成了铜离子化学呈色和液液分相结构呈色一起的混合呈色。

邛窑始烧于南北朝，繁盛于唐，停烧于南宋，窑址集中分布于四川省；而钧窑始烧于唐末—北宋初年，盛于北宋中晚期，靖康后停烧，直至金大定后方进一步发展，窑址分布于河南省、河北省与山西省[8]，二者在时间上相隔较久，在空间上也存在一定距离，因此邛窑"类钧瓷"与后世钧瓷尽管具有相似工艺，但彼此之间应不具有承继关系。邛窑"类钧瓷"应是邛窑窑工在邛窑长期发展过程中逐步发明并传承的独特技术。

附表1

样品编号		SiO_2	Al_2O_3	Fe_2O_3	MgO	CaO	Na_2O	K_2O	P_2O_5	CuO
T0801-2-05	胎	74.68	17.63	2.18	1.37	0.34	0.90	2.08	0.00	0.00
	面釉	60.73	9.01	2.63	2.80	16.22	0.52	2.03	2.15	2.20
	底釉	61.45	10.78	2.67	2.60	14.38	0.54	2.44	1.97	1.35
T0801-2-07	胎	75.63	16.45	2.61	1.30	0.28	0.92	2.14	0.00	0.00
	面釉	58.55	9.05	2.85	2.15	17.13	0.49	2.39	2.32	3.33
	底釉	62.11	11.00	3.04	2.05	15.42	0.31	2.11	1.72	0.18

样品编号		SiO_2	Al_2O_3	Fe_2O_3	MgO	CaO	Na_2O	K_2O	P_2O_5	CuO
T0801-2-17	胎	75.60	16.50	2.33	1.29	0.50	0.92	2.15	0.00	0.00
	面釉	63.07	8.65	2.77	2.14	14.88	0.58	2.27	1.72	2.41
	底釉	64.77	13.17	3.97	2.12	9.42	0.45	2.68	1.19	0.52
T0503-3A-04	胎	76.17	16.20	2.51	0.96	0.29	0.93	2.22	0.00	0.00
	面釉	59.14	9.09	2.82	2.09	16.71	0.48	2.66	2.23	3.07
	底釉	61.96	10.58	2.84	2.18	16.24	0.28	2.03	1.76	0.15
T0503-3A-08	胎	78.18	14.11	2.66	0.76	0.52	0.96	1.96	0.00	0.00
	面釉	57.17	9.03	2.87	2.48	18.18	0.63	1.85	2.79	2.97
	底釉	61.07	10.95	3.85	2.28	15.29	0.55	1.56	2.06	0.26
T0503-3A-14	胎	76.51	15.45	2.94	0.44	0.42	0.94	2.48	0.00	0.00
	面釉	64.91	9.18	1.39	3.70	15.96	0.69	1.83	1.51	1.13
	底釉	63.95	11.64	1.87	3.22	13.99	0.94	2.17	1.24	0.80

注释:

[1] 陈丽琼:《邛窑古陶瓷发展概述》,《邛窑古陶瓷研究》,中国科学技术大学出版社,2002 年。高九诚:《邛窑古陶瓷精品考述》,《邛窑古陶瓷研究》,中国科学技术大学出版社,2002 年。陈显双:《邛窑古陶瓷简论》,耿宝昌主编:《邛窑古陶瓷研究》,中国科学技术大学出版社,2002 年。陈丽琼:《古代陶瓷研究》,重庆出版社,2001 年。

[2] 陈显双:《邛窑古陶瓷简论》,耿宝昌主编:《邛窑古陶瓷研究》,中国科学技术大学出版社,2002 年。

[3] 史宁昌、苗建民主编:《宋代五大名窑科学技术国际学术讨论会论文集》,科学出版社,2016 年。

[4] 张福康:《邛崃窑和长沙窑的烧造工艺》,《邛窑古陶瓷研究》,中国科学技术大学出版社,2002 年。

[5] Weidong Li, Li J , Wu J , et al. Study on the phase-separated opaque glaze in ancient China from Qionglai kiln. *Ceramics International*, 2003.

[6] 张福康:《中国古陶瓷的科学》,上海人民美术出版社,2000 年。

[7] Hou J , Trinitat P , Yuan L , et al. Jun ware glazes: chemistry, nanostructure and optical properties. *Journal of the European Ceramic Society*, 2018, 38(12):4290-4302.

[8] 张福康:《中国古陶瓷的科学》,上海人民美术出版社,2000 年。

江西萍乡南坑窑与赣湘青白瓷技术的传播

秦大树、李凯*

摘要：本文简要介绍了 2020 年江西萍乡南坑窑的考古调查收获，并结合调查材料与赣湘地区青白瓷考古发现，对赣湘青白瓷技术传播路线、技术传播方式等问题进行了探讨。南坑窑是一处宋元时期生产范围广、窑场数量多、生产规模较大的民间窑场。窑炉的发现填补了本地区空白；瓷土矿和码头的发现有助于认识南坑窑的生产过程。南坑窑以生产青白瓷日用器皿为主，并有青釉、灰青釉、酱釉、黑釉等，时代自南宋晚期至元代晚期。对比赣湘地区同时期其他青白瓷窑址，可知以南坑窑为代表的众多新兴窑址的青白瓷技术虽源于景德镇，但又与景德镇生产情况不同。赣湘青白瓷技术存在多条传播路线，生产方式由本地窑工主导，有选择性地吸收景德镇青白瓷技术，在生产上追求简便与规模。

关键词：南坑窑　青白瓷　宋元时期　赣湘地区　技术交流

南坑窑位于今江西省萍乡市东南约 18 千米的芦溪县南坑镇及上埠镇境内，以南坑镇东南约 5 千米的窑下村为中心，沿南坑河两岸集中分布。南坑窑所在区域为山地、丘陵地貌，东侧与南侧为罗霄山脉北支的武功山脉，域内植被茂密，柴薪充裕；瓷土资源储藏丰富，属于沉积状瓷土矿，质地细腻，易于开采加工；南坑河水源丰沛，既可经袁水、莲水入赣江进入鄱阳湖，也可经萍乡河入渌水进入洞庭湖，原料、产品的运输或有河运之便，为南坑窑的发展提供了良好条件。

民国《昭萍志略》记载："由萍城东行不四十里……，高岭泥四山孕毓，造胚原料即浮梁之白不，燃料品遍地丛生，清流激湍，助动轮机，舂泥澄淀，妙造自然，以故土人多倚山俯陂，结窑其间，掘泥而陶，不下数百家……，环境十余里，凿地至数仞，往往有圆形瓦器，状似今之匣钵，敲碎细察，质甚缜密而色亦古。"[1] 说明南坑窑制瓷原料丰富，晚清以来南坑窑民用粗瓷生产繁荣；更重要的是文中所言"圆形瓦器"当指宋元时期的瓷质支圈座，用以承托覆烧器物柱，说明民国时期已有人关注南坑窑宋元时期的窑业遗存。

1979 年，萍乡市文物部门在文物普查中发现了南坑窑遗存。20 世纪 80 年代，江西省文物工作队组织了考古调查，以凤凰坡为中心，共调查凤凰坡、东冲、山下等几处遗址点，初步判定南坑窑于南宋始烧青白瓷，元代时盛烧青瓷，明代亦有短期烧造青花瓷[2]。然而南坑窑的考古与研究成果发表较少，以致学界对南坑窑的生产面貌了解较少。

随着湖南地区大量青白瓷窑址的发现，南坑窑作为赣湘地区青白瓷技术传播的重要节点，日益受到学界的重视。2020 年 11 月，北京大学考古文博学院、景德镇市陶瓷考古研究所和景德镇

---

* 秦大树：北京大学考古文博学院；李凯：四川省文物考古研究院、四川大学考古文博学院。

陶瓷大学艺术文博学院组成联合考古队，对萍乡南坑窑进行了专题性区域考古调查，初步理清了宋元时期南坑窑制瓷业的生产面貌，生产时间和工艺特点，为解决赣湘青白瓷技术的传播问题提供了新的资料。

　　基于新的调查资料，结合近年来湖南地区青白瓷考古工作，我们对赣湘青白瓷技术的传播问题有了新的认识。本文首先概述 2020 年南坑窑考古调查主要收获，主要介绍宋元时期的遗存；其次简述宋元之际赣湘两省青白瓷生产情况，与南坑窑进行比较，从总体上认识赣湘青白瓷的生产格局；最后综合上述成果，结合考古发现与文献记载，对赣湘青白瓷技术传播路线与传播方式等问题，提出一些新的认识。

一　萍乡南坑窑考古调查收获

　　南坑窑是一处宋元时期生产规模较大，窑场数量多的民间窑场。以窑下村为中心，分布范围南北约 1.7、东西约 2 千米，窑业分布面积约 1.2 平方千米。本次调查的地点包括 18 处窑址，共计 43 处遗址点，有凤凰坡（FHP）、老窑下（LYX）、龙壁台（LBT）、山下（SX）、瓦子坳（WZA）、易家岭（YJL）、炉下西（LXX）、上林山（SLS）、陶家里（TJL）、东冲（DC）、龙王桥西（LWQX）等（图一）。总体上看宋元时期南坑窑以窑下村为中心，窑址分布于南坑河两岸的坡地上，其中以庵子坡、老窑下、瓦子坳三处窑址规模最大，是生产青白瓷的中心区域，临近的凤凰坡、龙壁台、易家岭、朱家里等窑址也主要生产青白瓷，青白瓷质量较高，产品各有

图一　萍乡南坑窑宋元时期窑址分布示意图

其特色；炉下、上林山、龙王桥等距离生产中心区较远，多以生产青瓷与灰青釉瓷为主，包括质量较高的仿龙泉青釉瓷器。此外南坑窑范围内还有 3 处生产青花瓷的窑址，包括老窑下、上林山、陶家里等，时代为清代中期，清代窑址本文不进行介绍，将另文报告。

（一）发现遗迹

1.窑炉遗迹

调查共发现宋元时期窑炉遗迹 4 座，皆为砖砌龙窑，保存较为完整，未来可做进一步考古工作的有庵子坡 D、山下、凤凰坡三处地点。择要介绍两处。

（1）庵子坡 D 地点龙窑

方向为正南北方向，窑壁残长 2.2、残宽约 4、残高 1.2 米，坡度 10°。东侧窑壁保存较好（图二），可见有 3 次翻修痕迹，宽度不断增加，分别命名为 Y1 ～ Y3，其中 Y2 在 Y1 的基础上扩建，Y1 外侧可见 Y2 窑壁，Y1、Y2 窑壁以下可见 Y3 的窑壁。窑壁都使用红砖砌建，采用单砖平砌，窑砖的规格为 0.2 米 ×0.1 米 ×0.07 米。窑业堆积处暴露的地层堆积较为纯净，当为原生堆积，包含有青白釉、青釉和酱釉三类瓷器，不同釉色产品器形接近，主要有碗、盘、高足杯等；窑具包括环形支圈和支圈座，采用芒口覆烧与涩圈叠烧并用的烧造工艺。我们在调查中按照《田野考古规程》的要求，未予清理，但通过窑旁堆积的情况，推测窑炉的长度在 15 米以内。

（2）山下地点龙窑

方向为东北—西南方向 220°，长约 9.5、宽约 3、残高 0.55 米，坡度 10°。火膛暴露于地表（图三），平面略呈半圆形，包括窑壁、火膛和挡火墙三部分。窑壁中间开口处为窑门，采用单砖错缝平砌，窑砖规格为 0.2 米 ×0.1 米 ×0.04 米，该窑进行过重修，且二次垒砌时使用带有

图二　庵子坡D地点龙窑东侧窑壁

图三　山下地点龙窑火膛

受火面的旧窑砖。火膛残高 0.7 米，挡火墙采用单砖横向错缝垒砌，在火膛内部发现有窑业堆积，推测为废弃填埋形成，包含有青白瓷、青釉瓷、酱釉、黑釉瓷等，器类有碗、盘、杯、碟等，窑具主要为环形支圈、支圈座、火照等。

　　本次发现的几座窑炉，为南坑窑首次发现的窑炉遗迹，填补了南坑窑以及本地区龙窑研究的空白。对比景德镇及周边地区窑炉情况可知，北宋时期青白瓷窑炉往往较长而窄，如景德镇凤凰山（长 15.75、宽 2.25 ～ 2.5 米）[3]、武汉浮山窑址 Y1（残长 47.1、宽 2.7 ～ 3.1 米）等 [4]；进入南宋以后，窑炉长度变短，窑炉宽度增加，窑炉规格发生变化，如景德镇湖田窑乌泥岭（残长 13、宽 2.9 米）[5]、赣州七里镇 14GQZY1（长约 20、宽 4.27 米）[6]。而南坑窑各处龙窑根据地表堆积延伸状况以及残存窑壁判断，长约 10 ～ 15、宽约 3 ～ 4 米，整体较为宽短，符合上述青白瓷窑炉的变化趋势。南宋后期成书的《陶记》记载"窑之长短，率 xiang（相瓦）数，官籍丈尺，以第其税"，刘新园认为这是基于窑炉规格，在烧成之前对窑业征税，造成了芒口瓷器的大量生产，虽然提高了装窑量，但是导致瓷器质量的普遍下降 [7]。南坑窑调查发现的窑业遗存，与景德镇南宋以来情况类似，推测《陶记》所载南宋窑业税制，可能也对南坑窑适用，并对其窑炉规格和青白瓷生产工艺产生了影响。

　　2. 采矿遗迹

　　本次调查的遗迹还有瓷土矿采矿点、瓷土矿洞、古码头等。观音塘瓷土矿位于山下地点以西约 800 米，海拔 289 米。该瓷土矿场属于露天矿，分布面积广大，由于近年来瓷土开采活动，形成了长约 150、高约 40 米的大型断面（图四），断面为瓷石和高岭土共生矿层，瓷石颜色灰白，呈层状结构，质地疏脆；高岭土土色洁白，质地细腻软糯，用工具轻敲即可取下，手捻即成均匀的粉末。

老窑下矿洞位于老窑下窑址群以西约 170 米，附近有数个废弃坍塌的矿坑，矿洞呈东北—西南走向，长约 20 米。洞口宽度 0.8、高 0.8 米（图五、六）。矿洞呈袋形。内部开凿面积较大，宽度 1.8、高度 3 ～ 3.5 米，内部皆为白色瓷土矿，质地较为细腻，壁面保留有大量使用开凿工具的痕迹。

图四　观音塘山坡上的瓷土矿

图五　老窑下瓷土矿洞遗迹

3.码头遗迹

码头遗迹位于311省道与村路交汇点附近，邻近老窑下以及对岸凤凰坡两处窑址。码头保存状况很差，已经基本被淹没或破坏，但仍可以辨认出该处河滩较宽，水流较为平稳，可见从河岸边向河道延伸的凸台，表面还铺有石块，便于停船装卸货物（图七）。这处码头的构造与浙江龙泉窑金村片区清理的码头遗址相似[8]，因此推断为码头遗迹。通过上述遗迹调查，充分反映了南坑窑于山腰采掘瓷土，沿山坡构筑龙窑生产，在山下水运产品的生产体系。这种窑业生产的布局与龙泉南区大窑枫洞岩窑址的布局十分相似[9]，表明这可能是南方地区窑业生产一种比较固定的模式。

（二）采集遗物、窑址分组及时代判断

此次调查是对南坑窑首次全面系

图六　老窑下瓷土矿洞内部

统的调查，出土了丰富的南宋晚期至元代的遗物，丰富了我们对南坑窑的认识。采集的遗物包括青白釉、灰青釉、青釉、酱釉瓷器和窑具几类。器形以碗、盘、碟、杯、高足杯等日用器皿为主，此外还有炉、瓶、壶、罐、盒等器物，大致可以将南坑窑各遗址点采集的遗物分为三组。

第一组遗址点，包括老窑下D、老窑下E、老窑下F、庵子坡A、庵子坡B、庵子坡C、庵子坡F、上林山B、瓦子坳B、易家岭A、易家岭B、龙壁台、朱家里、朱家里北、凤凰坡等。该组产品以青白瓷为主，有少量青釉、酱釉瓷器。器物胎釉质量较高，胎色灰白，胎质细腻坚致，胎体薄俏。釉色白中泛青，釉质光洁，少量产品莹润光亮，多数器物施釉及足，足底无釉，部分碗和杯类器物内外满釉，芒口覆烧。

器形以碗、盘、杯、碟、盒等日用器皿为主。常见器形有敞口深曲腹碗（图八，1；图九，1）、敞口斜直腹碗（图八，2；图九，2）、敞口斜曲腹小盘（图八，3；图九，3）、敞口小杯（图八，4；图九，4）、侈口大盘（图八，5；图九，5）、折沿大盘（图八，6；图九，6）等。装饰则多见刻划、印花装饰，碗盘外壁多有刻划窄莲瓣纹，内壁则有印花回纹边饰、月影梅（图八，2）、双鱼（图八，3）、折枝花卉等图案。

发现的窑具主要为环形支圈、支圈座、支圈盖、火照等。环形支圈、支圈座、支圈盖均用瓷土制作（图一〇，1～3），其中支圈座与支圈盖胎体厚重，可以达到支撑几十件器物的强度。

图七　老窑下码头遗迹

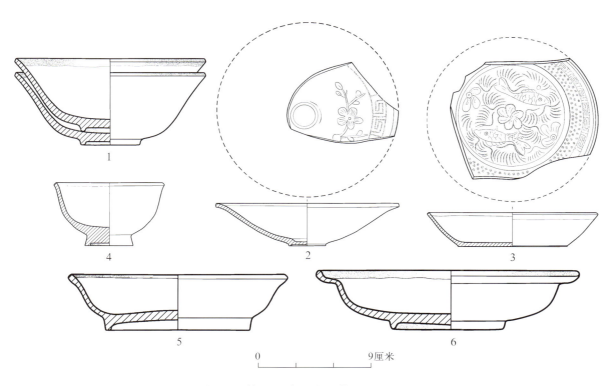

图八　第一组遗址点采集器物线图

1.敞口深曲腹碗WZA-B：62　2.敞口斜直腹碗AZP-C：69　3.敞口斜曲腹小盘AZP-A：9　4.敞口小杯LBT：31　5.侈口大盘ZJLB：12
6.折沿大盘ZJLB：18

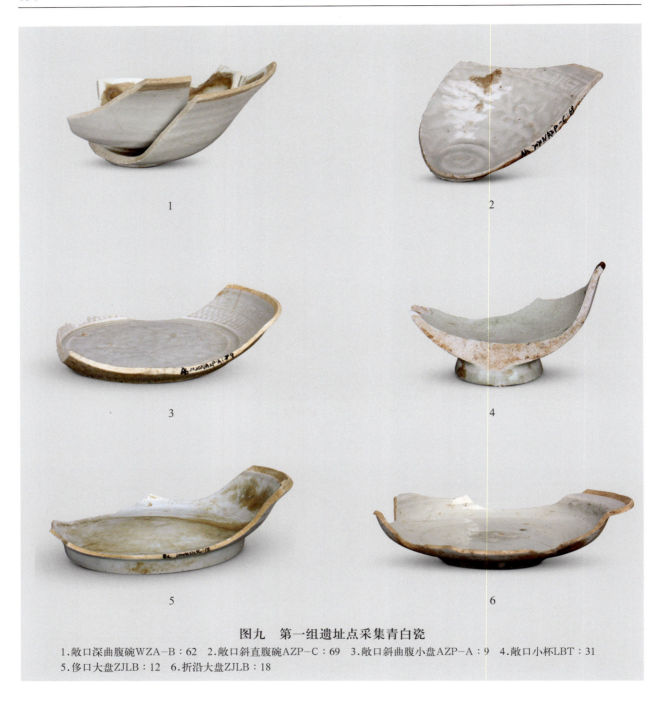

图九　第一组遗址点采集青白瓷
1.敞口深曲腹碗WZA-B：62　2.敞口斜直腹碗AZP-C：69　3.敞口斜曲腹小盘AZP-A：9　4.敞口小杯LBT：31
5.侈口大盘ZJLB：12　6.折沿大盘ZJLB：18

火照则使用碗（图一一，1）、器盖（图一一，2）、杯类（图一一，3）残片打孔制作。

　　装烧主要采用环形支圈组合覆烧工艺，此外为了节省窑内空间，在覆烧器物的底部另采用涩圈叠烧的方式叠烧2～3件青釉、酱釉小碗等器物（图一二，1），在最底部采用支圈座（图一二，2）加以支撑，顶部采用支圈盖加以密封（图一二，3），在有限空间内形成器物柱，密集放置各类碗盘类器物。窑址上未见匣钵，因此应该是采用了刘新园所说的"支圈组合覆烧法"[10]，即在环形支圈外涂一层瓷泥密封，也有的器物柱表面会再涂一层瓷釉（图一〇，2、3），外部不再使用匣钵封装。在龙壁台地点发现了25件青白瓷碗粘连在一起的覆烧器物柱（图一三），说

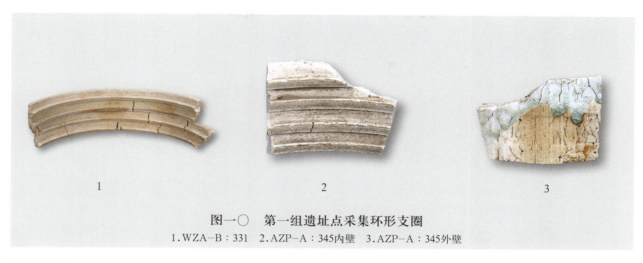

图一〇　第一组遗址点采集环形支圈
1.WZA-B：331　2.AZP-A：345内壁　3.AZP-A：345外壁

图一一　第一组遗址点采集火照
1.WZA-B：347　2.AZP-C：346　3.AZP-F：352

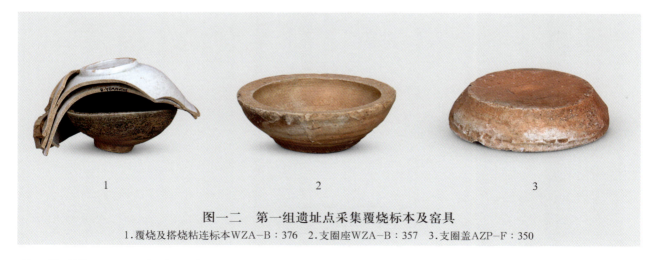

图一二　第一组遗址点采集覆烧标本及窑具
1.覆烧及搭烧粘连标本WZA-B：376　2.支圈座WZA-B：357　3.支圈盖AZP-F：350

明一柱器物可达25件或更多，推测当时南坑窑青白瓷产量较大。根据采集的粘连器物，我们对装烧方法进行了复原（图一四）[11]。

　　第二组遗址点，包括老窑下C、老窑下F、老窑下G、老窑下断面[12]A、山下、易家岭C、陶家里、东冲等。这些地点在生产青白瓷的同时，也同时生产青釉、灰青釉、酱釉瓷器。

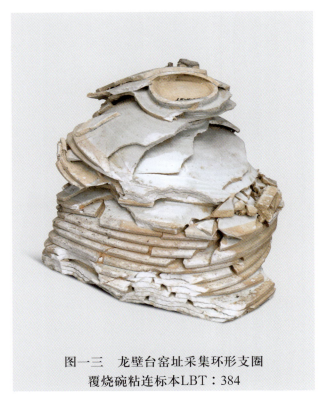

图一三　龙壁台窑址采集环形支圈
覆烧碗粘连标本LBT：384

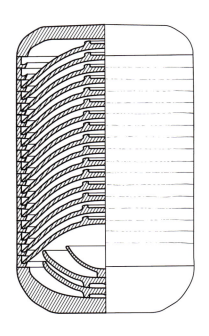

图一四　南坑窑环形支圈覆烧工艺复原示意图

　　青白瓷胎釉质量较差，釉色白中泛青灰，芒口变宽且刮釉不规整，内外施满釉，芒口覆烧。器形以碗、盘为主，常见器形主要为敞口深曲腹碗（图一六，1～3）、折沿盘（图一六，4）、粉盒盖（图一五，1；图一六，5）、炉（图一五，2；图一六，6）等。与上一组相比，器形普遍变得较为厚重低矮，圈足变矮，足墙变宽，挖足很浅近似饼足。带装饰器物较少，碗、盘类器物外壁仍有刻划窄莲瓣纹装饰，小杯内壁和粉盒盖面有印花装饰。装烧仍采用环形支圈组合覆烧法。

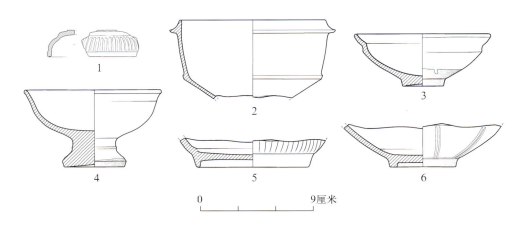

0　　　　　　　　　9厘米

图一五　第二组遗址点采集器物线图

1.青白釉盒盖DC-C：14　2.青白釉炉DC-D：135　3.黑釉饼足小碗SX：39　4.黑釉高足杯DC-C：43
5.外黑釉内青白釉碗LYX-G：131　6.外黑釉内灰青釉曲腹碗DC-B：126

图一六　第二组遗址点采集青白瓷

1.敞口深曲腹碗DC-D：58　2.敞口深曲腹碗DC-C：6　3.敞口深曲腹碗SX：98　4.折沿盘SX：38　5.粉盒盖DC-C：14
6.炉DC-D：135

　　灰青釉、青釉、酱釉瓷器产品，胎的质量比青白瓷略差，胎色灰白，胎质较疏松，胎体较厚。以上器物均采用涩圈叠烧法，放置在垫柱上明火裸烧（图二〇）。灰青釉瓷介于青白瓷与青瓷之间，釉色偏灰，釉质略失透，施釉多不及足，内底有涩圈或内底心无釉，器形大而厚重，多为碗、盘、高足杯等日用器皿，常见敞口深腹碗（图一七，1）、敞口浅腹碗（图一七，2）、侈

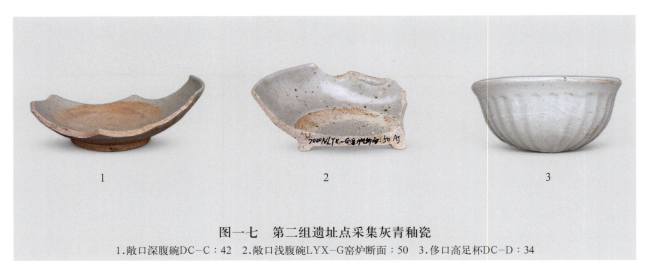

图一七　第二组遗址点采集灰青釉瓷
1.敞口深腹碗DC-C：42　2.敞口浅腹碗LYX-G窑炉断面：50　3.侈口高足杯DC-D：34

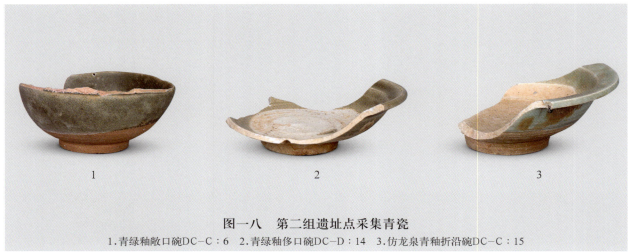

图一八　第二组遗址点采集青瓷
1.青绿釉敞口碗DC-C：6　2.青绿釉侈口碗DC-D：14　3.仿龙泉青釉折沿碗DC-C：15

口高足杯（图一七，3）等，大多为素面，部分器物外壁有刻划仰莲瓣纹。青瓷可细分为青绿釉瓷和仿龙泉窑青瓷两类。青绿釉瓷釉色青绿略泛灰，釉质透明度好，釉层较薄，施釉多不及足，内底有涩圈或内底心无釉，包括敞口碗（图一八，1）、侈口碗（图一八，2）等。仿龙泉青釉瓷器釉色偏青，釉质略带乳浊性，釉层略厚，器形与龙泉窑青瓷接近，以碗类为主（图一八，3）。其他釉色的瓷器还有酱釉、黑釉以及外黑釉内灰青釉瓷等，常见器形包括敞口曲腹碗（图一五，5、6；图一九，1、5、6）、饼足小碗（图一五，3；图一九，2、4）、高足杯（图一五，4；图一九，3）等。

　　第三组遗址点，包括老窑下B、老窑下E、老窑下断面B、庵子坡D、庵子坡E、希望小学、炉下西、上林山C、龙王桥西等地点。

　　该组产品以青釉、灰青釉瓷为主，还有少量质量较差的青白瓷以及黑釉瓷，生产面貌与第一组区别明显。与第二组相比，青绿釉瓷成为最主要产品，并且胎釉质量较高，釉层光亮，器形包括碗、盘、高足杯、碟、钵、灯盏等，常见敞口曲腹圈足碗（图二一，1；图二三，1、2）、敞口饼足小碗（图二三，3）、侈口碗（图二三，4）、折沿盘（图二一，5；图二三，5）、敞口碟（图

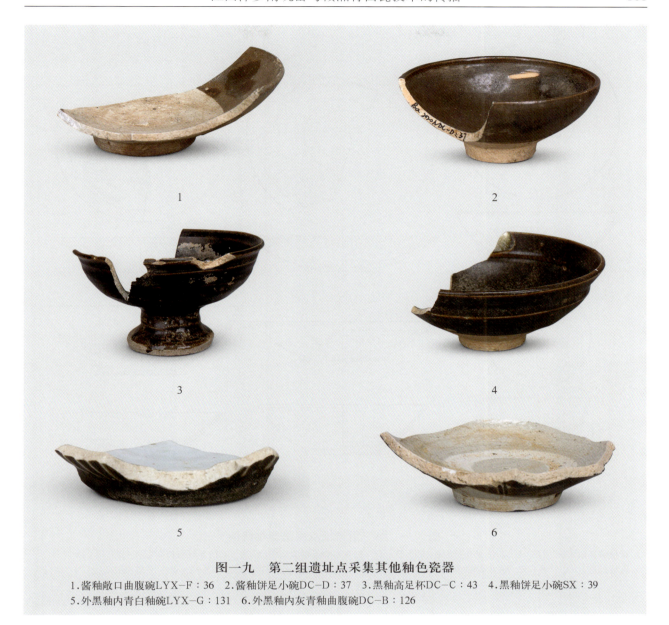

图一九　第二组遗址点采集其他釉色瓷器

1.酱釉敞口曲腹碗LYX-F：36　2.酱釉饼足小碗DC-D：37　3.黑釉高足杯DC-C：43　4.黑釉饼足小碗SX：39
5.外黑釉内青白釉碗LYX-G：131　6.外黑釉内灰青釉曲腹碗DC-B：126

二三，6）等，器物大多为素面，碗盘类器物装饰以
刻划花、印花为主，包括外壁刻划宽莲瓣纹，内壁刻
划缠枝花卉纹；外壁印花连珠纹，内壁印花折枝花卉
纹与菊纹等。仿龙泉窑青瓷数量有所增加，器类更加
丰富，主要有折沿盘（图二一，2；图二四，1、2）、
敞口碗（图二四，3）、侈口高足杯（图二一，4；图
二四，4）等，外壁有刻划莲瓣纹，内壁有印花花卉、
菊瓣纹等。灰青釉瓷变化不大，以碗、盘、高足杯为
主，常见侈口浅腹小碗（图二一，6；图二二，1），
敞口深腹大碗（图二一，7；图二二，2）、折沿盘

图二○　凤凰坡窑址点采集垫柱FHP：367

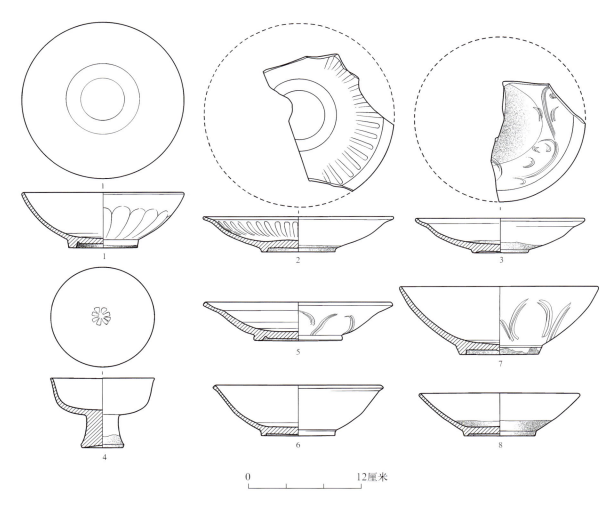

图二一　第三组遗址点采集器物线图

1.青釉敞口曲腹碗LXX：1　2.仿龙泉折沿盘AZP-D：47　3.灰青釉折沿盘LWQX：3　4.仿龙泉侈口高足杯AZP-D：25
5.青釉折沿盘LYX-E：22　6.灰青釉侈口浅腹小碗LYX-E：51　7.灰青釉敞口深腹大碗LYX-E：40　8.酱釉敞口盘AZP-D：33

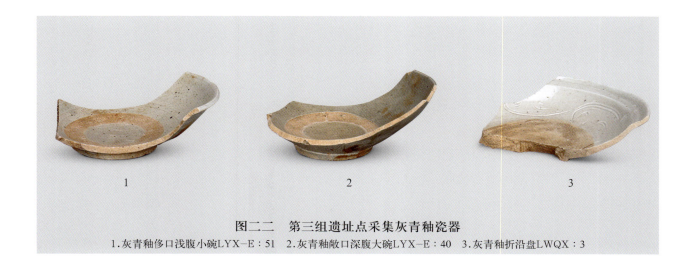

图二二　第三组遗址点采集灰青釉瓷器

1.灰青釉侈口浅腹小碗LYX-E：51　2.灰青釉敞口深腹大碗LYX-E：40　3.灰青釉折沿盘LWQX：3

图二三 第三组遗址点采集青绿釉瓷器

1.敞口曲腹碗LXX：1　2.敞口曲腹碗AZP-D：3　3.敞口饼足小碗LYX-D：29　4.侈口碗LWQX：10
5.折沿盘LYX-E：22　6.敞口碟LWQX：2

（图二一，3；图二二，3）等；酱釉、黑釉瓷与第二组器形类似，有敞口曲腹大碗（图二五，1）、敞口盘（图二一，8；图二五，2）、执壶（图二五，3）等。

以上器物除青白瓷仍采用支圈组合覆烧法外，其他器物皆采用明火涩圈裸烧，且青绿釉、仿龙泉青釉、灰青釉、酱釉、黑釉瓷叠放在一起共同烧造，按照器物器形大小不同，不同器物之间还有套烧现象（图二六）。

由于本次调查并未发现明确的地层叠压关系，因此仅能根据调查采集器物，结合纪年材料对年代做大体推测。

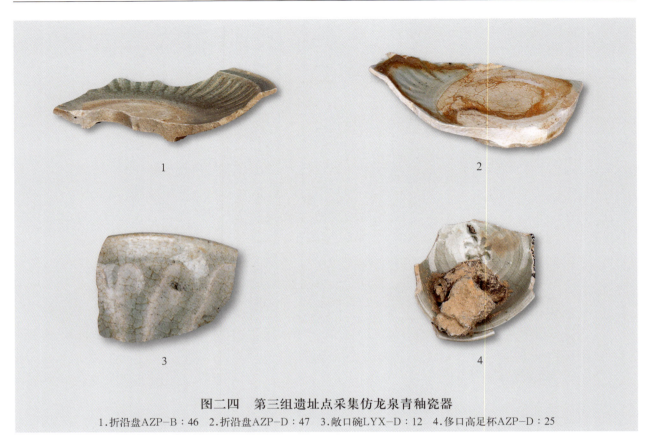

图二四　第三组遗址点采集仿龙泉青釉瓷器
1.折沿盘AZP-B：46　2.折沿盘AZP-D：47　3.敞口碗LYX-D：12　4.侈口高足杯AZP-D：25

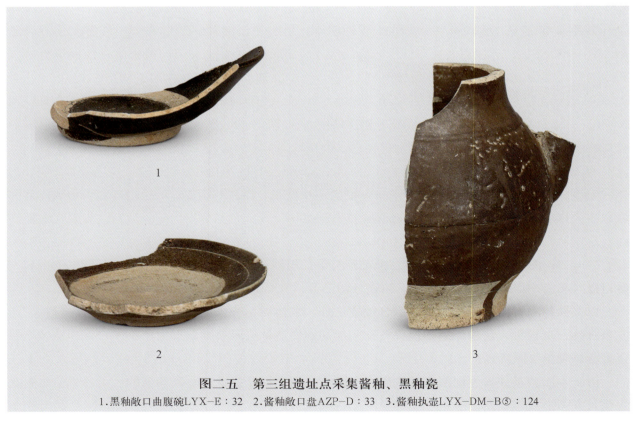

图二五　第三组遗址点采集酱釉、黑釉瓷
1.黑釉敞口曲腹碗LYX-E：32　2.酱釉敞口盘AZP-D：33　3.酱釉执壶LYX-DM-B⑤：124

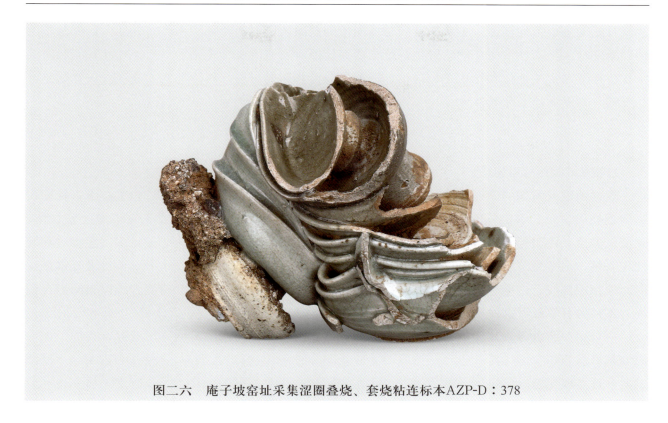

图二六　庵子坡窑址采集涩圈叠烧、套烧粘连标本AZP-D：378

第一组遗址点采集的敞口深曲腹碗 WZA-B ： 62 与东乡淳祐十年（1250 年）墓中出土青白釉侈口碗器形类似，敞口曲腹小盘 AZP-A ： 9 与同一墓中出土青白釉浅腹盘器形相似 [13]。敞口斜直腹碗 AZP-C ： 69 与宜春元代窖藏（1303 年）出土青白釉碗造型与纹饰一致 [14]。折沿大盘 ZJLB ： 18 与遂宁金鱼村二号窖藏出土青釉 A 型盘造型一致 [15]，推测南坑窑第一组遗址点采集的器物年代大致为南宋晚期至元代早期。

第二组遗址点采集的青白瓷质量较第一期下降明显，敞口深曲腹碗 DC-D ： 58 与抚州陈仲明夫妇合葬墓（1339 年）[16]、抚州至正八年（1348 年）墓 [17] 出土青白釉碗器形类似，推测南坑窑第二组器物年代为元代中期。

第三组遗址点采集的青白瓷质量更加粗劣，生产时代应晚于第二期。灰青釉折沿盘 LWQX ： 3 与醴陵钟鼓塘窑出土青白瓷 B 型盘造型一致，酱釉执壶 LYX-DM-B ⑤ ： 124 也在醴陵钟鼓塘窑元代晚期地层里发现类似产品 [18]，因此综合推测南坑窑第三组器物年代为元代晚期到明初。

综上，推测南坑窑的生产时代为南宋晚期至元代，并且第一组至第三组可能存在早晚关系，整个窑区从南宋到元末的产品有明显的变化。

二　宋元之际赣湘地区青白瓷生产格局

以上对 2020 年南坑窑考古调查收获做了介绍，南坑窑生产规模可观，是宋元时期赣湘两地重要的青白瓷生产区。青白瓷在景德镇从白瓷嬗变而来，从其产生、发展到成熟以后，其生产工艺就开始向各个方向传播，主要的方向是西向传到湖南地区；南向传到福建北部地区；以及东向传到浙江地区。南坑窑所在的位置正好位于西向传播、发展的一个重要节点上。在此我们对南坑窑在传播链条上的地位和作用进行讨论。根据目前已刊布的材料，可以将赣湘地区青白瓷的生产状况划分为以下几个区域。

（一）江西地区

1.赣东北地区（景德镇）

景德镇这一时期的制瓷业主要集中于景德镇镇区与湖田窑，釉色以青白瓷为主。南宋晚期在生产覆烧碗、盘、盏的同时，还保留一定数量的匣钵单烧的碗、盘，另有罐、炉、盒、洗、匜、砚滴、器盖、瓷塑等器类[19]。装饰技法主要包括刻划花与印花，刻划花碗外壁见多层莲瓣纹和缠枝花卉纹，内壁见双鱼纹、折枝牡丹纹、缠枝莲纹等，其间填以篦纹。印花内壁近口沿处常见一周回纹、锦地纹，内壁和内底有博古、喜鹊闹荔枝、凤穿花、螭龙纹等。装烧方式以支圈组合覆烧为主，另有部分器物使用漏斗形匣钵和筒形匣钵单烧。

在景德镇窑址考古出土的青白釉瓷中，部分器物的造型也与南坑窑调查所获标本类似。如青白釉敞口盘 FHP：14（图二七，1）与落马桥窑址青白釉碟[20]（图二七，2），黑釉碗 DC-D：37（图二七，3）与湖田窑元早期黑釉饼足盏 C 型[21]（图二七，4），敞口小杯 LYX-D：21（图二七，5）与湖田窑元早期芒口小杯 A Ⅳ 式[22]（图二七，6），斜直腹碗 AZP-C：69（图二八，1）与湖田窑元早期芒口斗笠碗[23]（图二八，2），折沿盘 ZJLB：18（图二八，3）与湖田窑实足碗 A Ⅱ 式[24]（图二八，4），折沿盘 SX：38（图二八，5）与湖田窑芒口小碗 B Ⅰ 式[25]（图二八，6）从造型、纹饰以及装烧工艺上类似。既印证了南坑窑生产时代为南宋晚期至元末明初；同时也说明了南坑窑青白瓷生产技术源于景德镇。

2.赣东地区

（1）贵溪坝上窑

贵溪坝上窑位于贵溪市天禄镇坝上村委会艾门村。产品种类以青釉为主，并有酱釉、黑釉与青白釉瓷器。器形包括碗、盘、盏、高足杯、罐、壶、堆塑瓶等。发现窑具有筒形匣钵、支圈、垫柱等，主要采用环形支圈组合覆烧和涩圈叠烧工艺烧造。生产时代为南宋晚期至元代[26]。

（2）南城株良窑

南城株良窑址位于南城县株良镇西南的荷塘村、古溪上曾堡村、云市村、宏富村、泷油村和中云村，包括荷塘窑址、云市窑址、私牙窠窑址、老树兜窑址和红岩山窑址等。产品种类包括青白釉和青釉瓷器。青白瓷器形包括碗、盘、盏、炉、瓶、壶、罐、盒、器盖等。碗盘类器物采用涩圈叠烧工艺；也有部分精制碗盘类器物采用漏斗形匣钵单烧，以垫饼支垫；炉、瓶、罐等器物以筒形匣钵、钵形匣钵单烧。生产时代约为南宋早中期至元代[27]。

（3）金溪窑

金溪窑位于金溪县境内，由小陂窑、里窑和石门窑三大窑址群构成。产品种类以青白釉、青釉瓷器为主，并有部分酱褐釉瓷器。器形包括碗、碟等日用器皿，以及瓶、堆塑罐等。装饰以印花为主，并有少量刻划花装饰，纹饰包括回纹、菊纹、双鱼纹、莲花纹等[28]。青白瓷采用环形支

图二七　南坑窑与景德镇窑址出土瓷器对比图

1.敞口浅腹盘FHP：14　2.景德镇落马桥窑址青白釉碟T29H3②：118　3.黑釉敞口饼足碗DC－D：37　4.湖田窑黑釉饼足盏C
型99H・T17③：6　5.敞口小杯LYX－D：21　6.湖田窑芒口小杯AIV式99H・T2①：9

图二八　南坑窑与景德镇湖田窑址出土瓷器对比
1.敞口斜直腹碗AZP-C：69　2.湖田窑斗笠碗99H·H4：30　3.折沿盘ZJLB：18　4.湖田窑实足碗AⅡ式96B·F21：7
5.折沿盘SX：38　6.湖田窑芒口小碗BI式99H·H1：7

圈组合覆烧法烧造，但是小陂窑的支圈截面为倒 L 形，同类支圈普遍见于福建各大青白瓷窑场，如光泽茅店窑[29]、邵武四都窑[30]、德化窑[31]等；而里窑的支圈截面为 L 形，上窄下宽，与同时期景德镇等赣湘其他青白瓷窑址的支圈形制一致。生产时代为南宋晚期至元代。

3.赣南地区（宁都窑）

宁都窑位于赣州市北部的宁都县境内，青白瓷窑址分散地分布在梅江及其支流沿岸，包括黄陂山堂窑、固村三道窑、固厚桃布窑、固厚小洋旻窑、长胜新圩窑、黄石窑禾窑等。

其中黄陂山堂窑、长胜新圩窑以生产青白瓷为主。器形包括碗、盘、杯、碟、炉、小罐、瓶、壶、器盖等。主要采用刻划花以及印花装饰。装烧工艺主要采用环形支圈组合覆烧，敞口斗笠碗采用匣钵单烧，大型碗盘类器皿则用涩圈叠烧。生产时代为南宋中晚期至元代。

而固村三道窑、固厚小洋旻窑、固厚桃布窑等窑址，在生产青白瓷的同时，还生产青瓷、酱釉瓷、褐釉瓷以及外酱釉内青釉瓷、外褐釉内青釉瓷等复合釉瓷产品。器形主要为碗、盘，并有少量盏、杯、灯盏等。装饰技法主要为刻划花与印花，其中人物故事纹具有特色，包括带有"杜甫游春"四字的人物图像，梅亭人物图以及杂剧伎乐图等，反映了元代杂剧在民间流行的情况[32]。装烧方式青白瓷以支圈组合覆烧为主，其他种类产品以涩圈明火叠烧为主[33]。生产时代为元代至元末明初。

4.赣中地区

（1）吉州窑

吉州窑的生产历史很长，南宋晚期到元这一时期生产的青白瓷，胎色灰，胎体粗疏坚致，胎体厚重，釉色青白泛绿，施釉至下腹。根据 1980～1981 年发掘资料，器形主要为碗、盘类器物，并有少量高足杯、玉壶春瓶等。主要采用印花装饰，碗、盘内壁及瓶类器物外壁印缠枝牡丹、凤纹等图案。装烧方式上与南坑窑类似，使用支圈组合覆烧法，同时在器物柱底部空隙处，采用涩圈叠烧工艺生产灰青釉瓷与青瓷[34]。

（2）永丰山口窑

永丰山口窑址位于吉安市永丰县潭头乡山口村东南。产品种类以青瓷、青白瓷为主，并有少量酱釉、黑釉和外青釉内青白釉瓷器。器形以碗、盘为主，并有盏、杯、高足杯、碟、小罐、灯盏等。青白瓷大多为素面，少量碗、杯类器物内壁有印花装饰，如折枝菊、梅花、双鱼纹等。装烧方式以支圈组合覆烧为主，底部以支圈座承托，与萍乡南坑窑类似，覆烧器物柱底部的空间内也会叠烧盏、杯等小件器物[35]。生产时代约为南宋晚期至元末明初。

（3）丰城钳石窑

丰城钳石窑位于丰城市石江乡钳石村枫树下村。产品种类包括青釉瓷、灰青釉瓷、青白釉瓷和黑釉瓷器。器形有碗、盘、盏、钵、炉、灯盏、水盂、擂钵等。装饰技法包括刻划花、篦划、印花和贴塑等。装烧方式以涩圈叠烧为主，部分器物采用支圈覆烧，少量器物采用匣钵单烧和对口套烧[36]。生产时代约为南宋晚期至元代。

5.赣西北地区

（1）靖安丫髻山窑

靖安丫髻山窑位于靖安县东源乡垴上村西。产品种类以生产青白瓷为主，兼烧部分青瓷。器形以碗、盏、杯、炉、灯盏等日用器皿为主。装饰技法以刻划花为主，多于碗盘外壁刻划莲瓣纹或菊瓣纹。装烧方式主要为环形支圈组合覆烧法，也在器物柱下叠烧盏、杯、灯等器物。生产时代约为南宋晚期至元代[37]。

（2）奉新九仙窑

奉新九仙窑位于奉新县九仙村王家塅西北。主要生产青白瓷，兼烧少量青釉瓷以及缸胎器。产品以碗盘类日用器皿占绝大多数，另有盏、杯、碟等。装饰多在碗盘类外壁刻划莲瓣纹、菊瓣纹等，并有点褐彩装饰。青白瓷装烧工艺也以环形支圈组合覆烧为主，采用钵形支圈座承托，发现的覆烧器物柱，最多粘连碗类数量为 15 只，比萍乡南坑窑发现粘连器物数量略少[38]。生产时代约为南宋晚期至元代。

（3）铜鼓兴源窑

铜鼓兴源窑位于宜春市铜鼓县永宁镇兴源村。产品种类以青白釉瓷器为主，还有少量青釉、褐釉瓷器，相比赣西北其他窑场，铜鼓兴源窑胎釉质量较差，胎色灰暗，青白瓷釉色接近青瓷釉色。器形多为碗、盘、罐等日用器皿。窑具有支圈、火照等。装烧采用支圈组合覆烧法和涩圈叠烧工艺[39]。生产时代约为南宋晚期至元末明初。

（4）宜丰找桥窑

宜丰找桥窑位于宜春市宜丰县潭山镇找桥村。主要生产青白瓷，胎釉质量优于流域内其他几处窑址，胎色灰白，胎体坚致，釉色白中泛青，釉面光洁润泽，芒口规整，刮釉均匀。器形除碗、盘外，还有盏、杯、碟等小型器皿。装饰技法主要为刻划花，纹饰有双鱼纹、菊瓣纹及莲瓣纹等。装烧方式基本为环形支圈组合覆烧[40]。生产时代约为南宋晚期至元代。

（二）湖南地区

1.湘东地区

（1）醴陵窑

醴陵窑位于今湖南省醴陵市沩山镇、枫林市乡一带，分为沩山、枫林市乡、黄濑嘴等几个窑业片区，以沩山区生产规模最大，生产最为集中。沩山通过考古调查，共发现宋元时期窑址 84 处，包括钟鼓塘、牛形山、枫林坡等窑址。产品种类以青白釉瓷、青釉瓷为主，并有少量酱、黑釉瓷和复合釉瓷。器形主要有碗、碟、盘、盏、杯、高足杯、钵、炉、瓶、罐、执壶、器盖等。芒口覆烧器物装饰较少，碗类多在外壁粗刻划莲瓣纹，平底碟内壁有印花回纹、莲瓣纹，内底印有折枝牡丹、双鱼等纹饰（图二九）。装烧工艺主要有支圈组合覆烧和涩圈叠烧两类工艺，另有极少量器物采用漏斗形匣钵单烧[41]。生产时代为南宋晚期至元末明初。

（2）浏阳盐泉窑

浏阳盐泉窑位于浏阳市淳口镇山田村。产品种类集中生产青白瓷。器形包括碗、盘、盏、杯、碟等日用器皿以及长颈瓶、器盖等器物，并发现支圈、支圈座、垫柱、火照、轴顶帽、轴顶板盏、荡箍等窑具与陶车构件。从装饰技法上看，浏阳盐泉窑青白瓷绝大多数器物为素面，仅在碗类器物外壁刻划粗莲瓣纹。装烧方式以环形支圈组合覆烧和涩圈叠烧并用[42]。生产时代为南宋晚期至元代。

图二九　醴陵窑出土青白瓷

（3）长沙九木村窑

长沙九木村窑位于长沙市长沙县春华镇九木村，产品种类主要有青白瓷、青瓷、酱釉和复合釉瓷。器形包括碗、盘、杯、瓶、器盖、罐等。装饰以刻划花为主，并有部分印花装饰。装烧方式以支圈组合覆烧与涩圈叠烧并用，分别采用支圈座和垫柱加以支撑[43]。生产时代为南宋中晚期至元代。

2.湘北地区（益阳羊舞岭窑）

益阳羊舞岭窑分布在益阳市赫山区龙光桥镇与石笋乡交界，共有高岭窑址、杨泗庙窑址、蜈蚣塘窑址、瓦渣仑窑址等26处窑址。产品种类以青白瓷为主，并有部分青瓷与酱釉、黑釉瓷。器形主要是碗、盏、碟、盘以及部分炉、罐、灯盏等（图三〇）。装饰技法包括印花、刻划花以

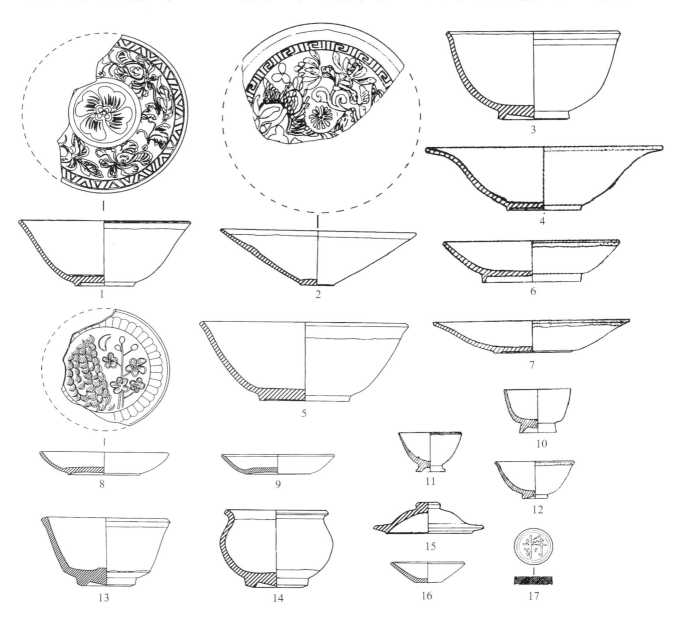

图三〇　羊舞岭窑出土青白瓷线图

及少量点彩，纹饰有回纹、莲花、菊花、卷草以及月影梅等。装烧工艺以支圈组合覆烧为主，有少量青白釉碗使用涩圈叠烧。早年调查发现了"甲申年"墨书款侈口曲腹矮圈足碗，推测该干支纪年为前至元二十一年（1284 年），在 2013～2014 年羊舞岭瓦渣仑窑址Ⅱ区第二组地层中，发掘出土了带有"陀佛丁卯咸淳三年（1267 年）十八月日十一万诸佛"刻款青釉盏，另在瓦渣仑Ⅰ区的发掘中出土了"大德八年（1304 年）五月"刻款轴顶板盏。由此推测该窑址生产时代为南宋中晚期至元代早中期[44]。

3. 湘南地区

（1）耒阳窑

耒阳窑可分为耒水和舂陵水两大流域，耒水流域青白瓷窑址包括泗门洲镇长胜窑、大市镇利群窑；舂陵水流域青白瓷窑址包括磨形窑、资家塘窑、羊叶窑等，其中磨形窑窑址规模最大，是本地区青白瓷生产的中心。磨形窑产品种类主要为青白瓷器，器形包括碗、杯、碟、壶、瓶、炉、器盖等。装饰种类丰富，包括刻划花、印花以及模印、贴塑等。装烧方式主要采用支圈组合覆烧法[45]。推测生产时代为南宋晚期至元代。

（2）衡东麻园窑

衡东麻园窑位于衡东县南塘村、瑶里村和谭家桥村，以南塘村麻园瓦子坪为中心。青白瓷器形包括碗、盘、盏、高足杯、壶、瓶、罐等。装饰以印花为主，采用支圈组合覆烧法。由于调查中发现了带有"延祐四年"（1317 年）的擂棒和碗底，时代推断为南宋晚期至元代[46]。

从以上梳理的赣湘两地青白瓷生产情况，可以看到宋元之际萍乡南坑窑的青白瓷生产，与同时期赣湘其他地区青白瓷生产存在一定的共性，并与景德镇的青白瓷生产存在差别。在产品种类上，南坑窑与其他瓷窑址在南宋时期大多集中生产青白瓷，元代以后青白瓷与灰青釉瓷、青瓷共同生产，青瓷的比例逐渐上升，至元代晚期成为主要产品。在器形上以碗、盘、杯、高足杯、碟等日用器皿为主，器形较为单一。装饰技法以刻划花与印花为主，其中刻划花工艺粗放，纹样简略，部分受到龙泉窑装饰风格的影响；印花工艺图案模糊不清，层次不均，构图显得杂乱。装烧工艺主要以环形支圈组合覆烧为主，此后支圈覆烧器物逐渐减少，芒口制作日益粗率，芒口渐宽且刮釉不整齐，这是生产逐渐走向粗率的特征。

相比赣湘区域上述窑址，景德镇南宋晚期至元初的生产面貌有明显区别。景德镇始终以生产青白瓷为主，入元以后更创烧了制作比青白瓷更加精致的卵白釉瓷器，无论在镇区还是湖田窑的考古工作中，发现的青瓷数量都十分有限。青白瓷器类十分丰富，不仅涵盖了上述窑址出现过的器类，而且另有高足杯、罐、瓶、壶、炉、盒、洗、匜、砚滴、瓷塑等其他窑址少见的器类，器物造型更加丰富，制作更加规整。在装饰上也更加丰富多样，刻划花装饰内外壁皆有，并以篦纹作为填充，如填充在花瓣、叶脉等纹样的空白处，构图繁复，纹饰清晰流畅；印花装饰内壁和内底采用不同主题的纹饰，层次分明，构图严谨。在装烧工艺上，宋元时期的景德镇窑，漏斗形匣钵单烧始终占据较大的比重。进入元代以后覆烧器物逐渐消失，绝大多数青白瓷产品皆采用匣钵单烧，与其他地区装烧工艺区分十分明显。

通过上述梳理可见，南坑窑与同时期赣湘地区其他青白瓷窑场相比，各地的工艺技术虽都是源自景德镇，但都是有选择性地接受景德镇青白瓷生产技术，较多放弃了景德镇窑精工生产的技术，采用支圈组合覆烧、涩圈叠烧工艺集中生产青白瓷日用器皿，部分器物带有简单潦草的刻划花与印花装饰，体现了追求简便性与规模性的青白瓷日用器皿生产倾向，目标市场也很有可能是窑场周边地区的普通民众，很少在较远的距离发现这些产品。

三　青白瓷技术传播路线与方式

通过前文的分析，可知宋元之际赣湘地区青白瓷生产技术多源自景德镇，并且是有选择性地接受。有关青白瓷技术传播的路线问题，以往学者们对于湖南青白瓷的创烧，一般都认为是从江西地区传入，或进一步认为是景德镇窑工直接迁徙入湖南的结果。随着赣湘青白瓷窑址的不断发现，生产细节的日益清晰，可以认定萍乡南坑窑与附近的渌水流域的醴陵唐家坳、醴陵钟鼓塘等窑址属于同一生产区域，窑业生产面貌较为一致，有相同的工艺特点，可以纳入同一技术体系。景德镇青白瓷技术可以通过南坑窑进入湖南，成为景德镇青白瓷技术向西传播的一条路径。

同时，我们也看到，青白瓷技术的入湘路线可能不止一条，在赣西北潦河流域，以及湘东北的浏阳河、捞刀河流域发现的众多青白瓷窑址连成一片，技术上也同气相连，可能也存在从赣西北经九岭山、连云山间谷地，从浏阳河上游传入湖南的路线。并且在 2013 ~ 2014 年对羊舞岭瓦渣仑窑址的发掘中，在 I 区南宋末年至元代早期的淘洗池墙体中出土一件"饶州"铭垫钵 [47]，说明了羊舞岭窑与景德镇窑可能存在直接联系。因此推测青白瓷技术入湘路线，至少包括由昌江进入长江干流、赣西北、赣西三条路线（图三一）。

具体到萍乡南坑窑的技术来源，我们最容易理解的传播路径是从景德镇一路向西，经南坑窑入湘，进而传播到醴陵等地。但细究考古资料，也可以看到有另一种可能性。前文已说明南坑窑与醴陵窑属于同一青白瓷生产技术体系，而醴陵窑和更偏西北的益阳羊舞岭窑等窑场在器形种类、装饰纹样上更加丰富，并采用匣钵单烧工艺生产部分精制产品，这两处窑区接受的景德镇青白瓷技术更加全面、充分，可能直接地接受了景德镇青白瓷生产技艺。并且羊舞岭窑时代也略早于南坑窑，结合前文所述羊舞岭窑"饶州"铭垫钵的发现，推测景德镇窑工从景德镇由昌江经长江干流，直接迁徙至益阳地区，开创了青白瓷的生产，随后又推广至醴陵地区，南坑窑可能受到上述两地窑场的影响，结合本地的需求，开始了窑业生产。从地域上看，南坑窑的地理位置相比景德镇与湘东地区更加接近，与湘东交通往来更加便利。据当地村民口述，南坑河丰水期乘小舟 3 ~ 4 天即可达醴陵，而向东到景德镇则至少需要先走 30 千米陆路到袁河，然后沿袁河到鄱阳湖，再从鄱阳湖入昌江，路程超过 400 千米。由此推测南坑窑的青白瓷技术更有可能来源于湖南地区，景德镇由昌江经长江干流影响湖南的路线，可能是一条主要的通道。

通过南坑窑的调查工作，对于青白瓷技术传播的方式，也可以做进一步探讨。根据前文我们可以看到，在江西、湖南的多个流域，在南宋末至元初的短时期内，涌现出一大批生产面貌非常接近的青白瓷窑场，并且与景德镇青白瓷的生产有较明显的区别，都表现出外来的青白瓷生产技术与本地风格产品相结合的特点。这些地区青白瓷窑业的兴起，没有表现出对景德镇生产技术的全面接受，应该不是景德镇窑工直接迁入。因此，上述各地更可能是由本地窑工在有选择性吸收

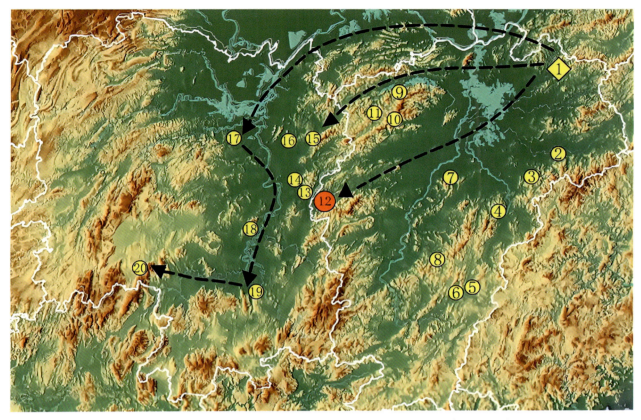

图三一　宋元之际赣湘地区青白瓷窑址分布与青白瓷技术入湘示意

1.景德镇窑　2.贵溪坝上窑　3.金溪里窑　4.南城云市窑　5.宁都山堂窑　6.宁都桃布窑、三道窑　7.石江钳石窑　8.永丰山口窑　9.靖安丫髻山窑　10.奉新九仙窑、宜丰找桥窑　11.铜鼓兴源窑　12.萍乡南坑窑　13.醴陵钟鼓塘窑　14.醴陵唐家坳窑　15.浏阳盐泉窑　16.长沙九木村窑　17.益阳羊舞岭窑　18.衡东麻园窑　19.耒阳磨形窑　20.新宁晴家塘窑

景德镇制瓷技术的基础上，主导本地区青白瓷窑业生产的结果。

相关的文献也部分地证明了这样的推论。南宋时期心学的代表人物陆九渊为金溪人，他在《与张元鼎》一文中描写了本地陶瓷器生产者的情况："金溪陶户，大抵皆农民于农隙时为之。事体与番阳镇中甚相悬绝。今时农民率多穷困，农业利薄，其来久矣。当其隙时，藉他业以相补助者，殆不止此。邦君不能补其不足，助其不给，而又征其自补助之业，是奚可哉？"[48]文中所述金溪陶户应当主要指盱江流域的金溪里窑、小陂窑的窑工，金溪窑考古工作的成果也证明在生产地点与生产时代上与陆九渊的记述基本相合。这些陶户主要是当地农民，于农闲时组织生产自救，作为农业生产的补充，其技术水平与产品类型，自然无法与景德镇相比拟，因此生产的青白瓷"与番阳镇中甚相悬绝"。

靖安位于赣西北的赣湘交接地区，靖安民国三年（1914年）七修《胡氏宗谱》，里面记载了靖安丫髻山窑的生产背景："文靖公居靖安瑙上是也，历居清白，传家耕读是务。乃一日子侄重九登高，过丫髻山，见其土白如玉，归而诸文，文曰：'土色洁白，堪作磁器。'遂命筑室兴窑。越数寒暑，家道昌隆。"[49]该谱又云："十甲胡氏祖行远公，于宋理宗朝迁靖邑之丫髻山"，说明文靖公在丫髻山造窑至少是在南宋晚期。与前述金溪陶户一样，远在赣西北的靖安丫髻山窑青白瓷生产，也是由世居于此的当地民众主要承担。"命筑室兴窑"，说明由当地民众主持了作坊和窑炉的修筑，并可能得到来自景德镇等其他青白瓷窑址窑工的帮助，传授了相关技术。而当地民众之所以决定从事瓷业生产，最主要是看重本地具有质量较高的瓷土资源。在南坑窑考古调查中，在窑业堆积所在的山麓之上，同样发现了丰富的瓷土矿山与瓷土矿洞。《胡氏宗谱》所述情况应同样适用于萍乡南坑窑。

因此，青白瓷技术在宋元之际的主要传播方式，是各地在本地窑工主导下，有选择性地接受景德镇青白瓷生产技术开展生产。由于这种生产模式无法与景德镇所形成的产销一体的、高度商业化的瓷器生产中心相比拟，因此生产规模较小，很可能采用季节性生产的模式，因此目标市场就是周边地区的普通民众，产品种类也以满足周边区域的需求为主，生产过程中对瓷器质量要求不高，相当部分的产品属于低端器具，相对更加追求生产规模与数量，因此这类窑场在产品面貌上较为一致，与景德镇的青白瓷生产存在明显差异。

通过南坑窑的考古调查，为探究赣湘地区青白瓷窑业技术传播提供了一些新的资料，有助于进一步认识和探讨宋元时期赣湘地区青白瓷窑业生产格局与技术交流路线与方式，希望引起学界的关注。湖南地区陶瓷考古硕果累累，青白瓷考古工作经历从无到有，近年来醴陵、浏阳、益阳等地陶瓷考古工作持续开展，以往的认识被突破。但在衡东、耒阳、邵阳等地可能还有众多青白瓷窑址尚待揭示，景德镇对于湖南地区青白瓷生产面貌和技术的影响还有待进一步深入研究，期待未来能有更多的考古工作成果，以推动相关研究。

注释：

[1] 刘洪辟修，李有棻等纂：《昭萍志略》卷四·食货志·物产·十八，成书于民国二十年（1931 年），民国二十四年刊本，《中国方志丛书·华中地方·第二七五号》，成文出版社，1975 年，第 903 ～ 904 页。

[2] 江西省文物工作队：《江西萍乡南坑古窑调查》，《考古》1984 年第 3 期，第 264 ～ 270 页。

[3] 江西省文物考古研究所、浮梁县博物馆：《江西浮梁凤凰山宋代窑址发掘简报》，《文物》2009 年第 12 期，第 25 ～ 38 页。

[4] 武汉市博物馆、武汉市江夏区博物馆、武汉大学考古学系：《湖北省武汉市江夏区浮山窑址发掘简报》，《江汉考古》1998 年第 3 期，第 80 ～ 89 页。

[5] 刘新园、白焜：《景德镇湖田窑考察纪要》，《文物》1980 年第 11 期，第 39 ～ 49 页。

[6] 肖发标、余盛华、刘龙：《破解宋代龙窑建造技术之谜——江西赣州七里镇窑址考古获重要发现》，《中国文物报》2015 年 2 月 27 日第 4 版。

[7] 刘新园：《蒋祈〈陶记〉著作时代考辨——兼论景德镇南宋与元代瓷器工艺、市场及税制等方面的差异》，《景德镇陶瓷》1981 年《陶记》研究专刊，第 5 ～ 35 页。

[8] 谢西营、杨瑞生、周光贵：《浙江龙泉金村码头遗址》，《大众考古》2017 年第 9 期，第 14 ～ 17 页。浙江省文物考古研究所、龙泉市文保中心：《浙江龙泉金村码头遗址考古发掘简报》，《东方博物》2020 年第 2 期，第 1 ～ 11 页。

[9] 秦大树：《瓷窑遗址的组成与地层学》，《考古学研究（十三）：北京大学考古百年，考古专业七十年论文集》，科学出版社，2022 年，第 534 ～ 558 页。

[10] 刘新园：《景德镇宋、元芒口瓷器与覆烧工艺初步研究》，《考古》1974 年第 6 期，第 386 ～ 393、405 页。

[11] 目前南坑窑所见覆烧粘连碗最多有 25 件，实际上一柱覆烧碗可能超过 25 件，据当地村民报告，有多达三十余

层的粘连标本，本图作为此类装烧方式的示意图，并不代表覆烧器物柱内的碗盘最终数量。

[12] 本次调查的断面包括老窑下断面 A、老窑下断面 B、LYX－G 窑炉断面三处。由于自然及人为活动，窑业堆积层或窑炉遗迹暴露于山坡形成断面。尽管断面分布范围较小，但又包含了重要信息，因此将断面与其他遗址点进行区分，未来可通过进一步考古工作加以揭示。

[13] 江西省博物馆：《江西宋代纪年墓与纪年青白瓷》，文物出版社，2016 年，第 252 ～ 261 页。

[14] 谢志杰、王虹光：《江西宜春市元代窖藏清理简报》，《南方文物》1992 年第 2 期，第 5 ～ 11、2、131 页。

[15] 成都文物考古研究所、遂宁市博物馆：《遂宁金鱼村南宋窖藏》，文物出版社，2012 年，第 296 页。

[16] 薛翘、刘劲峰：《抚州市郊元代纪年墓出土的芒口瓷》，《江西历史文物》1987 年第 2 期，第 62 ～ 64 页。

[17] 彭适凡：《宋元纪年青白瓷》，庄万里文化基金会，第 86 页。

[18] 中国人民大学历史学院、湖南省文物考古研究所、醴陵窑管理所：《湖南醴陵沩山钟鼓塘元代窑址发掘简报》，《文物》2021 年第 5 期，第 30 ～ 51 页。

[19] 江西省文物考古研究所、景德镇民窑博物馆：《景德镇湖田窑址 1988 ～ 1999 年考古发掘报告》，文物出版社，2007 年。

[20] 景德镇市陶瓷考古研究所、北京大学考古文博学院、江西省文物考古研究所：《江西景德镇落马桥窑址宋元遗存发掘简报》，《文物》2017 年第 5 期，第 4 ～ 36 页。

[21] 江西省文物考古研究所、景德镇民窑博物馆：《景德镇湖田窑址 1988 ～ 1999 年考古发掘报告》，文物出版社，2007 年，彩版一五八。

[22] 江西省文物考古研究所、景德镇民窑博物馆：《景德镇湖田窑址 1988 ～ 1999 年考古发掘报告》，文物出版社，2007 年，彩版四七。

[23] 江西省文物考古研究所、景德镇民窑博物馆：《景德镇湖田窑址 1988 ～ 1999 年考古发掘报告》，文物出版社，2007 年，彩版二九。

[24] 江西省文物考古研究所、景德镇民窑博物馆：《景德镇湖田窑址 1988 ～ 1999 年考古发掘报告》，文物出版社，2007 年，彩版二〇。

[25] 江西省文物考古研究所、景德镇民窑博物馆：《景德镇湖田窑址 1988 ～ 1999 年考古发掘报告》，文物出版社，2007 年，彩版三〇。

[26] 陈定荣、余家栋：《贵溪坝上窑的调查》，《江西历史文物》1982 年第 1 期，第 26 ～ 30 页。胡菊妹：《鹰潭发现上百座宋代古窑遗迹》，http://www.guixitv.com/whly/2019/0223/6014.html.

[27] 胡义慈：《南城县株良公社古窑址调查记》，《文物工作资料》1964 年第 3 期，第 4 页。霍质彬：《南城发现宋代古瓷窑址》，《江西历史文物》1985 年第 2 期，第 55 页。

[28] 陈定荣、李宗宏：《金溪县的两处古瓷窑》，《江西历史文物》1982 年第 4 期，第 25 ～ 30 页。

[29] 林忠干：《福建光泽茅店窑的瓷业成就》，《东南文化》1990 年第 3 期，第 190 ～ 193、225 页。

[30] 傅宋良、王上：《邵武四都青云窑调查简报》，《福建文博》1988 年第 1 期，第 19 ～ 22 页。

[31] 福建省博物馆：《德化窑》，文物出版社，1990 年。

[32] 张嗣介：《宁都窑址出土元代杂剧图案的瓷器》，《江西历史文物》1982 年第 1 期，第 24 ～ 25 页。

[33] 薛翘、刘劲峰：《宁都县古瓷窑址调查》，《江西历史文物》1982 年第 1 期，第 14 ～ 23 页。杨秋琳：《宁都县古窑址调查与初步研究》，厦门大学 2019 年硕士学位论文。

[34] 江西省文物工作队、吉安县文物办公室：《江西吉州窑遗址发掘简报》，《考古》1982 年第 5 期，第 481 ~ 489 页。叶文程主编、余家栋著：《中国古陶瓷标本 江西吉州窑》，岭南美术出版社，2002 年。

[35] 余家栋、范熙鸿、游东等：《永丰县山口瓷窑调查记》，《江西历史文物》1983 年第 3 期，第 13 ~ 19 页。

[36] 张文江：《江西丰城市石江钳石窑考察纪要》，《南方文物》2006 年第 1 期，第 42 ~ 48 页。

[37] 陈定荣：《江西靖安、奉新的古瓷窑》，《考古》1986 年第 4 期，第 379 ~ 382 页。

[38] 陈定荣：《江西靖安、奉新的古瓷窑》，《考古》1986 年第 4 期，第 379 ~ 382 页。

[39] 高安市博物馆、高安元青花博物馆：《故宫博物院赴江西地区窑址考察纪实》，http://www.zhongguociwang.com/show.aspx?id=15133&cid=192。

[40] 高安市博物馆、高安元青花博物馆：《故宫博物院赴江西地区窑址考察纪实》，http://www.zhongguociwang.com/show.aspx?id=15133&cid=192。

[41] 杨宁波、王献水：《2014 年醴陵窑考古调查收获》，《东方博物》2015 年第 3 期，中国书店，第 79 页。湖南省文物考古研究所、醴陵窑管理所：《洞天瓷韵——醴陵窑钟鼓塘元代窑址出土瓷器精粹》，文物出版社，2019 年。中国人民大学历史学院等：《湖南醴陵沩山钟鼓塘元代窑址发掘简报》，《文物》2021 年第 5 期，第 30 ~ 51 页。

[42] 国家文物局、湖南省文物局：《中国文物地图集·湖南分册》，湖南地图出版社，1997 年，第 26 页。杨宁波：《蒙华铁路浏阳盐泉窑址考古发掘简介》，湖南省文物考古研究所官网，http://www.hnkgs.com/show_news.aspx?id=1343.

[43] 朱棒：《长沙九木村宋元窑址群调查简报》，《湖南省博物馆馆刊（第十六辑）》，岳麓书社，2020 年，第 105 ~ 113 页。

[44] 周世荣：《湖湘陶瓷（一）》，湖南美术出版社，第 266 ~ 274 页。盛定国：《略谈湖南益阳发现的古瓷窑址》，《景德镇陶瓷》（中国古陶瓷研究专辑）第二辑，1984 年，第 191 ~ 194 页。湖南省文物考古研究所、益阳市文物管理处：《湖南益阳羊舞岭窑址群调查报告》，《湖南考古辑刊（第 8 集）》，岳麓书社，2009 年，第 127 ~ 142 页。湖南省文物考古研究所、益阳市文物管理处：《湖南益阳羊舞岭瓦渣仑窑址 II 区发掘简报》，《湖南考古辑刊（第 11 集）》，科学出版社，2015 年，第 142 ~ 162 页。

[45] 衡阳市博物馆：《湖南耒阳磨形、太平窑群调查纪实》，《考古》1989 年第 8 期，第 731 ~ 735 页。

[46] 国家文物局、湖南省文物局：《中国文物地图集·湖南分册》，湖南地图出版社，1997 年，第 128 页。周世荣：《浅谈湖南出土的白瓷》，《中国古代白瓷国际学术研讨会论文集》，上海书画出版社，2005 年，第 20 ~ 41 页。

[47] 杨宁波：《景德镇窑业工匠入湘的新证据》，中国文物报 2014 年 8 月 29 日第 8 版。

[48]（宋）陆九渊：《与张元鼎》，《陆九渊集》卷一〇，中华书局，1980 年，第 269 页。

[49] 民国三年七修《胡氏宗谱》，何标瑞：《丫髻山瓷窑初探》，《靖安文史资料（第 3 辑）》，1989 年，第 107 ~ 109 页。

简述江西古代陶瓷文明的发展特点

——以江西省第三次全国文物普查为中心

张文江、李兆云 [*]

摘要： 在万年的文化史中，陶瓷扮演着重要的角色。其生产和使用与经济发展、社会进步、文化理念等方面相辅相成。江西自万年仙人洞生产陶器开始，至近现代，窑业文明发展脉络延续不断、清晰可见。本文根据第三次文物普查及近年来的考古成果，统计江西地区共有陶瓷类遗存251处，笔者依据其时空分布、产品特征、供给结构、销售路径等进行总结，以期梳理江西地区陶瓷文明的特点，展现江西陶瓷文明的辉煌，确定江西陶瓷文明在中国陶瓷文明中的地位。

关键词： 江西地区　陶瓷遗存　"三普"　发展特征

江西东邻浙江、福建，南连广东，西靠湖南，北毗湖北、安徽而共接长江。区位优越，地处长江中下游南岸，古称"吴头楚尾，粤户闽庭"，乃"形胜之区"。交通便利，纵横全省的2400多条河流汇入中国最大的淡水湖——鄱阳湖，后注入长江。省域面积辽阔，历史悠久，自古以来先人在这片富饶的土地披荆斩棘，留下许多足印和遗迹，保留了丰富的考古遗存。考古工作者先后在省域范围发现和发掘了诸多遗址，最具特色的是陶瓷遗址。

2007年4月至2011年12月，江西省第三次全国文物普查共调查登记不可移动文物32831处，其中234处陶瓷类遗址。随着时间的推移和文物工作者的努力，各地新发现了不少窑址，窑址的数量有所增加。截至目前，据不完全统计，第三次全国文物普查发现的陶瓷类遗址以及最近新发现的窑址，加上历年各地配合基本建设考古发掘的相关窑址，共计陶瓷类遗址251处[1]。这些遗存呈现出江西地区窑业历史的悠久性、遗存分布的广泛性、制瓷传统的延续性、遗存类型的多样性、陶瓷遗存的规模性、陶瓷窑炉的适用性、窑业面貌的丰富性、供给结构的多重性、产品销售的世界性、保护体系的完整性等陶瓷文明的特征。基本反映了江西地区的古代窑业分布状况和瓷业发展面貌，清晰呈现了江西地区陶瓷文明发展的脉络，集中体现了江西地区的窑业制造技术和陶瓷发展水平，全面阐述了江西地区陶瓷历史的悠久、陶瓷文化的辉煌、陶瓷技艺的先进，足以证明江西陶瓷文明在中华陶瓷文明发展进程中的地位以及对世界陶瓷文明的影响、贡献。据此简要阐述如下：

1.窑业历史的悠久性

陶器的发明，与定居、原始农耕一样，是原始社会科学技术的重大进步，是人类历史上划时

---

* 张文江、李兆云：江西省文物考古研究院。

代的重大事件，是人类脱离旧石器时代攫取经济，走向新石器时代农耕经济的标志。陶器的制作，是人类第一次利用天然物，按照自己的意志创造出来的一种崭新的东西，使得人类饮食的历史发生了根本性的变化；陶器的出现，使得人类生存和社会行为发生了重要转变；陶器的应用，改善了人类的生活条件，增强了人类的体质及适应与改造自然的能力，在人类发展史上开辟了新纪元。万年仙人洞和吊桶环遗址出土的 2 万年前的中华第一陶（图一），见证了陶器改变社会的变化，既是我国最早的陶器，也是迄今为止世界上最早的陶器。

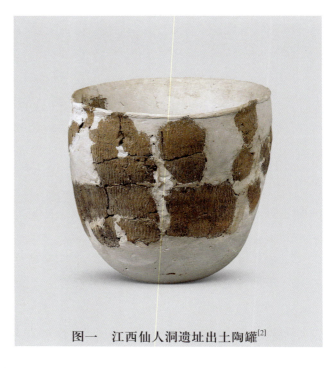

图一　江西仙人洞遗址出土陶罐[2]

洪州窑在东汉晚期成功烧出了青釉瓷器，从胎釉特征和物理测试的结果来看，符合现代意义瓷器的标准，是成熟的青釉瓷器。青釉瓷器的成功烧成，完成了由原始青釉向成熟青釉的历史跨越，实现了质的飞跃，表明江西丰城地区与浙江宁绍、湖南湘阴地区一样都是我国早期青釉瓷器的发源地，标志着我国陶瓷业进入了一个新的历史阶段。瓷器，是中国古代文明的象征，是中华民族的一项伟大发明，也是江西地区先民为中国陶瓷文明发展做出的开创性贡献。

可见，江西地区的陶瓷烧造历史悠久，源远流长，不仅是世界陶器的发源地，见证了二万年的陶器发展史，而且是瓷器的起源地，拥有二千年瓷器生产史，更是世界瓷都所在地。这是世界上任何民族的陶瓷文化都无法比拟的，在世界文明发展史上具有里程碑的意义。

2.遗存分布的广泛性

江西古代陶瓷遗存遍布全省各地，251 处陶瓷遗存分布在 11 个设区市的 77 个县（市区）（图二）。资料显示各设区市（图三）、各县（市区）窑址的数量不均衡，新余市只有 1 处，景德镇77 处，个别县（市区）没有窑址，最多的浮梁县达 40 处，但是地区分布的广泛性特征明显，从最南面定南县田心窑址到最北面彭泽县江河村城墙砖窑址，从最东面玉山县瓦片山窑址到最西面修水县古市窑址，江西各地遗留的陶瓷遗存数量众多，星罗棋布，全境十一个设区市均有陶瓷遗址分布，几乎每个县（市区）都有陶瓷窑址。

境内主要流域均有瓷窑遗存分布，陶瓷遗存像繁星一样点缀在境内的条条流域上，在空间维度上布满江西境内各大流域，从另外一方面显示窑址分布的广泛。251 处陶瓷遗存，在境内环鄱阳湖的五大支流上的分布数量为：赣江流域 67 处、抚河流域 24 处、修水流域 18 处、饶河流域90 处（其中昌江流域窑址 79 处）、信江流域 38 处，流向西面、汇入湖南省湘江的萍水河流域 1处，流向广东省东江流域 5 处，紧邻长江南岸 8 处，最为集中的要数赣江和饶河流域。

3.制瓷传统的延续性

江西地区 251 处陶瓷遗存，陶瓷工艺传统从新石器时代延续至当代（图四）。从统计数据

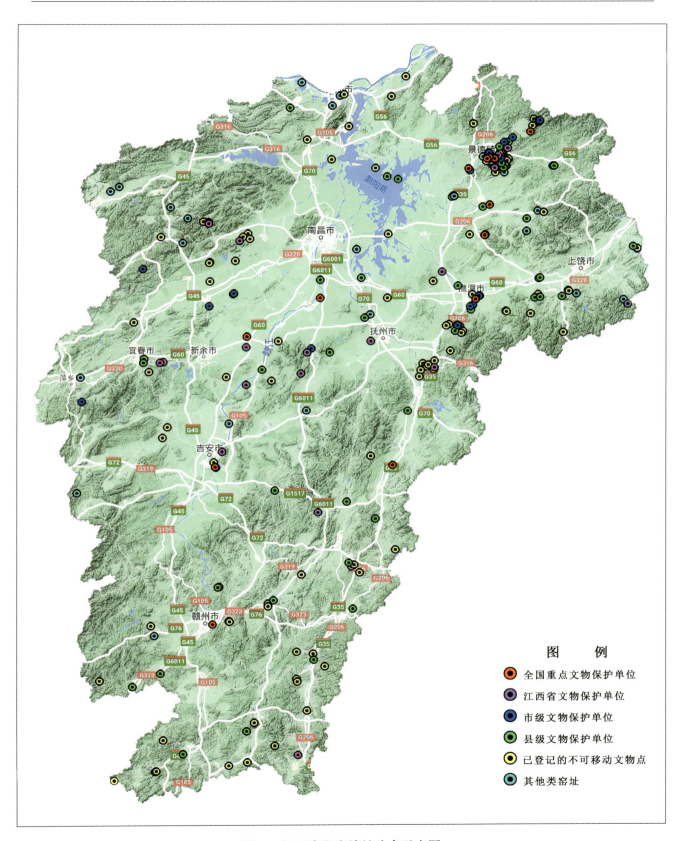

图例

- 全国重点文物保护单位
- 江西省文物保护单位
- 市级文物保护单位
- 县级文物保护单位
- 已登记的不可移动文物点
- 其他类窑址

图二　江西省陶瓷遗址分布示意图

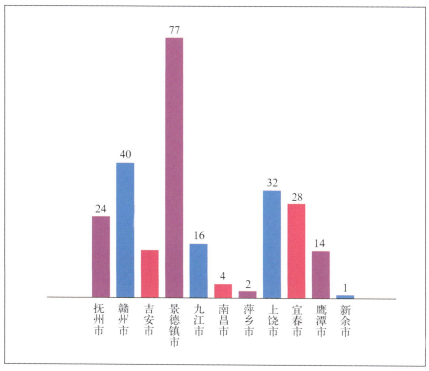

图三　江西各设区市窑址数量柱状图

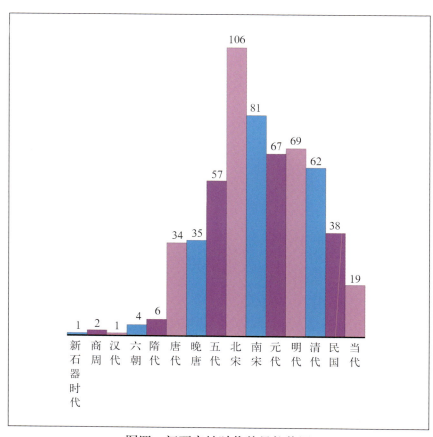

图四　江西窑址时代数量柱状图

可以看出，目前发现世界上最早陶器的万年仙人洞、吊桶环遗址，经商周时期角山窑址和吴城遗址的并蒂发展，为洪州窑积累了深厚的技术基础，促使洪州窑于东汉晚期烧造出最早的青釉瓷器，唐代成为六大青瓷名窑之一。随着汉唐时期窑业技术的进步，宋元时期吉州窑、七里镇窑、白舍窑和湖田窑得到发展。正是得益于区域内高度发达的窑业生产技术，元代政府才把全国唯一的管理瓷业机构浮梁磁局设置在景德镇，景德镇在明清时期才可能成为皇家窑场，成为世界制瓷中心。

江西地区陶瓷遗存时代从二万年前延续到清代民国，有的地区 21 世纪初期仍在使用传统手工制造陶瓷器，可见江西地区陶瓷烧造历史悠久，源远流长，脉络清晰，承前启后，连续不断，代代相继。万年窑火，千古瓷都，将陶瓷艺术推向一个不可逾越的高峰。窑火延续二万年，历经整个陶瓷发展历史，江西陶瓷发展史几乎可以代表中国陶瓷发展史，是中国陶瓷发展史的剪影，甚至可以说是一部世界陶瓷发展史的简史和缩影。

4. 遗存类型的多样性

陶瓷遗存类型多样，涵盖了丰富的窑业堆积。具体分为生产原料遗址、作坊遗址、建筑材料窑址和生产陶器、瓷器的窑址等多种类型。生产原料遗址的功能较为单纯，分为瓷土、匣钵土和釉果矿遗址。作坊遗址既有如绕南古水碓作坊这样单一制作原料的，也有如刘家弄古窑业作坊群这类，兼顾制坯和烧造的多功能作坊。建筑材料窑址分小青瓦、砖瓦和城墙砖窑址。生产陶器、瓷器的窑址可按烧造时间长短分两类。某一时段生产陶器、瓷器的窑址：如角山窑址是我国商代南方地区乃至全国最大的窑场，黄金埠窑址是唐代信江流域以烧造青釉为主的重要综合性窑址；金家坞窑址（图五）是昌江流域北宋时期烧造青白釉的窑址。还有生产期较长的产品单一的

图五　金家坞窑址航拍

遗址，有的达几百上千：如汉唐时期青釉瓷生产基地洪州窑遗址，最迟在东汉晚期烧制成熟的青釉瓷，历经三国吴的积累，西晋的发展，东晋、南朝进入兴盛期，盛烧时间一直延续到盛唐，晚唐、五代时期逐渐衰落，前后延续烧造瓷器的时间长达 800 年之久；三宝蓬瓷石矿业遗址开采始于五代，鼎盛于宋元，经明、清及民国，延续生产达一千多年，是景德镇目前发现瓷石开采与加工历史最长的矿业遗址，是景德镇历代瓷石开采、粉碎、淘洗、制不（dǔn）的重要遗址。此外，除了单纯的窑址，也有如南窑遗址这类涵盖制作、烧造甚至销售的窑址，但更多的是如吉州窑遗址、湖田窑遗址这类生产时间长、生产品种多的综合性陶瓷遗存。甚至有更为复杂的综合体，如御窑厂遗址，不单纯是进行瓷器生产的遗存，还是一个兼有生产管理、礼仪祭祀、生活居住、储存物品的综合性遗存。

5.陶瓷遗存的规模性

江西地区窑场规模呈现出由单体型向集约型发展的鲜明特点。全省 251 处陶瓷遗存由早期的单体独立、各自分散分布，向比较集中、较大规模变化，直至出现超大规模的群体，有的发展成为带状区域陶瓷遗存群。

就江西地区汉唐时期的窑场规模而言，汉晋时期窑址数量仍然较少，分布较为分散。唐代窑场数量虽然增加不少，但是多数呈现单体分布，单个窑场的范围不大，表现为集中烧造。如汉代生产出成熟青瓷的洪州窑遗址，发展至唐代时，其分布面积共计 51.51 平方千米，核心区域面积 40 多万平方米，发现的数量多达 44 处，但是这些窑址分散分布在 6 个不同的乡镇（街道办）11 个村委 19 个自然村。

图六　吉安吉州窑航拍

图七　金溪里窑航拍

　　发展到宋元时期，如七里镇窑、白舍窑、吉州窑（图六）等窑场连绵好几千米，在 3 平方千米的范围内分别延续分布 20 座、16 座、23 座窑包，呈现出规模巨大、集中成片的陶瓷遗存区。此外，金溪里窑（图七）在东西宽 5.2 千米、南北长 1 千米的狭长地段，错落有致分布着 40 多个连绵不断的窑包，面积 86 万平方米，文化堆积层厚 5～12 米，最厚 20 余米[3]。这一时期是景德镇窑业生产的第一个高峰期，它生产的瓷器产品深受人们的欢迎，尤以青白瓷最为风靡，其烧造技术很快传播到江西境内的十余个县市，福建、广东、广西、浙江、湖北、安徽、河南等省区的一些窑场也相继仿烧，形成了一个以景德镇为代表的青白瓷烧造体系。南宋蒋祈《陶记》曰："景德陶，昔三百余座，……洁白不疵，故鬻于他所，皆有'饶玉'之称。其视真定红瓷、龙泉青秘相竞奇矣"[4]。不仅说明窑场规模可见，也说明青白釉瓷可与真定、龙泉等名瓷相映生辉。

　　随着窑业技术的进步和行业内部日益细密的分工，明清时期陶瓷生产开始向专业化、规模化发展。最突出的是景德镇制瓷业，陶瓷生产作坊逐渐向景德镇城区集中，其陶瓷生产经济形态也发生变化，城市工商业发展水平不断提高，景德镇发展成为与当时朱仙镇、佛山镇、汉口镇齐名的全国四大名镇之一。陶瓷生产更加综合化、专业化，以御窑厂遗址（图八～一〇）为例，不仅范围分布大，面积 54300 平方米；涵盖功能多，包括具有管理功能的官署、督工亭、监狱房、公馆、九江道等遗迹，具有礼仪祭祀功能的仪门、鼓楼、神祠等遗迹，具有生活居住功能的堂、轩、寝、厢房、窑人役歇房等遗迹，具有储存物品功能的库房、柴房等遗迹，以及具有生产功能

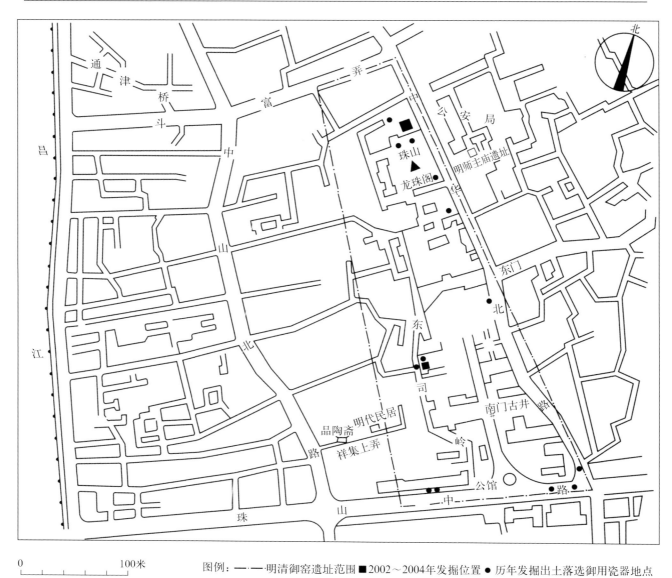

0　　　　100米

图例：—·—明清御窑遗址范围　■2002～2004年发掘位置　● 历年发掘出土落选御用瓷器地点

图八　明清御窑遗址范围[5]

的作坊、窑炉、辘井、柴厂等遗迹；而且烧造集约化、规模化，珠山御窑厂的窑炉连成一排，仅北麓就发现明代早期永乐时期设置的葫芦窑 7 座，南麓揭露明代中期的马蹄窑 17 座。

6. 陶瓷窑炉的适用性

"瓷器之成，窑火是赖"。窑炉是人类用以改变黏土制品的化学、物理性能而设计的专门设施。烧成技术，尤其窑炉技术的提高，主要表现为利用这一设施控制火焰，高效率地烧制陶瓷，并在质与量的指标上所显示的生产能力。江西地区各地窑工的烧造技术高超，控制窑炉的能力强大，能够在不同时期因时因地采取最适合的窑炉形态来烧造产品，产生最大效益，取得最好的结果。

江西地区历年经过考古揭露的窑炉遗迹不少，据不完全统计，共清理陶瓷窑炉遗存 110 座，其中景德镇 52 座：南窑遗址唐代龙窑遗迹 2 座、蓝田窑万窑坞窑址唐代龙窑遗迹 1 座、凤凰山

图九　（清）乾隆《浮梁县志》景德镇御器厂图[6]

窑址龙窑遗迹 1 座、道塘里窑址龙窑遗迹 1 座、坑口窑址洞穴窑 1 座、金家坞窑址宋代龙窑 1 座、湖田窑址窑炉遗存 12 座、御窑遗址窑炉遗存 22 座、丽阳窑址窑炉遗迹 2 座、金家弄窑址窑炉遗迹 3 座、落马桥窑址葫芦窑遗迹 1 座、绕南窑址龙窑遗迹 5 座。此外，角山窑址窑炉遗迹 9 处、吴城遗址窑炉遗迹 14 座、洪州窑龙窑遗迹 8 座、汤周窑址龙窑遗迹 1 座、排上山龙窑遗迹 1 座、彭家窑龙窑遗迹 1 座、白舍窑龙窑遗迹 1 座、临江窑遗址 3 座窑炉遗迹、吉州窑龙窑遗迹 7 座（图一一）、七里镇窑龙窑遗迹 9 座、渎口窑龙窑遗迹 2 座、三口窑址龙窑遗迹 2 座。

　　另外不少窑址在调查中发现了窑炉遗迹，如栖悟山窑址、上甲窑址、高庄窑址、吴家窑址、象莲窑址、东山坝窑址、铅山盏窑窑址、山口窑址、民范窑址等发现龙窑遗迹；袁州明代城墙砖窑址、曹家窑址、南山马蹄窑遗迹、大前村城墙砖窑址、江河村城墙砖窑址、曹家庄窑址等发现了马蹄窑遗迹；罗屋坝窑址、半天塘窑址、中寺窑址等发现了阶级窑遗迹。

　　可以看出，江西地区的窑炉遗迹分为低温窑炉和高温窑炉。低温窑炉遗迹主要为马蹄窑，全省各地均有分布。该类窑炉出现时间较早，早在新石器时代就有，商周常见。例如角山窑址发现

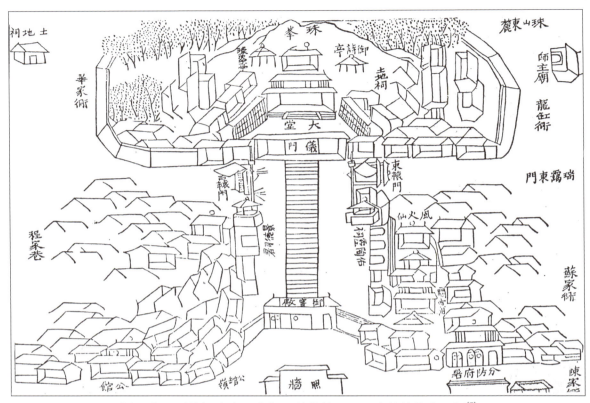

图一〇　（清）嘉庆二十年《景德镇陶录》中的清御窑厂图[7]

图一一　吉安吉州窑茅庵岭窑址窑炉

多座，丰城港塘洪州窑遗址也发现 3 座，其中有一种变形的种类，平面呈心字形，整体结构与马蹄窑差不多。马蹄窑烧造的温度不高，主要烧造陶器产品，除了早期先秦遗址外，在江西发现较多的是明代为城市建设烧造城墙砖的窑炉，如袁州明代城墙砖窑址就发现了 54 座这类窑炉。明代景德镇地区也采用马蹄窑窑炉烧造青花瓷，不过结构发生根本变化，是有本质的区别，关键在于烟囱和出烟室的不同。

高温窑炉，从形态上分为龙窑、葫芦窑、马蹄窑、阶级窑以及镇窑等 5 种。其中龙窑最具代表性，分布全省境内：流行时间最长，从商周时期到近现代；烧造品种最多，烧造青白釉、青釉、白釉、黑釉、酱釉、双色釉、青花瓷、釉里红瓷等。葫芦窑元明时期流行于景德镇，烧造青花瓷、白釉、酱釉以及仿龙泉青釉、仿哥釉等。马蹄窑也是明代流行于景德镇，烧造青花瓷、彩瓷等。镇窑是晚明至 20 世纪景德镇地区特有烧造青花瓷、白釉、彩瓷等的窑炉形态。阶级窑是景德镇地区以外清代至二十世纪末烧造青花瓷、白釉瓷的窑型。

由此，江西地区烧造瓷器的高温窑炉分为两大片区。

其一，景德镇片区。其窑炉具有类型多、阶段性明显、形式变化快、体量适合的特征。唐代到清代等不同时期，烧造的产品不同，各自的特色不一。从形状分为：龙窑、葫芦窑、马蹄窑以及镇窑等。在景德镇悠久辉煌的制瓷历史中，既流行南方的龙窑，也运用了北方流行的马蹄窑，而且综合两者优点创制了葫芦窑，以后又使之发展为镇窑—蛋形窑，使传统窑炉的砌筑和装烧工艺发展到最高水平。和国内同时期的其他窑场相比，景德镇在窑炉变化上是最快的、在技术改造上是具有创新性和前瞻性的，其技术优势在相当长的一段时间里处于遥遥领先的地位。造成景德镇的窑炉技术不断创新和领先的原因，一是景德镇地处东西南北交汇的中心，优越的地理位置使然。二是元代以后朝廷在此设立浮梁磁局，明清则设置御窑厂，政治的干预和管理，使全国各地的陶瓷技术工匠汇聚于此。正是因为如此，景德镇的陶瓷烧造才能不断改进，吸收不同的窑炉技术。尤其是明代中后期使用马蹄窑烧造瓷器，应该是北方窑工的长期习惯，明清时期使用葫芦窑、镇窑烧造瓷器更是创新之举。

其二，景德镇以外的绝大多数区域，流行龙窑和阶级窑窑炉。这些区域长期使用龙窑窑炉烧造瓷器。龙窑是江西地区最常使用的窑炉形制，也是江西地区发现最多、使用范围最广和使用时间最长的窑炉形制。不论是不同烧造时段，还是不同的釉色品种，几乎都使用龙窑烧造。而且江西地区各地发现的龙窑呈现不同的特点。直到清代民国甚至 20 世纪末，受闽粤地区的影响，在武夷山西侧的抚州广昌、赣州安远、于都、宁都等县（市区）的一些瓷窑遗址采用阶级窑烧造青花瓷、白釉以及酱釉瓷，呈现出与龙窑发展并驾齐驱的局面。其技术可能是受福建广东窑业的影响，更大的可能是两地客家人相互迁徙所致。

7.窑业面貌的丰富性

251 处陶瓷遗存比较全面真实地反映了江西古代陶瓷遗存的家底、保存状况和文化面貌，成就了渊源流长、灿烂辉煌的陶瓷文化，可以看出江西古代陶瓷文化的面貌因陶瓷文明交流而显得丰富多样。其陶瓷文化面貌的丰富性表现为生产品种的丰富，几乎涵盖所有陶瓷器的釉色品种、器物造型和装饰技法。

陶瓷遗存中的窑址依据不同区域环境、不同资源条件和不同人文积淀生产了种类丰富、造型多样、装饰繁复的陶瓷器。产品涵盖窑业生产中的几乎所有种类：有陶器、印纹硬陶、原始瓷、釉陶、青釉、青釉褐斑、青釉彩绘、青灰釉、黑釉、白釉、酱釉、青白釉、黄釉、三彩、绿釉、卵白釉、青花瓷、白地彩绘、釉里红、蓝釉、霁红釉、龙泉青釉、五彩、粉彩、斗彩、红绿彩、浅绛彩、墨彩，装饰工艺囊括刻划、雕镂、印花、画花、釉上彩、釉下彩、涂抹技法、水点桃花等；器类有碗、盘、杯、壶、罐等日常用瓷，还有鼎、瓶、尊、炉以及雕塑瓷等陈设用瓷，更有大量用以随葬的明器。这些造型多样、装饰艺术独特的瓷器满足了不同国度、不同阶层、不同人群的需求，对具有不同文化背景的人群产生了物质和精神的影响。

江西古代陶瓷文化在长期的历史发展中形成了以青釉、青白釉、黑釉和青花瓷等独具特色的陶瓷品类，每种类型的陶瓷文化都有各自的区域范围和发展阶段特点。

8.供给结构的多重性

从江西古代陶瓷遗存生产产品的供给层次看，面对的是不同国度、不同阶层的消费和使用人群，供给结构具有多重性。在251处陶瓷遗存中，不论销售范围较广的规模化窑场，还是销售范围较小的小型窑场，绝大多数从事民用瓷生产活动，面对的消费和使用人群均为最为普通的社会中等阶层和低层人群。规模化窑场如吉州窑，考古发掘出土的陶瓷遗物，产品种类丰富，纹饰风格多样，造型精巧，新颖独特，富有浓厚的地方风格与民族艺术特色。其木叶纹、剪纸贴花和彩绘装饰工艺植根于本土庐陵文化、禅宗文化和仕人文化萌发出独一无二的美学工艺，彰显出浓厚的乡土气息，独具地域和民俗特色，迎合了当时人们对艺术美学的感悟和记忆。小型窑场如宜春市铜鼓县永宁镇兴源村马家村小组的兴源窑址，产品以青白釉为主，釉色泛灰，生产少量青灰釉、黑釉。器形多为罐、碗、盏、盘、碟等日常生活用具。胎质洁白细腻，器表少有装饰，以素面为主。该窑址是一处烧造青白釉为主，产品满足附近居民，辐射鄂湘赣三省交界区域的宋元时期窑址。

除了民窑性质的窑址外，景德镇地区还有极少数面向特权阶层，甚至皇权阶层进行窑业生产的窑场遗址。宋代，由于景德镇窑业的快速发展，其产品质量、生产规模和销售总量引人瞩目，从而使得景德镇的窑业活动进入统治者的视野。《景德镇陶录》载："至宋景德年，始置镇，奉御董造，因改名景德镇"[8]。《宋会要辑稿》又载："瓷器库在建隆坊，掌受明、越、饶州、定州、青州白瓷器及漆器以给用，以京朝官三班内侍二人监库。"[9]至宋元丰五年（1082年）八月，"置饶州景德镇瓷窑博易务"[10]，掌管景德镇地区瓷器的贸易和收税。从考古资料来看，宋嘉祐五年（1060年）刘沆墓[11]、宋嘉祐八年（1063年）冯京夫妇墓[12]、宋政和元年（1111年）施氏墓[13]等品官墓均出土有景德镇瓷器，可见景德镇窑生产的瓷器受到高级官吏和贵族社会喜爱，消费市场开始向上层社会拓展。元代设置浮梁磁局，在民窑瓷器生产的基础上延伸出"官监民烧"的方式。落马桥窑址元代地层发现的"伊朗型"青花瓷，即"至正型"高档产品，当属政府督烧的产品，使用者当属上层社会。明清时期，皇家设立专门烧造宫廷用瓷和供奉瓷器的窑厂，前者称为"御器厂"，后者延续使用，改称为"御窑厂"，是我国烧造瓷器时间最长、规模最大、工艺最精湛的官办瓷厂。该窑场产品的受众群体极为固定，即皇室所用，他人不能拥有和使用。据文献记载，每100件成瓷仅有4件能入宫使用，剩余的瓷器次品、试制品和贡余品，必须被集中砸碎后埋藏在官窑窑场的范围之内，以禁绝流入民间。更有甚者，对其生产的官样瓷器都不许民窑模仿生产，违者处以极刑。

纵观江西陶瓷业生产，供给结构经历了由民到官，再到皇家的拓展，形成了不同层级的消费人群和特定群体的专有窑场，这在全国窑业生产中当属唯一，对研究我国陶瓷发展史和陶瓷经济史具有特殊意义。

9.产品销售的世界性

从生产和销售市场来看，江西地区陶瓷遗存产品的销售范围广、影响大。一些陶瓷遗存的生产使用，处于自给自足、自发管理的模式；多数陶瓷遗存的产品主要满足附近周边区域；不少陶瓷遗存，除了满足附近区域外，开始辐射周边更大范围的区域，有的销往省域外，甚至行销全球，走出国门，走向世界。窑场生产由地区区域性中心，向全国、全世界的瓷器制作中心转变。

角山窑址是商代全国第一个具有贸易性质的江南窑场，其产品主要销售赣东北一带，辐射到闽北、浙东地区，福建黄土仑遗址、长江下游的湖熟文化区出土过典型的角山窑址的产品。

吴城遗址是商周时期都邑性质的遗址，区域内已经形成功能分区，出现了专门的青铜手工作坊区和制陶区。其原始瓷源源不断地向周边地区输出，商王朝南方重要据点湖北盘龙城、京畿核心河南郑州都城都出土过吴城生产的陶瓷器。

洪州窑瓷器不仅大量出土于江西境内各地的汉晋至隋唐时期墓葬，遍布全省各地，而且其产品遍及全国各地，流布到东达江苏、浙江，西及四川、广西，南至广东，北及陕西、山东、河南，以及安徽、湖北、湖南等 11 个省（市、自治区）的广大地区，集中在长江中游的鄂城、武昌、建康等当时的中心城市。甚至已经流布到东亚，或远销西亚一带，受到朝鲜族、伊斯兰人群的喜爱。

宋元时期景德镇窑的青白釉瓷，一出现很快为世人接受并成为十分畅销的商品，先后在河北、山西、山东、河南、辽宁等 19 省（市、自治区）的一百零六个县市出土。甚至其生产市场扩大至全球范围，成为全球化商品的一部分。根据现有的考古资料，国外可远销至日本、高丽、东南亚各国和中东、非洲等地区。东亚、东南亚、北非等外国遗址、墓葬中也常有出土，尤以日本发现较多。此外，在太平洋、印度洋也发现了装载有景德镇青白瓷的沉船，其流行程度可见一斑（图一二、一三）。

图一二　"南海Ⅰ号"出水景德镇青白釉花口碗[14]　　　图一三　新安沉船出水景德镇青白釉鼎式炉[15]

自元代以来，景德镇开始成为全世界的瓷器生产中心，誉称为"瓷都"。从世界各地考古资料看，明清时期景德镇瓷器的销售范围更广、影响更大，通达海外五十多个国家和地区。正如清人蓝浦、郑廷桂《景德镇陶录》"洋器"条："洋器，专售外洋者。"另有"昌南镇陶器行于九域，施及外洋"。[16] 可见景德镇有专门针对海外市场的生产、销售活动。晚明王士性《广志绎》载："浮梁景德镇雄村十里，……遍国中以至海外夷方，凡舟车所到，无非饶器也"。[17] 其销售规模可见一斑。此外，海外市场销售数量也颇为惊人，单是从北欧斯堪的纳维亚半岛一艘名为"哥德堡"号的瑞典东印度公司商船中打捞出乾隆年间烧制的各式景德镇瓷器就达六十多万件[18]。迈克尔·狄龙在《景德镇是明代的一个工业中心》一文中估算，从 1602 ～ 1657 年之间，景德镇大约有300 万件瓷器运往欧洲[19]。

"中华向号瓷之国，瓷业高峰是此都；宋代以来传信誉，神州而外有均输"。江西古代生产的瓷器，不仅满足省内、国内人民的需要，而且大量向海外输出，受到各国人民的喜爱。景德镇不仅瓷器遍销海外，而且其精湛的制造技术对世界陶瓷也有着深刻的影响。其独特的艺术魅力影响到输入地人们的价值取向、宗教信仰、审美情趣，这在世界陶瓷历史上绝无仅有。

10. 保护体系的完整性

江西省区域各类陶瓷遗存 251 处，按不同保护级别，初步统计为全国重点文物保护单位 13 处、江西省文物保护单位 21 处、市级文物保护单位 20 处、县（市区）级文物保护单位 42 处、尚未核定公布为文物保护单位的不可移动文物 114 处、其他类遗存 41 处。其他类陶瓷遗存主要是第三次全国文物普查之后各地的新发现，以及早年为配合建设做过考古调查、发掘的陶瓷遗存，已然形成全国重点文物保护单位、省级文物保护单位、市级文物保护单位、县级文物保护单位、已登记未公布为文物保护单位的一般可移动文物的多层次、完整的保护体系。

各级文物保护单位的数量显示各级保护单位的比例整体协调。不过江西拥有 13 处窑址类全国重点文物保护单位，应该是绝对总数最高的，显示出江西陶瓷文化内涵的博大精深，突出了江西陶瓷文明对中华文明的贡献。

注释：

[1] 251 处陶瓷类遗址数量并非所有窑址点数量，有些窑址没有完全按照发现的全部窑址点进行统计，而是根据其关联性，整合在一起，本文合并的窑址不少。如万年仙人洞遗址和吊桶环遗址合并一处；龙南象莲窑址把废弃堆积和窑炉遗迹 2 个点合一起；全国重点文物保护单位洪州窑第三次文物普查登记了 32 处，后来又新发现 12 处，合计 44 处，本次采取合并为一处的办法；横峰窑址把分布在同一区域的宋代、明代窑址合在一块。

[2] 彭适凡、刘慧中：《陶业与稻作文明起源——仙人洞与吊桶环》，《新世纪江西文化十年 2001 ～ 2010 故园寻踪 考古大发现》，江西人民出版社，2011 年。

[3] 江西省金溪县政协文史馆：《江西金溪窑》，二十一世纪出版社集团，2017 年。

[4] 白焜：《宋·蒋祈〈陶记〉校注》，《景德镇陶瓷》1981 年第 S1 期，第 38 页。

[5] 景德镇市陶瓷考古研究所、江西省文物考古研究所、北京大学考古文博学院：《景德镇出土明代御窑瓷器》，文物出版社，2009 年，第 11 页。

[6] 刘新园：《景德镇明御厂故址出土永乐、宣德瓷器之研究》，《景德镇珠山出土永乐宣德官窑瓷器展览》，香

港市政局，1989 年中文版，第 14 页。

[7] 刘新园：《景德镇珠山出土的明初与永乐官窑瓷器之研究》，《景德镇出土明初官窑瓷器》，鸿禧美术馆，1996 年，第 13 页。

[8]（清）蓝浦撰、（清）郑廷桂补辑：《景德镇陶录》，续修四库全书影印嘉庆二十年翼经堂刻本，《中国古代陶瓷文献影印辑刊》26 辑，世界图书出版公司，2013 年，第 977 页。

[9]（清）徐松辑：《宋会要辑稿》（食货五二之三七），中华书局，1957 年，第 5717 页。

[10]（元）脱脱等撰：《宋史》卷一百八十六，中华书局点校本，1977 年，4553 页。

[11] 彭适凡、程应麟、秦光杰：《江西永新北宋刘沆墓发掘报告》，《考古》1964 年第 11 期，第 561 ~ 563 页。

[12] 河南省文物研究所、密县文物保管所：《密县五虎庙北宋冯京夫妇合葬墓》，《中原文物》1987 年第 4 期，第 79 ~ 92 页。

[13] 余家栋：《江西波阳宋墓》，《考古》1977 年第 4 期，第 72、83 页。

[14] 王春法主编：《浮槎万里：中国古代陶瓷海上贸易展》，北京时代华文书局，2021 年，第 122 页。

[15] 沈琼华：《大元帆影：韩国新安沉船出水文物精华》，文物出版社，2012 年，第 81 页。

[16]（清）蓝浦撰、（清）郑廷桂补辑：《景德镇陶录》，续修四库全书影印嘉庆二十年翼经堂刻本，《中国古代陶瓷文献影印辑刊》26 辑，世界图书出版公司，2013 年，第 7997、8030 页。

[17]（明）王士性撰，吕景琳点校：《元明史料笔记丛刊 广志绎》，中华书局，1981 年，第 83、84 页。

[18] 周世荣、魏止戈：《海外珍瓷与海底瓷都》，湖南美术出版社，1996 年，第 43 页。

[19] 迈克尔·狄龙、梁淼泰：《景德镇是明代的一个工业中心》，《景德镇陶瓷》1981 年第 1 期，第 61 页。

长醴彩瓷与湖南陶瓷考古学术研讨会会议纪要

2021 年 9 月 28 日上午，湖南省文物考古研究所与长沙博物馆联合承办的"吉光片羽——湖南考古出土陶瓷特展"在长沙博物馆开幕（图一），该展览旨在向社会公众展示藉由考古工作揭示出的湖南陶瓷近两万年以来的辉煌历史，在中国考古学诞生一百周年之际，向公众展示湖南陶瓷考古的探索之路，思考湖南优秀的陶瓷文化遗产如何助力新时代人们对美好生活的追求。作为展览的学术活动之一，长醴彩瓷与湖南陶瓷考古学术研讨会于 2021 年 9 月 28 日下午至 29 日上午在长沙博物馆学术报告厅召开（图二），来自全国各地的 18 位专家学者通过分享新发现、新材料、新观点、新成果，共同推进陶瓷考古相关研究，助力湖南优秀陶瓷文化遗产的保护、传承与利用。本次会议发言涉及的主要议题有史前陶器研究、瓷器的起源与成熟、湖南瓷窑的相关研究、古陶瓷的科技检测与仿烧、陶瓷考古的理论与方法。现按发言主题及年代顺序将研讨会的主要内容分四部分做介绍。

图一　吉光片羽——湖南考古出土陶瓷特展开幕式现场

图二 长醴彩瓷与湖南陶瓷考古学术研讨会与会代表合影

一 陶器、成熟瓷器及"早期白瓷"的研讨

1.王良智

湖南省文物考古研究所王良智馆员的发言题目是《长江中游古国时代的陶器》（图三）。王良智认为长江中游的古国时代开始于公元前3700年左右的油子岭文化，在古国时代的初期，古国数量少，规模小，联系不密切，有城头山、走马岭、龙嘴等古国。公元前3000～前2500年左右，是古国时代的鼎盛阶段，此时的古国数量剧增，规模变大，古国之间距离近，联系紧密，形成了以石家河古城邦为首的古国联盟。公元前2500～前1800年，长江中游的古国逐渐走向衰落。王良智对长江中游古国时代的陶器面貌做了全面论述：古国时代的陶器螺旋拉坯痕迹与弦纹大量出现，主要使用快轮制作成型；陶色以黑陶、灰陶为主，纹饰以素面为主，多见薄胎磨光陶，彩陶工艺走向衰落；此时各地窑炉多有发现，筑造技术有显著进步，烧制温度在800℃～1000℃，已掌握窑内渗碳、窑外渗碳的技术，能较好地控制窑内的烧成气氛；古国时代的陶器已经实现专门化生产，已出现陶器锔补工艺，随葬陶器的数量和质量有等级分化现象；古国内部存在短程贸易，古国之间实现了中程贸易，还有跨区域的远程贸易。

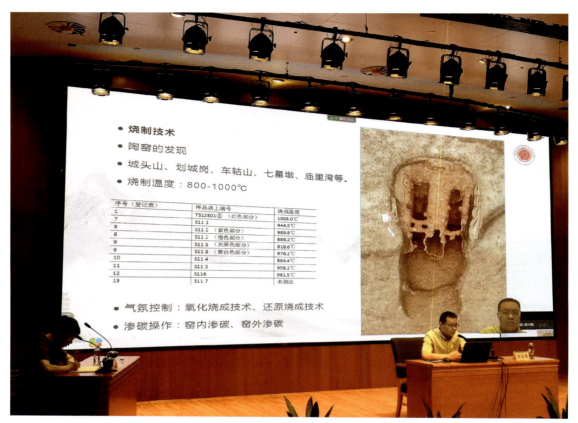

图三　王良智报告《长江中游古国时代的陶器》

2. 郑建明

复旦大学郑建明教授的发言题目是《成熟瓷器起源的再思考》。郑建明认为成熟瓷器起源的核心地区在浙江上虞，浙江瓷业在战国原始瓷与东汉成熟青瓷之间有一个巨大的反复，突出表现在施釉方式从人工刷釉、浸釉变成了落灰釉，讨论东汉成熟青瓷起源的关键是重建从落灰釉到人工刷釉的过程。东汉时期上虞至少发现有馒头山类型、珠湖类型、小陆岙类型、小仙坛类型、禁山类型等多个不同类型的窑址，基本建立起从秦汉原始瓷以来完整的成熟青瓷起源过程：从深色多变胎到稳定的灰白色胎，多夹细砂、疏松胎质到细腻坚致的胎质，从落灰釉到人工刷釉，从局部施釉到通体施釉，从凝釉、聚釉到釉层均匀，从青黄、青褐、青灰釉色到稳定的青绿色釉。从珠湖类型窑址中的低温铅釉陶与印纹硬陶、原始瓷和酱色釉瓷器共存的情况看，浙江成熟瓷器上刷釉技术的全新运用可能与北方铅釉陶的刷釉工艺有关。与此同时，在浙江为中心的长江下游地区以外，亦存在其他窑业类型以及成熟瓷器起源与发展的其他路径的可能性。首先，刷釉技术在西汉时期的长江中游与岭南地区一直有存在的证据，在窑业中心长江下游地区流行落灰釉的同时，整个西汉的刷釉技术并没有完全消失。其次，在以岭南为中心、包括北起湘南、南至越南北部的广大范围内，存在着一批釉色与青瓷不同，近似于白瓷的产品，时代在东汉中晚期前后。这一类型窑业的技术来源及其发展去向，以及在成熟青瓷起源中的地位，是一个全新的课题。此外，从近年来德清地区发现的汉代窑址看，黑釉瓷可能并非简单从成熟的青釉瓷器中派生出来，而是有自身的发展与成熟过程。综上，郑建明认为，在成熟瓷器的起源上，除了传统以长江下游为中心的主流青瓷的起源外，亦存在着其他多种类型的实践，它们同样在成熟瓷器起源中扮演了重要的角色。

3. 韦伟燕

中山大学韦伟燕副教授的发言题目是《湖南"早期白瓷"与越南关系》（图四）。韦伟燕通过对比湖南出土"早期白瓷"与越南汉墓出土的同类器物，并结合有关历史文献与考古资料，认为"早期白瓷"在湖南的出现，可能与湖南、越南两地文化交流的历史传统、东汉时期经济贸易往来的历史背景有关，具体而言可能与东汉时期交趾商人在湖南的活动有关。越南汉墓出土的部分陶器烧成温度较高，陶胎坚硬细腻，呈浅灰色，器身施黄白色、白色釉，上釉均匀，釉里开冰裂片，陶胎和釉色非常接近早期瓷器。具有上述特点的陶器种类非常多，包括鼎、壶、瓮、四系瓮、大口尊、鐎、锜、锅、碗等。这些陶器的器形很明显是模仿岭南地区汉墓中出土的同类青铜器，但是陶质、陶色非常具有本地区的特色，并且具有相同形制的陶器极少在岭南地区汉墓中出现。因此上述器物可视为在岭南地区的影响之下，在越南境内地区产生的具有该地区特色的日用陶器。越南汉至三国时期的窑址也有发现，其中清化省三寿窑址的考古工作较充分。

4. 方涛

景德镇陶瓷大学方涛助理研究员的发言题目是《基于元素成分分析的早期白釉器相关问题探讨》。方涛团队利用 p-XRF 原位无损分析方法，分别测试了湖南省博物馆藏 5 件东汉白釉器物和 2 件东汉青釉器物、河南安阳高陵曹操墓出土的 1 件白釉器物和 1 件青釉器以及北齐武平六年范

图四　韦伟燕报告《湖南"早期白瓷"与越南关系》

粹墓出土的 2 件白釉器物胎釉化学元素组成。检测结果表明：范粹墓出土白釉器属低温铅釉陶；曹操墓出土瓷器属高钙釉，并且产地应来自我国南方地区；曹操墓出土白釉器与湖南省博物馆藏白釉器的釉料都属于高温釉，是我国早期白瓷的典型代表，但从胎釉化学元素组成信息来看二者之间并没有关联性，说明东汉时期我国早期白瓷的生产尚处于探索阶段；湖南省博物馆藏白釉器釉料 K_2O 含量高达 7% 以上，是我国目前发现并经检测分析证明的年代最早的碱釉瓷器。就白瓷如何界定问题，方涛认为不仅要考察胎体的白度和釉的透明度，考察工匠是否有意制造白瓷也极为重要。

二　岳州窑及汉六朝相关窑业的研讨

1.杨宁波

湖南省文物考古研究院杨宁波副研究馆员的发言题目是《论岳州窑的装烧工艺》（图五），通过观察比对窑址、城址、墓葬出土岳州窑瓷器的装烧痕迹，将汉唐时期岳州窑装烧工艺分为六期。东汉晚期至孙吴前期为第一期，罐等器物口沿多刮釉，碗、釜类多叠置在罐之上，采用正向摞烧，少量使用玉璧形垫圈或圆形垫饼作为间隔具，已经注意到利用窑内空间，然而叠摞高度有限。孙吴后期至西晋早中期为第二期，除罐釜等大器外，也出现盏等小器，出现对口扣烧，部分器物内底刮釉便于套烧。第三期是西晋晚期至东晋前期，采用来自于浙江越窑的支钉间隔法，齿

图五　杨宁波报告《论岳州窑的装烧工艺》

状支钉分为三齿和多齿，可以充分利用窑内空间，大大提高装烧产量。第四期为东晋后期至南朝刘宋，开始使用匣钵装烧，与洪州窑开始使用匣钵的时间大体相当，仍然采用齿状支钉间隔。第五期是齐至隋，齿状支钉等间隔具已经不用，转而采用器物内底圆形露胎以便于叠烧。装烧方法分为以伞状支烧具装烧和筒形匣钵装烧，匣钵装烧有一匣一器或一匣多器。第六段为唐代初期，碗、盏、碟等不见间隔痕迹。杨宁波还比较了不同时期的岳州窑、洪洲窑与越窑，认为这三大青瓷窑场的产品虽在有的阶段难以区分，不过或是装烧方法有差异，或是胎釉不同，或是化妆土工艺不同，需要综合判断，装烧工艺是区分的重要指标之一，因此公布材料时，需要适当增加器物俯视或底视，便于判断窑口。

2. 曹昭

武汉大学曹昭博士后的发言题目是《湖北鄂州瓦窑咀窑址的考古发现与初步研究》。曹昭介绍了湖北鄂州三国至西晋瓦窑咀窑址 2016～2017 年度的考古勘探与发掘情况，该窑共发现窑炉8座，出土遗物以陶器为主，另有少量瓷器、窑具、砖、瓦等。曹昭认为瓦窑咀窑址是鄂州吴王城外以烧造日用陶器为主的手工业作坊遗址，也是湖北地区最早烧造青瓷器的窑址，其发现对研究湖北陶瓷史，以及早期青瓷技术的交流与传播等均具有重要意义。瓦窑咀窑址出土瓷器的器类主要有罐、壶、碗，装饰主要有席纹、水波纹、叶脉纹、弦纹、方格纹，胎多红褐色，釉多呈青黄色，部分褐色或黑色，经过检测可知瓦窑咀窑址出土青瓷为具有南方特征的高温钙釉瓷，窑具有筒状支烧具和三足间隔具。通过与同时期越窑、洪州窑、岳州窑的对比分析，曹昭认为瓦窑咀窑受越窑影响较大，孙权武昌建都客观上促进了包括越窑核心产区在内的长江下游居民向武昌地区迁徙，越窑青瓷技术因而在武昌地区得到传播。

3. 易立

成都文物考古研究院易立研究馆员的发言题目是《川渝地区出土汉六朝瓷器初步研究》。易立对历年来四川盆地的成都、德阳、什邡、绵阳、三台、江油、广元及三峡重庆库区等地遗址和墓葬中出土的大量六朝瓷器进行了研究，根据其胎釉特征分作甲、乙、丙三组。甲组瓷器的釉色偏翠青或青绿，胎釉结合程度好，主要产自岳州窑；乙组瓷器的釉色偏青黄，胎釉结合程度较差，主要产自洪州窑；丙组瓷器的胎釉呈色较深，釉面玻璃质感差，主要产自成都青羊宫窑。易立认为甲、乙两组外地瓷器是随着商业贸易活动进入川渝地区的，具体运输路线是通过长江水道，以三峡一带（巴郡和巴东郡下辖的江州、垫江、枳、临江、胸忍等）的市镇、聚落为中转站或集散地，再由嘉陵江、涪江、沱江、岷江等溯流而上，流通至蜀地核心区。这些外地瓷器至少带来了器形、装烧工艺两方面的影响，成为青羊宫窑、邛崃窑等窑场的临摹、仿制对象，并且从根本上推动了本土制瓷业在隋唐时期的勃兴。

4. 陈大海

南京市考古研究院陈大海副研究馆员的发言题目是《六朝长干里越城遗址出土岳州窑青瓷概述》（图六）。长干里是建康城南郊一处著名地理单元，南京建城史的开端就是位于长干里腹地的越城。越城滨江控淮，是越灭吴后，建立的为对抗楚国的重要军事据点。六朝建都，长干里早已人烟阜盛，并成为都城的南部门户。近年对长干里越城的考古发掘取得了重要收获，发现越城环壕、御道、水井等各类遗迹数百处，出土的遗物特别是青瓷数量巨大。长干里越城遗址出土的

图六　陈大海报告《六朝长干里越城遗址出土岳州窑青瓷概述》

青瓷产品来自全国各大主要窑口，其中岳州窑小件标本 500 余件，占比约 1/4，所占比重相当之高，是除湘阴本地窑址以外最为集中的一次发现。相较之下建康地区出土的岳州窑青瓷有着鲜明特色：高端定制、装饰精美。陈大海认为，岳州窑青瓷在首都建康呈现的这种高端定制的现象反映了几个方面的问题：（1）荆扬二州之间水路交通便利，岳州窑产品自身品质优良，具有不可替代性，是流行于都城的重要因素，而荆扬二州的竞争关系，可能在客观上刺激了岳州窑提高竞争力；（2）岳州窑青瓷折射出荆扬之争过程中两地间的物质文化的交流和互相影响，特别明显的是在佛教文化上，遗址出的岳州窑部分产品如净瓶、圈底钵、大碗及部分纹饰都是为佛教寺院服务的；（3）通过建康城典型遗址出土青瓷的观察，可发现东晋南朝时期长江流域窑业格局的变化，即长江中游窑业的崛起与长江下游窑业的相对没落。

三　长沙窑及唐五代相关窑业的研讨

1. 石俊会

广东省文物考古研究所石俊会副研究馆员的发言题目是《广东唐代窑业及其产品行销考察》。广东已发现唐代窑址二十余处，主要集中于三个区域：珠江三角洲区域、粤东韩江流域、粤西雷州半岛。粤东韩江流域以梅县水车窑和潮州市郊北关窑为代表，珠江三角洲区域以新会官冲窑和高明大岗山窑为代表，粤西雷州半岛以遂溪长坎山窑为代表。从已做考古发掘工作的番禺曾边窑、梅州水车窑、潮州北关窑、新会官冲窑、高明大岗山窑等 5 处窑址看，产品质量较好的是梅州水车窑，石俊会认为，这与水车窑的馒头型窑炉前宽后窄的特殊结构有关。广东唐窑产品在广东以北区域基本没有发现的报道，而在唐代"广州通海夷道"沿线沉船或者遗址多有发现，例如印尼"黑石号"沉船、泰国、埃及福斯塔特等地遗址都发现有广东窑产品，说明广东唐窑产品（主要是水车窑和官冲窑及高明大岗山窑）依托内陆水路及唐代开拓的海上丝绸之路行销到东南亚、南亚、西亚和非洲东北部。

2.徐雪琨

北京大学考古文博学院徐雪琨女士的发言题目是《邛窑十方堂遗址出土五代"类钧瓷"工艺研究》。邛窑十方堂遗址五代地层出土了一批高温釉彩瓷，其中部分瓷器外观与后世钧瓷类似，这类瓷器被考古学者称为"类钧瓷"。该研究即以此类"类钧瓷"为研究对象，通过激光剥蚀电感耦合等离子体原子发射光谱（LA-ICP-AES）、X 射线荧光光谱（ED-XRF）、体视显微镜的分析检测，讨论其工艺特征。检测分析结果显示：邛窑"类钧瓷"表面施有双层釉层，面釉蓝中闪紫，底釉为普通高温青釉，面釉铜含量高，或为铜离子呈色与结构呈色共同作用；据化学成分分析，"类钧瓷"面釉应是以底釉为基础，配入石英、草木灰、铜着色剂，从而形成蓝色乳光分相面釉；邛窑"类钧瓷"面釉颜色与后世钧瓷接近，在化学组成上共同具有低铝、高镁高钙、高磷、含极少量氧化锡的特点，但含量差异显著；邛窑"类钧瓷"在釉层颜色、釉层工艺上相似，但釉层化学组成存在明显差异，由此表明二者之间虽工艺相似，但不具承继关系。

3.陈超

安徽省文物考古研究所研究馆员陈超的发言题目是《安徽省内发现的长沙窑瓷器研究》。陈超收集整理了安徽省内长沙窑瓷器的出土情况，发现长沙窑瓷器集中出土于长江以北的地区，具体分布在通济渠运河遗址，合肥、巢湖、寿县、凤台、六安等地区，遗址和墓葬中均有出土。产品类型主要有碗、执壶、罐、瓶、水盂、砚滴、盒、枕、镇纸等，其中以碗和执壶为最多。釉色主要是青釉，装饰是褐彩、模印贴塑褐彩、青釉绿彩。陈超把安徽省内出土的长沙窑瓷器分为两期：第一期是唐玄宗天宝年后至唐宪宗时期（时代是 756 至 820 年）；第二期是唐穆宗至唐晚期。陈超认为，长沙窑的产品主要是沿长江销往沿江两岸，后到达扬州，转而通过邗沟，沿着通济渠到达皖北沿线城市，进而向洛阳、西安等大都市运输。在安史之乱后期，淮南道、江南道的社会经济得到快速发展，大量北方人口涌入这些地区，提高了这一地区的社会消费水平和购买力，并且宣州、庐州和寿州又是产茶重镇，长沙窑生产的茶具也受到该区域民众的欢迎。

4.崔剑锋

北京大学崔剑锋教授的发言题目是《唐代的高温"釉上"彩与双层"分相乳浊"釉技术》（图七）。崔剑锋对河南郑州市上街区峡窝 M7 出土唐青花和长沙窑青釉褐绿彩绘瓷的彩釉工艺和绘画方式进行检测与研究，发现二者彩釉（钴蓝彩与铜绿彩）部分的助熔剂含量都高于周围的基色釉，这与典型釉下彩有别，说明采用了彩釉加底釉这种类似于后世低温釉上彩的彩绘方式，与低温釉上彩二次烧成不同的是，唐青花和长沙窑彩绘瓷是高温一次烧成的釉上彩。值得注意的是，检测发现长沙窑彩绘瓷的褐彩是由纯氧化铁作为彩料的，褐彩颗粒度非常细，在微米甚至亚

图七　崔剑锋报告《唐代的高温"釉上"彩与双层"分相乳浊"釉技术》

微米级，因此可以画出非常精细的笔触，检测样品的褐彩仅有部分溶解进入釉中，大部分在釉表面。崔剑锋认为，这种高温釉上彩技术和从魏晋南北朝开始的点褐彩青瓷以及唐代的高温双层釉技术应有较为密切的关系，进而对年代相近的鲁山花斑釉瓷、长沙窑白釉绿彩瓷、邛崃窑类钧瓷的双层分相乳浊釉技术进行了综合研究。崔剑锋认为，窑工通过施加双层釉，增加了釉的黏度和厚度，使得釉层更易乳浊（气泡不易溢出）；通过调整底釉配方，使得面釉和底釉形成两种成分的釉，从而人为产生分相条件，提高了分相釉烧成成品率；双层釉（多层釉）技术使得本来神秘的"窑变"变得人为可控，成品率大大提高。由此可见，唐代彩釉绘画、花斑釉、分相面釉三种装饰工艺的原理相同，彩釉实为用调入彩料的面釉在底釉上绘制规则的图案，而花斑则是使用面釉绘制不规则的斑状图案，乳浊分相釉则是将面釉罩在底釉上面，三者都是将一种釉涂覆在另一种釉上面，都是利用二者互溶性不好的原理，形成自己想要的效果。

5.熊樱菲

　　上海博物馆文物保护科技中心熊樱菲研究馆员的发言题目是《长沙窑釉彩的制作工艺探讨》（图八）。熊樱菲团队的研究对长沙窑彩釉瓷器的制瓷原料进行化学分析，对釉彩制作工艺进行科技分析和实验模拟，采用实验考古方法仿烧了长沙窑褐色、绿色以及红色彩釉瓷片样品，并通过与相关彩釉瓷如唐青花瓷和邛窑褐彩瓷的比较，探讨了长沙窑彩釉的制作工艺。实验分析及研究表明：长沙窑瓷器三类釉彩的主量化学组成都非常接近，色料较好地溶于釉料中，推断其配制釉彩采用了基础釉料加呈色矿物（铜绿彩中可能加更多助熔剂），而不同于明清时期景德镇等地

图八　熊樱菲报告《长沙窑釉彩的制作工艺探讨》

采用单独制作彩料的方法；长沙窑三类釉彩的显微釉彩结构都显示彩料或溶于釉中，或浮于釉表层，与后世青花、釉里红等釉下彩瓷器的彩料沉积于胎釉结合部位存在显著的差异，因此，长沙窑的彩绘工艺可以称为高温釉上彩；通过铜绿、铜红釉彩的仿烧实验，推测当时长沙窑铜绿、铜红釉彩为基础釉料中加入了 1% ～ 3% 的铜料、窑炉环境为半密封状态，两种釉彩可以在同一环境中烧成，可见铜红釉的烧制工艺并不稳定，为偶然烧成；采用显微分析等技术对一些唐代出土的彩釉瓷器（瓯窑褐彩、唐青花）作分析对比发现，唐代可能有多个窑口采用了相类似的釉彩制作工艺。

6. 侯佳钰

故宫博物院侯佳钰副研究馆员的发言题目是《长沙窑釉色及工艺的科技分析》。侯佳钰团队利用能量色散 X 射线荧光光谱仪、扫描电子显微镜及热电离质谱计等多种分析手段测试了长沙窑胎体和釉层的成分、显微结构及锶同位素比值，以图科学揭示长沙窑的制釉技术，着重讨论了胎釉原料的差异和乳浊釉原料中添加石英矿物的可能性；并基于南北制釉技术特征探讨了北方制瓷技术对长沙窑的影响。通过显微结构及锶同位素比值的分析，发现长沙窑胎体成分与南方典型瓷石类似，符合唐代南方窑口以单一类的瓷石原料制胎的传统，但是釉层中 CaO 含量较高，平均值在 14% 左右，明显可以归为钙釉系统，而青釉所用原料可能为瓷石和高钙的草木灰混合制釉，大致比例为 8 ∶ 2，从胎釉锶同位素分布的情况上来看，长沙窑青釉可能选取了与胎体原料不同的瓷石，这与唐代北方制瓷技术相近。长沙窑乳浊绿釉为分相乳浊釉，其釉料配方中除了唐代南方传统釉层原料——瓷石和草木灰外，还很可能额外添加了石英类矿物，来提高硅铝比，这也与唐代北方制瓷技术相近。侯佳钰认为，造成这一状况，应与安史之乱后北人南下导致的北方制瓷技术在南方传播有关。

四　醴陵窑与宋元明清窑业及城市陶瓷考古的研讨

1. 何安益

广西文物保护与考古研究所何安益研究馆员的发言题目是《广西区域湖南青瓷技术体系演变》。何安益主要从湘桂区域视角，观察两宋时期湖南窑业技术体系影响下的广西青瓷产业的发展态势和现状。通过对圆器、内底圆形印花、支钉圈、接足技术等技术指标的考察，可以发现广西宋代青瓷产品与湖南衡州窑体系关系密切，其影响范围涵盖广西大部分区域，包括桂东北的湘江、漓江、洛清江上游、贺江上游，桂中的柳江、红水河，桂西南的右江、桂东南的郁江等。衡州窑体系下的广西瓷业，典型窑口有全州县江凹里窑、永福县窑田岭窑等。其他窑口还有贺州富川水谷窑、桂林东窑、柳江立冲窑、忻城红渡窑、桂平窑岭村窑。何安益认为，这一类窑址的分布以湘桂铁路为南北纵轴线，以永州为支点，向湘江上游发展，进入珠江水系，以桂林为中心，之后向南、向东、向西扩散，远离支点，衡州技术因素衰减越明显，窑址时代越晚，在北宋早中期完全烧造与湖南衡州窑体系相同的青瓷产品，北宋晚期随着印花青瓷的兴盛而衰落。宋代广西衡州窑技术体系下产生的青瓷分布格局，与广西现今语言极其族群文化传统具有重合性，反映了宋代湖南文化对桂东北至桂西南广大区域的深刻影响。

2. 李兆云

江西省文物考古研究院李兆云馆员的发言题目是《江西古代陶瓷文明的发展特点》，根据第三次全国文物普查工作成果，从宏观上分析江西陶瓷发展的特点及其地位。在第三次全国文物普查中，江西共登记不可移动文物 32831 处，其中陶瓷类遗址 234 处，后各地又新发现了不少窑址，窑址的数量略有增加，目前总计 251 处，它们在江西境内环鄱阳湖的五大支流上的分布数量为：赣江流域 67 处、抚河流域 24 处、修水流域 18 处、饶河流域 90 处（其中昌江流域窑址 79 处）、信江流域 38 处，流向西面、汇入湖南省湘江的萍水河流域 1 处，流向广东省东江流域 5 处，紧邻长江南岸 8 处。李兆云通过梳理江西地区的窑业分布状况、瓷业发展面貌和陶瓷发展水平，概述了江西地区陶瓷文明的发展特点，指出江西地区窑业历史悠久、遗存分布广泛、制瓷传统具有延续性、遗存类型多样而规模庞大、陶瓷技艺先进、保护体系完整、窑业面貌丰富、产品行销世界，从而说明江西陶瓷文明在中华陶瓷文明发展进程中的地位以及对世界陶瓷文明的影响和贡献。

3. 秦大树

北京大学秦大树教授的发言题目是《江西萍乡南坑窑与赣湘青白瓷技术的传播》（图九）。秦大树依据 2020 年萍乡南坑窑区域考古调查资料，介绍了宋元时期南坑窑的生产状况，并根据初步整理成果，结合江西、湖南其他地区青白瓷窑址考古工作，对赣湘青白瓷技术传播问题进行了探讨。本次南坑窑考古调查发现窑炉遗迹 4 座，皆为砖砌龙窑，与南宋以来龙窑向宽短变化的

图九　秦大树报告《江西萍乡南坑窑与赣湘青白瓷技术的传播》

趋势相符，并存在多次修建使用现象；发现的矿洞与码头遗迹反映了南坑窑系统生产过程。调查共计19处区域，根据各地点发现器物可大致分为三个时期：南宋后期南坑窑创烧，采用覆烧工艺大量生产青白瓷；此后青白瓷生产减少，质量下降，多使用涩圈叠烧法生产青灰釉、青釉以及酱黑釉瓷；入元后南坑窑终烧，以生产青瓷为主，并受龙泉窑影响生产仿龙泉青瓷。秦大树从成型技术、装饰技法、装烧工艺等各方面，比较了南坑窑与景德镇以及江西、湖南各区域青白瓷生产特点，发现宋元之际萍乡南坑窑的青白瓷生产与同时期赣湘其他地区青白瓷生产存在一定的共性，并与景德镇地区同时期的生产面貌区别显著，进而推测这些地区青白瓷窑业的兴起，可能并非景德镇窑工直接传入的结果，而主要是由当地窑户在吸收景德镇制瓷技术的基础上，主动参与生产的结果。关于青白瓷的入湘路线，秦大树认为，萍乡南坑窑与附近的渌水流域醴陵唐家坳、醴陵钟鼓堂等窑址处于同一生产区域，并且窑业生产面貌较为一致，景德镇青白瓷技术可以通过南坑窑进入湖南，但青白瓷的入湘路线可能不止一条，在赣西北潦河流域，以及湘东北的浏阳河、捞刀河流域发现的众多青白瓷窑址连成一片，可能也存在从赣西北经九岭山、连云山间谷地，从浏阳河上游传入湖南的路线，羊舞岭窑则可能与景德镇窑存在直接的关联。最后秦大树还对仿龙泉瓷器的问题做了扼要的概述，指出一些窑口的仿龙泉技术高超，识别龙泉窑瓷器与仿龙泉瓷时要更加谨慎。

4. 方昭远

湖南省博物馆方昭远副研究馆员的发言题目是《醴陵地区瓷业发展简史——兼谈陶瓷技术交

流的模式》（图一〇）。方昭远梳理了醴陵地区瓷业发展的概况：新石器时代已有陶器生产，并出现了白陶；东汉时期有规模较大的陶器生产窑场；魏晋南北朝至隋唐时期尚未发现瓷业窑址，瓷器大多来自岳州窑和长沙窑；五代至北宋时期，毛家岭窑址继承了湘江下游的青瓷烧造技术和传统；南宋到元以青白瓷为主，与景德镇制瓷技术关系密切，同时也对龙泉窑进行仿烧，品种丰富，工艺成熟；明清时期，目前发现的明代窑址较少，主要为清代遗存，以沩山为中心，主要烧造民用青花瓷；清末民国时期，醴陵瓷业在以熊希龄为代表的爱国志士奔走下，烧制出了釉下五彩瓷。以醴陵窑业简史为例，方昭远探讨了陶瓷技术传播的四种模式，对单纯使用、模仿生产、技术交融等三种模式进行举例阐述，又着重以清代醴陵青花瓷始烧为例对第四种模式"技术移植"进行了探讨，即窑工迁徙到外地开窑烧瓷，最明显的案例就是广东青花瓷技术传入醴陵，不仅带来窑炉等生产和烧造技术，还带来岭南窑业的樊公信仰。

图一〇　方昭远报告《醴陵地区瓷业发展简史——兼谈陶瓷技术交流的模式》

5. 李建毛

湖南师范大学李建毛教授的发言题目是《陶瓷研究新视角：城市陶瓷考古》。李建毛首先梳理了中国陶瓷考古的几个阶段：（1）20世纪20年代起，以陈万里、叶麟趾等先生走出书斋，开始对古窑址进行考察，这一阶段的窑址调查为一些不明窑口的陶瓷找到产地，对一些已确定窑口的陶瓷器提供肯定或否定的实证，找到一批文献所载窑口的确切地址。（2）20世纪50年代开始对古窑址科学发掘，通过对窑炉、作坊的清理，结合窑区生态的考察，探究陶瓷的制作流程、工艺技法、装烧方法、产品种类及产品特征，以及形成的生产关系，也探讨同一窑场产品在不同时期工艺、装饰、器形的变化，不同窑场之间的技术传播及相互影响。（3）自20世纪末开始对集市、码头、河道、港口遗址的考古发掘，水下考古全面开展，为了解和研究陶瓷的销售与流通提供了丰富资料。（4）随着近年的城市化建设，城市遗址考古也全面展开，城市遗址中出土的大量陶瓷标本为陶瓷研究提供了新的视野。李建毛强调了城市出土陶瓷的重要性：通过大量的统计，分析各窑口在该城市的市场占有率，可以看出各窑场在该城市的影响；不同层位之间窑口产品数量的变化，可看出各窑场兴衰；出土瓷器的质量档次反映该城市的经济实力；不同地点出土陶瓷质量的差异，反映城市不同居住区的贫富差异，城市遗址出土陶瓷还能反映陶瓷的消费（使用、废弃）过程。李建毛认为，只有将窑址、生活遗址、墓葬出土陶瓷结合起来研究，才能真正得出相对客观的结论，呼吁文博工作者加强对陶瓷使用与废弃过程的考察，更全面系统地发布陶瓷遗存的出土信息。会议最后，李建毛教授对此次研讨会做了学术总结。

（张兴国根据现场发言及会议资料整理而成，经发言代表本人审核）

编后记

  2021 年是中国共产党建党 100 周年，也是中国现代考古学诞生 100 周年，在两个百年之际，湖南省文物考古研究院联合长沙博物馆等省内多家文博单位，隆重推出了《吉光片羽——湖南考古出土陶瓷特展》，汇集湖南历年考古发掘出土陶瓷标本和全省博物馆馆藏陶瓷精品 420 余件（组）。本次展览是继"发现湖南"系列考古讲座之后，湖南省文物考古研究院与长沙博物馆联合策划的又一次公众考古项目，旨在为广大社会公众全面呈现近两万年以来湖南地区陶瓷生产技术及社会文化发展的精彩篇章，分享近年来湖南陶瓷考古工作取得的一些新成果。展览开幕同期我们举办了湖南陶瓷考古学术研讨会，邀请了国内陶瓷考古同行分享新发现、新资料、新成果，共同促进陶瓷考古相关研究，助力湖南优秀古陶瓷文化遗产的保护与利用。与会学者讨论的主要议题涉及史前陶器研究、瓷器的起源与成熟、湖南瓷窑的相关研究、古陶瓷的科技检测与仿烧、陶瓷考古的理论与方法。本文集便是这次学术研讨会的成果集成。

  展览涉及的某些重要学术议题在本次学术研讨会中得到了深入而热烈地讨论，其中关于"早期白瓷"、成熟瓷器的起源和长沙窑彩瓷工艺的讨论尤其热烈。这些问题也是展览期间观众比较感兴趣的问题，问的比较多的问题。比如，很多观众惊叹于湖南史前白陶之精美，都会问这些白陶上面精美繁复的纹饰到底在表达什么？陶和瓷的区别是什么？湖南制瓷业在汉代瓷器成熟的历史中起到了什么作用？还有，岳州窑与长沙窑是什么关系，长沙窑的彩瓷到底是釉上彩还是釉下彩？我们感受到公众考古传播与考古学术研究二者之间是可以相互补益的，一个好的公众考古项目除了要引发公众兴趣广泛参与，还可以引发新问题，乃至推动相关学术研究。本次学术研讨会论文集收录的论文对以上问题有深入的阐述，相信既能解答部分观众的疑问，也必将推动湖南陶瓷考古学术研究的进步。

  本文集的出版得到了高成林副院长的关心和大力支持。文集组稿、约稿工作主要由张兴国负责完成，后期与出版社的对接工作主要由杨宁波负责完成。中国人民大学历史学院硕士生刘婧涵、瞿倩倩、冉曾仪、武欣瑶，湖南大学岳麓书院硕士生肖心怡、李妍参与了文集的校对工作。

  感谢广大文博同行和社会各界的支持与参与，大家的共同努力造就了这次有重要价值和深远影响的古陶瓷盛举。

编 者

湖南陶瓷考古书系

湖南陶瓷考古书系之一：《焰红石渚——长沙铜官窑遗址 2016 年出土瓷器》

（文物出版社，2018 年 6 月）

湖南陶瓷考古书系之二：《洞天瓷韵——醴陵窑钟鼓塘元代窑址出土瓷器精粹》

（文物出版社，2019 年 8 月）

湖南陶瓷考古书系之三：《枫林瓷印——醴陵窑唐家坳窑址出土瓷器精粹》

（文物出版社，2022 年 12 月）

湖南陶瓷考古书系之四：《吉光片羽——湖南考古出土陶瓷学术研讨会论文集》

（文物出版社，2023 年 8 月）

湖南陶瓷考古书系之五：《靳江遗珍——宁乡冲天湾遗址出土瓷器》

（文物出版社，2023 年 8 月）

湖南陶瓷考古书系之六：《湘阴马王塴窑址》

（待出版）

湖南陶瓷考古书系之七：《醴陵钟鼓塘元代窑址》

（待出版）